交通职业教育教学指导委员会推荐教材
中等职业院校公路施工与养护专业教学用书

全国技工学校通用教材

Gonglu Shigong Anquan ji Jiaotong Anquan Sheshi

公路施工安全及交通安全设施

杨国胜　主编
张文才　主审

人民交通出版社

内 容 提 要

本书是全国技工学校通用教材，由交通职业教育教学指导委员会公路（技工）专业指导委员会组织编写。主要内容有：公路施工安全的基本知识；护栏、交通标志、交通标线、隔离设施、防眩设施的基本概念、形式和内容，施工方法要领和施工质量验收。

本书是中等职业院校公路施工与养护专业教学用书，也可供相关专业教学使用，或作为职业技能培训及鉴定教材。

图书在版编目（CIP）数据

公路施工安全及交通安全设施 / 杨国胜主编 .—北京：人民交通出版社，2009.1

ISBN 978-7-114-07542-1

Ⅰ.公… Ⅱ.杨… Ⅲ.①道路工程－工程施工－安全管理②公路运输－交通运输安全－安全设备 Ⅳ.U415.12 U491.5

中国版本图书馆 CIP 数据核字（2009）第 004647 号

书　　名：公路施工安全及交通安全设施
著 作 者：杨国胜
责任编辑：周往莲　韩亚楠
出版发行：人民交通出版社
地　　址：（100011）北京市朝阳区安定门外外馆斜街 3 号
网　　址：http://www.ccpress.com.cn
销售电话：（010）59757973
总 经 销：人民交通出版社股份有限公司发行部
经　　销：各地新华书店
印　　刷：北京市密东印刷有限公司
开　　本：787×1092　1/16
印　　张：10.75
字　　数：260 千
版　　次：2009 年 1 月　第 1 版
印　　次：2018 年 3 月　第 4 次印刷
书　　号：ISBN 978-7-114-07542-1
印　　数：6001-7000 册
定　　价：22.00 元

前　言

全国交通技工学校公路施工与养护专业第一轮通用教材于2001年5月出版，至今已经7年，为本专业的人才培养起到了极其重要的作用。但随着教学模式的变革及知识与技术的更新，该套教材已显陈旧。为此，经交通职业教育教学指导委员会公路（技工）专业指导委员会研究，决定对公路施工与养护专业的教学计划和课程内容进行修订，并在此基础上编写第二轮教材。在本套教材编写过程中我们力求做到以下几点：

第一、立足行业。从用人单位的岗位要求入手，分析现代公路建设对专业技术工人的能力结构要求，确定课程体系，明确教学目标，强化教材的针对性和实用性。

第二、立足国家职业标准。本教材以国家职业标准为依据，使教材涵盖了公路施工与养护职业或工种的相关要求，便于双证书制度在人才培养过程中的落实。

第三、立足学生的实际基础情况和学习规律。本教材充分考虑了技工学校学生的基础和学习特点，尽力摒弃冗长的理论叙述和复杂的公式，力求做到以图代文、通俗易懂、简明扼要。

第四、根据公路施工和养护技术的发展趋势，适当地加入了新知识和新技术的内容，使全书教学内容更趋合理。

第五、本套教材的每门课程都配有复习题，便于学生对知识的学习和巩固。

《公路施工安全及交通安全设施》是全国技工学校公路施工与养护专业通用教材之一，内容包括：护栏、交通标志、交通标线、隔离设施、防眩设施的基本概念，形式和内容，施工方法要领和施工质量验收；公路施工安全的基本知识。

参加本书编写工作的有：江苏省交通技师学院王芮文（编写单元一、二）、杨国胜（编写单元三、五、六）、杨敏（编写单元四），河南省南阳市公路技工学校史丽然（编写单元七、八）。全书由杨国胜担任主编，山西省交通技师学院张文才担任主审，公路（技工）专业指导委员会聘请山东省公路高级技工学校刘治新担任本套教材的总统稿人。

本套教材在编写过程中得到了全国17个省市交通技工学校领导的大力支持和帮助，共有80余名教师参加了教材的编审工作，在此表示感谢！

由于我们的业务水平和教学经验有限，书中难免有不妥之处，恳请使用本书的广大读者批评指正，并给出宝贵的建议。

交通职业教育教学指导委员会
公路（技工）专业指导委员会
二〇〇八年九月

目　录

第一篇　公路施工安全

单元一　安全生产概述

知识点：

1. 公路工程施工中的不安全因素；
2. 安全管理中的五种关系；
3. 安全技术交底制度；
4. 环境保护的常用措施及文明施工的要求；
5. 安全教育的内容和形式。

技能点：

1. 进行安全隐患的检查，进行安全事故的预防、调查和处理；
2. 进行安全技术交底工作。

课题一　安全生产管理概述

一、交通建设工程安全生产及其管理

安全生产关系到人民群众生命和财产安全，关系到改革发展和社会大局稳定。近年来，国家陆续颁布实施了《中华人民共和国建筑法》、《中华人民共和国安全生产法》、《中华人民共和国公路法》、《中华人民共和国港口法》、《建设工程质量管理条例》、《建设工程安全生产管理条例》等法律法规，加强了建设工程质量、安全法规和技术标准体系建设，在实践中发挥了很好的作用。

交通建设工程安全生产是指在工程建设施工生产过程中，要努力改善劳动条件，克服不安全因素，防止伤亡事故的发生，使劳动生产在保证劳动者安全健康和国家财产及人民生命财产安全的前提下顺利进行。

交通建设工程安全生产管理是指交通建设工程生产、管理单位按照有关安全法律、法规，为预防交通建设工程施工中发生安全事故而建立的安全管理系统，包括计划、组织、协调和控制等系列活动。这种管理活动按照《中华人民共和国安全生产法》的调整对象划分为生产经营单位自身的管理活动、行为和政府建设行政主管部门的管理活动。

1. 安全生产方针

我国安全生产方针经历了一个从“安全生产”到“安全第一、预防为主、综合治理”的发展过程，现代安全管理强调在生产中要做好预警预防工作，尽可能将事故消灭在萌芽状态之中。

“安全第一”是原则和目标，是从保护和发展生产力的角度，确立了生产与安全的关系，肯定了安全在建设工程生产活动中的重要地位。安全第一，就是在生产过程中把安全放在第一重要的位置上，切实保护劳动者的生命安全和身体健康。“安全第一”的方针，就是要求所有参与工程建设的人员，包括管理者和操作人员以及对工程建设活动进行监督管理的人员都必

须树立安全的观念，不能因一味追求经济利益而牺牲安全。当安全与生产发生矛盾时，必须先解决安全问题，在保证安全的前提下从事生产活动，也只有这样才能使生产正常进行，促进经济的发展，保持社会稳定。

"预防为主"是手段和基本途径。预防为主，就是要把安全生产工作的关口前移，超前防范，建立预教、预测、预想、预报、预警、预防的递进式、立体化事故隐患预防体系，改善安全状况，预防安全事故。在新时期，预防为主的方针又有了新的内涵，即通过建设安全文化、健全安全法制、提高安全科技水平、落实安全责任、加大安全投入等方式，构筑坚固的安全防线。

"综合治理"是落实安全生产方针政策、法律法规的最有效手段。综合治理，是指为适应我国安全生产形势的要求，要自觉遵循安全生产规律，正视安全生产工作的长期性、艰巨性和复杂性，抓住安全生产工作中的主要矛盾和关键环节，综合运用经济、法律、行政等手段，人管、法治、技防等多管齐下，并充分发挥社会、职工、舆论的监督作用，有效解决安全生产领域的问题。

"安全第一、预防为主、综合治理"的安全生产方针是一个有机统一的整体。安全第一是原则和目标，预防为主是实现安全第一的根本途径，综合治理是落实安全第一、预防为主的手段和方法。只有不断健全和完善综合治理工作机制，才能有效贯彻安全生产方针，真正把安全第一、预防为主落到实处。

2. 安全生产管理的原则

安全生产绝非一个单位、一个部门或一个工序、一个环节的安全管理可以实现的，安全生产管理是一个从项目可行性研究到缺陷责任期的全过程、由全体相关人员共同参与的管理系统工程，必须遵循以下原则。

(1)管生产必须管安全

安全寓于生产之中，并对生产发挥促进与保证作用。交通建设工程项目各级领导和全体员工在生产过程中必须坚持在抓生产的同时抓好安全工作。这体现了安全和生产的统一，生产和安全是一个有机的整体，两者不能分割，更不能对立起来，应将安全寓于生产之中。

管生产同时管安全。国务院《关于加强企业生产中安全工作的几项规定》中明确指出，"各级领导人员在管理生产的同时，必须负责管理安全工作"，"企业中有关专职机构，都应该在各自业务范围内，对实现安全生产的要求负责"，这不仅是对各级领导人员明确安全管理责任，同时，也向一切与生产有关的机构、人员明确了业务范围内的安全管理责任。各级人员安全生产责任制度的建立和健全，管理责任的认真落实，是贯彻"管生产必须管安全"原则的具体体现。

(2)目标管理

安全管理的内容是对生产的人、物、环境因素状态的管理，有效地控制人的不安全行为和物的不安全状态，消除或避免事故，达到保护劳动者的安全与健康的目的。没有明确目标的安全管理是一种盲目行为。盲目的安全管理，只能劳民伤财，危险因素依然存在，而且，可能还会导致威胁人的安全与健康的状态向更为严重的方向发展或转化。

(3)预防为主

安全生产必须坚持"安全第一、预防为主、综合治理"。"安全第一"是从保护生产力的角度和高度来表明在生产活动范围内安全与生产的关系，肯定安全在生产活动中的位置和重要性。"预防为主"是要把预防生产安全事故的发生放在安全生产工作的首位，切实做到安全生产管理防患于未然。

(4)动态安全管理

生产活动必须坚持全员、全过程、全方位、全天候的动态安全管理。安全管理不是少数人和安全机构的事,而是一切与生产有关的人共同的事。安全管理涉及生产活动的方方面面,涉及从开工到竣工交付的全部生产过程,涉及全部的生产时间,涉及一切变化着的生产因素。安全管理是在变化着的生产活动中的管理,是一种动态管理,这就意味着必须坚持持续改进的原则,以适应变化的生产活动,及时发现并消除新的危险因素。要不间断地摸索新规律,注意总结管理、控制的办法与经验,不断改进、完善、提高安全管理工作的水平和质量。

(5)安全具有否决权

“安全具有否决权”是指安全生产工作是衡量建设工程项目管理的一项基本内容,它要求在对项目各项指标考核、评优创先时,必须首先考虑安全指标的完成情况。安全指标没有实现,即使其他指标已顺利完成,也不能认为是已实现了最优化目标。安全具有一票否决的作用。

(6)事故处理“四不放过”

国家有关法律、法规明确要求,在处理事故时必须坚持和实施“四不放过”原则,即:事故原因分析不清不放过;事故责任者和群众没受到教育不放过;没有整改预防措施不放过;事故责任者和责任领导不处理不放过。

3. 安全生产的五种关系

(1)安全与危险的并存

安全与危险在同一事物的运动中是相互对立、相互依赖而存在的。因为有危险,才要进行安全管理,以防止危险。安全与危险并非是等量并存、平静相处。随着事物的运动变化,安全与危险每时每刻都在变化着,进行着此消彼长的斗争。可见,在事物的运动中,都不会存在绝对的安全和危险。

(2)安全与生产的统一

生产是人类社会存在和发展的基础。如果生产中人、物、环境都处于危险状态,则生产将无法顺利进行,因此安全是生产的客观要求。但换言之,当生产完全停止,则安全也就失去意义。就生产的目的性来说,组织好安全生产就是对国家、人民和社会最大的负责和贡献。有了安全保障,生产才能持续、稳定发展。

(3)安全与质量的同步

安全是质量的基础。只有在良好的安全措施保证之下,施工人员才能较好地发挥技术水平,保证工程施工的质量;同样,工程施工质量越好,其产生的安全效应就越高。可以说质量是“本”,安全是“标”,两者密不可分。只有标本兼治,才能使工程项目达到设计标准要求。可见,安全与质量是同步的。

从广义上看,质量包含安全工作质量,安全概念也包含着质量,交互作用,互为因果。安全第一、质量第一这两种说法并不矛盾。安全第一是从保护生产要素的角度出发,而质量第一则是从关心产品成果的角度出发。安全为质量服务,质量需要安全保证。

(4)安全与速度的互促

安全是进度的前提。由于建设项目的最大特点是施工工期较长,建设单位总是希望所投入的资金能尽快产生效益,工期过短是埋下安全隐患的原因之一。国家规范标准中的工期是可以进行适当压缩的,但对工期提出一个有利于安全的合理工期(即约定工期)应当在施工合同中明确规定。可见,安全与进度是互促的。速度应以安全作保障,当速度与安全发生矛盾时，应暂时减缓速度，保证安全。

(5)安全与效益的兼顾

安全与效益是一致的。安全技术措施的实施，会改善作业条件，促进经济效益的增长。在安全管理中，投入要适度，要进行统筹安排，既要保证安全生产，又要经济合理，还要考虑力所能及，兼顾安全与效益。

二、现行安全生产责任体系

1. 法律责任概念

(1)法律责任的概念

法律责任是行为人实施了违法行为，引起不利于行为人的法律后果，即违法者承担相应的法律责任，要受到法律的相应制裁。

(2)法律责任的特征

法律责任是以违法行为为前提的，行为人只有违反了法律规范，实施了违法行为，才能引起法律后果，承担法律责任。

法律责任内容是具体明确的，法律责任必须由有立法权的国家机关根据立法权限依照法定程序制定。

法律责任具有国家强制性，只能由国家专门机关或者国家授权的机构，在法律规定的权限范围内对违法行为人实施，通过国家强制力迫使违法行为人接受不利于自己的法律后果，从而保证法律的执行。

法律责任以法律制裁为必然后果，违法者承担法律责任，受到法律制裁，没有制裁便不能有效地规范人们的行为，法律规范也就成为一纸空文。

(3)法律责任的分类

法律责任分为民事责任、行政责任和刑事责任三种。

民事责任，即民事法律责任，是指民事主体违反民事义务而依法应承担的民事法律后果。我国《民法通则》第 134 条的规定，承担民事责任的方式主要有：停止侵害；排除妨碍；消除危险；返还财产；恢复原状；赔偿损失；修理、重作、更换；支付违约金；消除影响；恢复名誉；赔礼道歉。

行政责任，是指由国家行政机关认定的，行为人因违反行政法律规范所应当承担的法律后果。行政责任主要分行政处分和行政处罚两类。

2. 安全生产责任

自 2004 年开始施行的《建设工程安全生产管理条例》对建设工程参与各方及相关方的安全责任有了明确的规定。政府是安全生产的监管主体，企业是安全生产的责任主体。安全生产工作必须建立、落实政府行政首长负责制和企业法定代表人负责制。两个主体、两个负责制相辅相成，共同构成我国安全生产工作基本责任制度。

(1)建设单位的安全责任

建设单位是建设市场的重要责任主体。建设单位按照法律、法规规定，拥有确定建设工程项目的规模、功能、外观、使用材料设备，选择勘察、设计、施工、工程监理单位等权利，在工程建设各个环节负责综合管理工作，居于主导地位，是工程建设过程和建设效果的负责方。建设单位应建立健全安全生产的各项规章制度，建立安全生产管理机构，配备专职安全生产管理人员，对重点或关键岗位要落实安全责任负责人。要对安全生产规章制度执行情况进行定期检查，发现问题及时纠正，把安全生产责任制落到实处，必须严格遵守和执行法律、法规和强制性标准。

(2)勘察设计单位的安全责任

工程勘察设计是工程施工建设的第一步,是保证建设工程施工安全的重要因素和前提条件。勘察的成果,即勘察文件,是建设工程项目选址、规划、设计的重要依据,所提交的勘察文件应当真实、准确,满足工程安全生产的需要。勘察文件的准确性、科学性决定了建设工程项目的选址、规划和设计的正确性;工程设计对建设工程施工安全起着重要作用。对重大生产安全事故原因进行分析发现,涉及设计单位责任的,主要是没有按照工程建设强制性标准进行设计。

(3)工程监理单位的安全责任

安全监理是工程建设监理的重要组成部分,也是建设工程安全管理的重要保障。安全监理的实施,是提高施工现场安全管理的有效方法,也是建设工程项目管理体制改革中加强安全管理、控制重大伤亡事故的一种新模式。

国务院的《建设工程安全生产管理条例》的颁布和实施,表明监理单位和监理工程师在建设工程中所承担的安全责任,并不类同于以往监理工作中对技术规范的落实可以有一定范围的柔性偏差,而是一种直接和刑事责任、民事责任和行政处罚相关联的法律责任。

(4)施工单位的安全责任

施工单位在建设工程安全生产中处于核心地位,施工单位主要负责人依法对本单位的安全生产工作全面负责。《建设工程安全生产管理条例》对包括施工单位主要负责人和项目负责人的安全责任、施工总承包和分包单位的安全生产责任等作了全面、具体的规定。同时,《建设工程安全生产管理条例》规定施工单位必须建立企业安全生产管理机构和配备专职安全管理人员,应当在施工前向作业班组和人员做出安全施工技术要求的详细说明,应当对因施工可能造成损害的毗邻建筑物、构筑物和地下管线采取专项防护措施,应当向作业人员提供安全防护用具和安全防护服装,并书面告知危险岗位操作规程。《建设工程安全生产管理条例》还对施工现场安全警示标志使用以及作业和生活环境标准等作了明确规定。

(5)其他有关单位的安全责任

其他有关单位应建立和完善本单位安全生产的各项规章制度和技术标准,特别要建立健全危险性较大的施工工艺、工序的安全生产规章制度。各单位要健全安全生产管理机构,配备专职安全生产管理人员,对重点或关键岗位要落实安全责任负责人。各单位要对安全生产规章制度和技术标准执行情况进行定期检查,发现问题并及时纠正,把安全生产责任制落到实处。

课题二　公路工程施工安全管理措施

安全管理是为施工项目实现安全生产开展的管理活动。施工现场的安全管理,重点是进行人的不安全行为与物的不安全状态的控制,落实安全管理决策与目标,以消除一切事故,避免事故伤害,减少事故损失为管理目的。

一、公路工程施工安全生产的特点

1. 公路工程施工安全生产的特点

(1)产品生产的固定性

公路工程建设产品一般均为比较复杂、大型、投资多、具有固定场所的一次性产品,或称单件性产品。在产品形成过程中,要根据其构成特点、技术要求、使用功能、合同约定的质量、工期和资金等条件,进行施工生产和系统管理。由于产品生产的固定性及其生产和管理的复杂性,因而容易出现施工安全事故。

(2)露天作业条件恶劣性

公路工程施工大多是在露天空旷的场地或水域完成的,有些甚至要在悬崖、深谷、潮汐海浪汹涌等处作业,环境相当艰苦,防护条件差,容易发生伤亡事故。

(3)结构庞大施工高空性

公路工程建设产品的结构十分庞大,操作工人大多在十几米,甚至几百米的高空进行施工作业,容易产生高处坠落的伤亡事故。

(4)施工队伍流动性大、素质参差不齐,带来实施安全管理的困难性

近年来,由于工程建设发展迅速,缺乏大量有技术基础并能熟练操作的工人,大批文化水平较低、安全意识和自我保护能力较弱的农民工进入施工队伍,导致施工队伍整体素质参差不齐;由于公路工程建设产品的不固定性,当这一产品完成后,施工单位就必须转移到新的施工地点去,施工人员流动性大,多数务工人员还不太了解如何按安全操作规程进行施工作业,这就给施工安全管理带来难度,要求安全管理工作必须做到及时、到位。

(5)手工操作多、体力消耗大、强度高,造成劳动保护的艰巨性

在恶劣的作业环境下,施工人员手工操作多,体能耗费大,劳动时间和劳动强度都比其他行业要大,其职业危害严重,带来了个人劳动保护的艰巨性。

(6)产品品种多样性、施工工艺多变性,导致施工安全管理的复杂性

由于公路工程建设产品品种多样,施工生产工艺复杂多变,如一座桥从基础、下部结构、上部结构至竣工验收,各道施工工序均有其不同的特性,其不安全的因素各不相同。同时,随着工程建设的进展,施工现场的不安全因素也在随时变化,要求施工单位必须针对工程进度和施工现场实际情况,不断地、及时地采取安全技术措施和安全管理措施。

(7)施工场地窄小,带来多工种作业的立体交叉性

近年来,公路工程建设由低向高发展,由地上向地下、水下发展,施工现场却由宽到窄发展,致使施工场地与施工条件要求的矛盾日益突出,多工种立体交叉作业增加,导致机械伤害、物体打击事故增多。

施工安全生产的上述特点,决定了施工生产的不安全隐患多存在于高处作业、交叉作业、垂直运输、个人劳动保护以及使用电气机具等环节,伤亡事故也多发生在高处坠落、物体打击、机械伤害、起重伤害、触电、坍塌等方面。同时,新、奇、个性化的建筑产品的出现,给公路工程施工带来了新的挑战,也给公路工程安全管理和安全防护技术提出了新的要求。

2. 公路工程安全事故的特点

(1)严重性

公路工程发生安全事故,其影响往往较大,会直接导致人员伤亡或财产损失,给广大人民群众带来巨大灾难,重大安全事故甚至会导致群死群伤或巨大财产损失。

(2)复杂性

公路工程事故产生的特点,决定了影响公路工程安全生产的因素很多,造成工程安全事故的原因错综复杂,即使同一类安全事故,其发生原因也可能多种多样。

(3)可变性

许多公路工程施工中出现的安全事故隐患并非是静止的,而是有可能随着时间的推移和各种外因条件的变化而发展、恶化,若不及时处理,往往可能发展成为严重或重大安全事故。

(4)多发性

公路工程中的有些安全事故，例如物体打击事故、触电事故、高处坠落事故、坍塌事故、起重机械事故、中毒事故等,往往会在工程某部位、某工序或某作业活动中经常发生。

二、安全生产管理措施

1. 进行安全立法执法和守法

项目实施人员首先应熟悉相关的法律法规,并在项目实施过程中严格执行;同时,应针对项目的特点,制定自己的安全管理制度,并以此为依据,对项目实施过程进行经常性的、制度化和规范化的管理。按照安全法规的规定进行工作,使安全法变为行动,产生效果。

2. 落实安全责任,实施责任管理

安全生产责任制是企业各项安全生产规章制度的核心,是企业行政岗位责任制度和经济制度的重要组成部分,也是最基本的安全管理制度。它是按照安全方针和“管生产必须管安全”的原则,将各级管理负责人、各职能部门和各岗位员工在安全方面所应做的工作及应负责任加以明确规定的一种制度,其核心是安全生产的“五同时”,即在计划、实施、检查、总结、评价施工生产的时候,同时计划、实施、检查、总结、评价安全工作。

3. 安全教育与训练

安全教育与训练是进行人的行为控制的重要方法和手段。进行安全教育与训练要适时、宜人、内容合理、方式多样,且形成制度。组织安全教育与训练要做到严肃、严格、严密、严谨,讲求实效。

(1)安全教育的主要方式

安全教育的目的不仅是使操作者掌握安全知识,而且使其能够正确认真地在作业过程中表现出安全的行为。因此,进行安全教育、训练要适时、宜人、内容合理、方式多样,且形成制度。组织安全教育、训练应做到严肃、严格、严密、严谨,讲求实效。

①广泛开展安全生产的宣传教育,使全体员工真正认识到安全生产的重要性和必要性,懂得安全生产和文明施工的科学知识,牢固树立安全第一的思想,自觉遵守各项安全生产法律法规和规章制度。

②新工人入场前必须完成三级安全教育。对见习生的入场三级安全教育,侧重于一般安全知识、生产组织原则、生产环境、生产纪律等,强调操作的非独立性。对农民工三级安全教育,侧重于生产组织原则、生产环境、生产纪律和操作标准。

③结合施工生产的变化,诸如节假日前后、上岗前、事故后或工作对象发生改变等,应适时地进行有针对性的安全教育。

④教育培训应按等级、层次和工作性质的不同分别进行,对从事特种作业的人员应按规定进行资格考核和专业培训。

⑤建立经常性的安全教育培训考核制度,考核成绩要记入员工档案。

⑥特殊工种工人,除一般安全教育外,还要经过专业安全技能培训,经考试合格持证后,方可独立操作。

⑦采用新技术、新工艺、新设备施工和调换工作岗位时,也要进行安全教育,未经安全教育培训的人员不得上岗操作。

(2)安全教育与培训的内容

安全教育与训练包括知识、技能、意识三个阶段的教育。安全教育的内容是根据实际情况确定的,有其一定的目的性,具体分为以下内容:

①施工管理人员的安全专业技能培训；

②岗位的安全技术操作规程培训；

③施工现场的安全规章、文明施工制度培训；

④特种作业人员的安全技术操作规程及措施培训；

⑤新工艺、新材料、新技术、新设备在实施过程中特定的安全技术规定培训；

⑥安全保证计划中针对性安全措施要求培训；

⑦特定环境中安全注意事项培训；

⑧对潜在的事故隐患或发生紧急情况时，采取防范及自我解救措施培训。

(3)加强教育管理，增强安全教育效果

①教育内容全面，重点突出，系统性强，实践性强，抓住关键，反复教育；

②反复实践，养成自觉采用安全操作方法的习惯；

③使每个受教育的人，了解自己的学习成果，鼓励受教育者树立坚持安全操作方法的信心，养成安全操作的良好习惯；

④告诉受教育者怎样做才能保证安全，而不是不应该做什么；

⑤奖励促进，巩固学习成果。

4. 安全检查

(1)安全检查形式

安全检查是发现不安全行为和不安全状态的重要途径，是消除事故隐患，落实整改措施，防止事故伤害，改善劳动条件的重要方法。安全检查的形式有定期安全检查、突击性安全检查和特殊检查。定期安全检查是指列入安全管理活动计划，有较一致时间间隔的安全检查；突击性安全检查是指无固定检查周期，对特别部门、特殊设备等进行安全检查；特殊检查是指对预料中可能会带来新的危险因素的新安装设备、新采用的工艺、新完成的项目，以发现危险因素为专题的安全检查。

(2)安全检查内容与方法

施工项目的安全检查由项目经理组织进行。安全检查的内容包括：安全生产责任制、安全保证计划、安全组织机构、安全保证措施、安全技术交底、安全教育、安全持证上岗、安全设施、安全标识、操作行为、违规管理、安全记录等。安全检查的重点是违章指挥和违章作业。

常用的安全检查方法有一般检查方法和安全检查表法。

5. 作业标准化

在操作者产生的不安全行为中，由于不知道正确的操作方法，为了干得快些而省略了必要的操作步骤，坚持自己的操作习惯等原因所占比例很大。按科学的作业标准规范人的行为，有利于控制人的不安全行为，减少其失误。作业标准的制定应遵循以下原则：

①采取技术人员、管理人员、操作者三结合的方式，根据操作的具体条件制定作业标准。坚持反复实践、反复修订后加以确定的原则。

②作业标准要明确规定操作程序、步骤。怎样操作、操作质量标准、操作的阶段目的、完成操作后物的状态等，都要做出具体规定。

③尽量使操作简单化、专业化，尽量减少使用工具、夹具次数，以降低对操作者熟练技能或注意力的要求。使作业标准尽量减轻操作者的精神负担。

④作业标准必须符合生产和作业环境的实际情况，不能把作业标准通用化。不同作业条件的作业标准应有所区别。

⑤作业标准要考虑到人的身体运动特点和规律；作业场地布置要考虑道路、照明、通风的合理分配，机、料具位置固定，作业方便，应符合人机学的要求。

6. 建立安全技术交底制度

把拟建工程的设计内容、施工计划和施工技术等要求，详尽地向施工队组和工人讲解，项目部在进行工程技术交底的同时要进行安全技术交底。根据安全措施要求和现场实际情况，各级管理人员需亲自逐级进行书面交底，职责明确，落实到人。

(1)安全技术交底的基本要求

①项目经理部必须实行逐级安全技术交底制度，纵向延伸到班组全体作业人员。项目部主任工程师作现场总交底，分部、分项工程交底由技术主管向生产副经理或栋号长、工长交底，栋号长、工长向劳务队长或班组长交底，班组长依据书面交底口头向施工人员进行交底。责任工程师要对劳务承包方的班组进行分部分项工程安全技术交底，并监督指导其安全操作。

②技术交底必须具体、明确，针对性强。安全技术交底须根据工程实际需要编写，由交底人填写齐全，并一式多份，其中交底人、接交底人、安全员必须人手一份。每一个作业活动的安全技术交底必须细致、全面、有针对性。需要绘制示意图时，须由编制交底人依据规范和现场实际情况绘制。

③技术交底的内容应针对分部分项工程施工中作业人员带来的潜在隐含危险因素和存在问题。

④应优先采用新的安全技术措施。

⑤应将工程概况、施工方法、施工程序、安全技术措施等向工长、班组长进行详细交底。

⑥定期向由两个以上作业队和多工种进行交叉施工的作业队伍进行书面交底。

⑦保存书面安全技术交底签字记录。交底完成后，所有接交底人员必须在交底书背面签字，并交由项目部安全管理员存档。

⑧安全技术交底的执行原则是谁交底谁负责监控交底的运行情况，做到及时跟踪检查。

(2)安全技术交底的主要内容

①本施工项目的施工作业点和危险点。

②针对危险点的具体预防措施。

③应注意的安全事项。

④相应的安全操作规程和标准。

⑤发生事故后应及时采取的避难和急救措施。

课题三　安全检查与安全事故预防、处理

一、危险源及危险、有害因素

危险源指可能导致死亡、伤害、职业病、财产损失、工作环境破坏或上述情况的组合所形成的根源或状态。换句话说，那些能对人造成伤亡或对物造成突发性损害的因素，我们称之为危险因素；那些能影响人的身体健康，导致疾病，或对物造成慢性损害的因素，我们称之为有害因素。

1. 危险、有害因素的分类

根据《生产过程危险和有害因素分类与代码》(GB/T 13861—1992)的规定，将生产过程中

的危险、有害因素分为6大类,37小类。

(1)物理性危险、有害因素

①设备、设施缺陷;②防护缺陷;③电危害;④噪声危害;⑤振动危害;⑥电磁辐射;⑦运动物危害;⑧明火;⑨能造成灼伤的高温物质;⑩能造成冻伤的低温物质;⑪粉尘与气溶胶;⑫作业环境不良;⑬信号缺陷;⑭标志缺陷;⑮其他物理性危险和有害因素。

(2)化学性危险、有害因素

①易燃易爆性物质;②有毒物质;③自燃性物质;④腐蚀性物质;⑤其他化学性危险和有害因素。

(3)生物性危险、有害因素

①致病微生物;②传染病媒介物;③致害动物;④致害植物;⑤其他生物危险和有害因素。

(4)心理、生理性危险、有害因素

①负荷超限;②健康状况异常;③从事禁忌作业;④心理异常;⑤识别功能缺陷;⑥其他心理、生理性危险和有害因素。

(5)行为性危险、有害因素

①指挥错误;②操作错误;③监护错误;④其他错误;⑤其他行为性危险和有害因素。

(6)其他危险、有害因素

①搬举重物;②作业空间;③工具不合适;④标识不清。

2. 企业职工伤亡事故因素的分类

企业职工伤亡事故因素参照《企业职工伤亡事故分类》(GB 6441—1986),综合考虑起因物的诱导性原因、致害物、伤害方式等,将危险因素分为20类。

①物体打击;②车辆伤害;③机械伤害;④起重伤害;⑤触电;⑥淹溺;⑦灼烫;⑧火灾;⑨高处坠落;⑩坍塌;⑪冒顶片帮;⑫透水;⑬爆破;⑭火药爆炸;⑮瓦斯爆炸;⑯锅炉爆炸;⑰容器爆炸;⑱其他爆炸;⑲中毒和窒息;⑳其他伤害引起事故。

二、安全检查

安全检查是指企业安全生产监察部门或项目经理部对企业贯彻国家安全生产法律法规的情况、安全生产情况、劳动条件、事故隐患等所进行的检查。安全检查与考核的目的是及时发现、处理、消除不安全因素,检查执行安全法规的状况,验证计划的实施效果,从而进行安全改进,清除隐患,提高安全控制水平。

1. 安全检查的形式

安全检查的形式有定期安全检查、突击性安全检查和特殊检查。定期安全检查是指列入安全管理活动计划,有较一致时间间隔的安全检查;突击性安全检查是指无固定检查周期,对特别部门、特殊设备等进行安全检查;特殊检查是指以发现危险因素为专题,对预料中可能会带来新的危险因素的新安装设备、新采用的工艺、新完成的项目进行的安全检查。

2. 安全检查的内容

施工项目的安全检查由项目经理组织进行。安全检查的内容包括:安全生产责任制、安全保证计划、安全组织机构、安全保证措施、安全技术交底、安全教育、安全持证上岗、安全设施、安全标识、操作行为、违规管理、安全记录等。安全检查的重点是违章指挥和违章作业。

3. 安全检查的方法

安全检查方法常用的有一般检查方法和安全检查表法。

(1)一般方法

常采用看、听、嗅、问、测、验、析等方法。

看:看现场环境和作业条件,看实物和实际操作,看记录和资料等。

听:听汇报,听介绍,听反映,听意见或批评,听机械设备的运转响声或承重物发出的微弱声等。

嗅:对挥发物、腐蚀物、有毒气体进行辨别。

问:对影响安全问题,详细询问,寻根究底。

查:查明问题,查对数据,查清原因,追查责任。

测:测量、测试、监测。

验:进行必要的试验或化验。

析:分析安全事故的隐患、原因。

(2)安全检查表法

安全检查表法是一种原始的、初步的定性分析方法,它通过事先拟定的安全检查明细表或清单,对安全生产进行初步的诊断和控制。安全检查表通常包括检查项目、内容、回答问题、存在问题、改进措施、检查措施、检查人等内容。

4. 安全检查后的整改

安全检查与考核的目的是及时发现、处理、消除不安全因素。消除危险因素的关键环节,在于认真地整改,真正地、确确实实地把危险因素消除。安全检查后应编制安全检查报告,说明已达标项目、未达标项目、存在问题、原因分析、纠正和预防措施。对于一些由于种种原因而一时不能消除的危险因素,应逐项分析,寻求解决办法,安排整改计划,尽快予以消除。

三、安全事故预防措施

安全工作要以预防为主,消除事故隐患。小事故要当大事故抓;别人的事故要当自己的事故抓;险肇事故要当事故抓。另外,不应把搞好安全生产单纯地看作技术性工作,而必须从思想上、组织上、制度上、技术上采取相应的措施,综合治理才能奏效。

1. 思想上重视

首先是领导要重视。要批判"安全事故难免论"和"对安全生产漠不关心的官僚主义态度",纠正"只管生产,不管安全;只抓进度,不抓安全;不出事故,不抓安全"的错误倾向。其次,要加强对职工进行安全生产的思想教育,使每个职工牢固树立"安全第一"的思想。

2. 建立健全安全生产规章制度

首先要建立安全生产责任制,健全各级领导的安全管理责任制和职工的安全操作责任制,真正做到"安全生产,人人有责"。其次,要坚持安全生产检查制度,通过检查及时发现问题,堵塞事故漏洞,防患于未然。第三,要坚持安全生产教育制度。第四,要建立安全事故处理制度,事故发生后,应认真吸取教训,防止同类事故重复发生。处理事故时要遵循"三不放过"原则,即事故原因分析不清不放过;事故后责任者和群众没有受到教育不放过;没有新的防范措施不放过。

3. 制订切实可行的安全技术措施

公路施工的安全技术措施,如针对土石方工程、高空作业、超重吊装以及采用新工艺、新结构工程的特点制订的安全技术规程;机械设备使用中的安全技术措施,如使用前通过检验排除隐患,按性能使用,超负荷运转应经过验算、加固和测试,以及加设安全保险、安全信号、危险警示和防护装置;改善劳动条件和作业环境的技术措施,如开展文明施工活动,做到施工现场整洁。

四、安全事故处理程序

施工生产场所发生伤亡事故,负伤人员或最先发现事故的人应立即向项目领导报告。项目安全人员根据事故的严重程度及现场情况立即上报上级业务系统,并及时填写伤亡事故表上报企业。发生重大伤亡事故,各有关部门接到报告后,应立即转告各自的上级管理部门。其处理程序如下:

1. 抢救伤员,保护现场

事故发生后,现场人员切不可惊慌失措,要有组织,统一指挥。首先抢救伤员和排除险情,尽量制止事故蔓延扩大。同时注意,为了事故调查分析的需要,应保护好事故现场。如因抢救伤员和排除险情而必须移动现场构件时,还应准确做出标记,最好拍出不同角度的照片,为事故调查提供可靠的原始事故现场。

2. 成立调查组

企业在接到事故报告后,经理、主管经理、业务部门领导和有关人员应立即赶赴现场组织抢救,并迅速成立调查组开展调查。发生人员轻伤、重伤事故,由企业负责人或指定的人员组织施工生产、技术、安全、劳资、工会等有关人员组成事故调查组,进行调查。死亡事故由企业主管部门会同现场所在地区的市(或区)劳动部门、公安部门、人民检察院、工会组成事故调查组进行调查。重大死亡事故应按企业的隶属关系,由省、自治区、直辖市企业主管部门或国务院的有关主管部门,公安、监察、检察部门、工会组成事故调查组进行调查,也可邀请有关专家和技术人员参加。调查组成员中与发生事故有直接利害关系的人员不得参加调查工作。

3. 现场勘察

调查组成立后,应立即对事故现场进行勘察。因现场勘察是项技术性很强的工作,它涉及广泛的科学技术知识和实践经验,因此勘察时必须及时、全面、细致、准确、客观地反映原始面貌,其勘察的主要内容有:

(1)做出笔录

①发生事故的时间、地点、气象等;

②现场勘察人员的姓名、单位、职务;

③现场勘察起止时间、勘察过程;

④能量遗散处造成的破坏情况、状态、程度;

⑤设施设备损坏或异常情况及事故发生前的位置;

⑥事故发生前的劳动组合,现场人员的具体位置和行动;

⑦重要物证的特征、位置及检验情况等。

(2)实物拍照

①方位拍照:反映事故现场周围环境中的位置;

②全面拍照:反映事故现场各部位之间的联系;

③中心拍照:反映事故现场的中心情况;

④细目拍照:提示事故直接原因的痕迹物、致害物等;

⑤人体拍照:反映伤亡者主要受伤和造成伤害的部位。

(3)现场绘图

根据事故的类别和规模以及调查工作的需要应绘制出下列示意图。

①建筑物平面图、剖面图;

②事故发生时人员位置及疏散(活动)图;

③破坏物立体图或展开图;

④涉及范围图;

⑤设备或工、器具构造图;

4. 分析事故原因,确定事故性质

事故调查分析的目的,是为了通过认真调查研究,搞清事故原因,以便从中吸取教训,采取相应措施,防止类似事故重复发生,分析的步骤和要求有以下几点。

①通过详细的调查,查明事故发生的经过。要弄清事故的各种产生因素,如人、物、生产和技术管理、生产和社会环境、机械设备和状态等方面的问题,经过认真、客观、全面、细致、准确的分析,确定事故的性质和责任。

②事故分析时,首先整理和仔细阅读调查材料,对受伤部位、受伤性质、起因物、致害物、伤害方法、不安全行为和不安全状态等七项内容进行分析。

③在分析事故原因时,应根据调查所确认的事实,从直接原因入手、逐步深入到间接原因。通过对原因的分析,确定出事故的直接责任者和领导责任者,根据在事故发生中的作用,找出主要责任者。

④确定事故的性质。工地发生伤亡事故的性质通常可分为责任事故、非责任事故和破坏性事故。事故的性质确定后,也就可以采取不同的处理方法和手段了。

⑤根据事故发生的原因,找出防止发生事故的具体措施,并应定人、定时间、定标准,完成措施的全部内容。

5. 写出事故调查报告

事故调查组完成上述几项工作后,应立即把事故发生的经过、原因、责任分析和处理意见及本次事故的教训、估算和实际发生的损失,对本事故单位提出的改进安全生产工作的意见及建议写成文字报告,经全调查组同志会签后报有关部门审批。如组内意见不统一,应进一步弄清事实,对照政策法规反复研究,统一认识。不可强求一致,但报告上应言明情况,以便上级在必要时进行重点复查。

6. 事故的审理与结案

对事故的审理和结案的要求有以下几点。

①事故调查处理结论报出后,须经当地有审批权限的机关审批后方能结案,并要求伤亡事故处理工作在 90 天内结案,特殊情况也不得超过 180 天。

②对事故责任的处理,应根据事故情节轻重、各种损失大小、责任轻重加以区分,予以严肃处理。

③清理资料进行专案存档。事故调查和处理资料是用鲜血和教训换来的,是对职工进行教育的宝贵资料,也是伤亡人员和受到处罚人员的历史资料,因此应完整保存。

课题四　环境保护与文明施工

一、环境保护的措施

1. 实行环境保护目标责任制

环境保护目标责任制是指将环境保护指标以责任书的形式,层层分解到有关部门和人员,并列入岗位责任制，形成环境保护自我监控体系。项目经理是环境保护的第一责任人，是项目环境自我监控体系的领导者和责任者。

2. 加强检查和监控工作

项目对环境的影响程度，需要通过不断检查和监控加以掌握，只有掌握了项目环境的具体情况，才能采取有针对性的措施。例如，在工程项目进行过程中，就应加强对项目现场的粉尘、噪声、污水等的监测和监控工作，并根据污染情况采取措施加以消除。

3. 进行综合治理

一方面要采取措施控制污染；另一方面，应与外部的有关单位、人员及环保部门保持联系，加强沟通。要统筹考虑项目目标的实现与环境保护问题，使两者达到高度的统一。

4. 严格执行相关法律法规

国家、地区、行业和企业在环境保护方面颁布了相应的法律、法规。项目管理者应掌握这些法律、法规，并在项目进行过程中严格执行。

5. 采取有效技术措施

在进行项目计划时，必须提出有针对性的环境保护技术措施，在项目进行过程中应按计划实施技术措施，并根据具体情况加以调整。

二、文明施工

“细节决定成败”——这是近年来企业管理中非常流行的管理理念，施工中的细节最能体现一个企业的文明程度，它能让客户直观地对一个施工企业产生深刻认识。文明施工无小事，是企业生存发展的必要条件，文明施工是衡量企业素质和管理水平的综合反映。

1. 健全管理组织

施工现场成立以项目经理为组长，项目总工，施工负责人，班组负责人，生产、技术、安全、消防、保卫、材料、行政、卫生等管理人员为成员的施工现场文明施工管理组织，健全各项管理制度。

①岗位责任制：文明施工按专业岗位区分，分片管理，分别建立岗位责任制，项目经理是文明施工的第一责任人，全权负责整个施工现场的文明施工管理工作，施工现场其他人员一律按责任分工，实行个人岗位责任制。

②经济责任制：把文明施工列入单位经济承包责任制中，与检查考核挂钩。

③检查制度：定期分专业、按标准全面检查，按规定填写考评结果，张榜公布。对施工现场的文明施工管理采取综合考评与专业检查相结合的方法。班组实行自检、互检、交接检制度。

④奖惩制度：文明施工管理实行奖惩制度，制订详细的奖惩细则，并坚持按奖惩制度兑现。

⑤持证上岗制度：工地食堂有卫生许可证，炊事员有健康证、体检合格证，医生有行医资格证书。

⑥会议制度：施工现场坚持文明施工会议制度，定期分析文明施工情况，针对实际发生的情况，制订相应的措施，协调解决文明施工中出现的问题。

⑦各项专业管理制度：文明施工是一项综合性的管理工作，除建立文明综合管理制度外，还须建立健全质量、安全、消防、保卫、机械场、卫生、料具、环保、民工管理等制度。

2. 健全资料管理

①上级及业主关于文明施工的标准、规定、法律法规等资料齐全。

②施工现场的施工日志中要有文明施工的内容。

③文明施工的自检资料应完整，填写内容要真实，签字手续齐全。

④文明施工教育、培训，考核记录均应有计划、有资料。

⑤文明施工活动记录，例会记录，综合评比记录。

⑥施工管理各方面专业资料。

3. 开展竞赛

项目经理部内部及各个施工班组之间要开展文明施工竞赛活动。竞赛形式多样化，并与检查、考评、奖惩相结合，评比结果公布于众。

4. 加强培训教育工作

要求现场工作人员坚持岗位练兵，并且要派出去、请进来，通过短期培训、上技术课、登黑板报、上宣传栏、听广播、看录像、看电视等方法狠抓教育工作。专业管理人员要熟悉掌握文明施工标准。

5. 文明施工措施

①开工前必须按要求搞好"三通一平"和施工组织设计。施工组织设计中要有文明施工措施。

②施工现场应封闭施工。围档围墙要稳固、整洁、美观。主进出口门头设企业标志，两侧要挂"五牌一图"（工程概况牌、管理人员名单及监督电话牌、消防保卫牌、安全生产牌、文明施工牌和施工现场平面图），标牌应规范、整齐。进入施工现场人员应着装利索、清洁，必须戴安全帽。管理人员必须戴胸卡。

③施工场内道路要畅通，地面要平整，并尽量硬化；排水要通畅，要有防止泥浆、污物堵塞排水管道的措施；按要求张挂各种安全标志牌和标语，设宣传栏、读报栏和黑板，报并设有吸烟处；温暖季节时有绿化布置。

④施工场内，建筑材料、构件和料具要按施工现场平面图的布置要求堆放整齐，并挂物料名称、品种、规格等标牌。建筑垃圾按可利用和不可利用分类集中堆放清运，做到工完场清。易燃易爆物品分类存放。

⑤施工现场要有消防措施、制度和灭火器材，灭火器材配置应合理、合格，要有消防水源。使用明火应有动火审批手续和动火监护。

⑥施工作业区与办公、生活区应明显分开。房舍建设应牢固、整齐，门窗适宜，地面硬化，墙面刷白。各区域配套设施齐全。

⑦工地内要配备经培训的急救人员、保健医药箱、安全急救措施和急救器材。要开展卫生、防病自救、互救宣传教育。

⑧施工要有防粉尘、防噪声、防扰民措施，夜间(22:00～次日6:00)未经许可不得施工，现场严禁燃烧有毒有害物质。

⑨要建立治安保卫制度，责任要分解到人。治安防范措施有力，治安秩序良好。

⑩随时接受上级检查，倾听群众反映，不断改进工作。

施工项目安全管理案例分析之一

1. 背景资料

某桥梁工程施工中，当立柱混凝土浇筑即将完工时，支架整体突然坍塌，致使7名现场施工人员坠落，造成4人死亡，3人轻伤，直接经济损失10.5万元的重大事故。经事后调查发现,混凝土浇筑的技术交底和安全交底均为施工单位为逃避责任而后补。

2. 问题

(1)本事故可定为哪种等级的重大事故？依据是什么？

(2)伤亡事故处理的程序是什么？

(3)分部(分项)工程安全技术交底的要求和主要内容是什么？

3. 分析与答案

(1)本工程这起重大事故可定为三级重大事故。

具备下列条件之一者为三级重大事故：

①死亡3人以上,9人以下；

②重伤20人以上；

③直接经济损失30万元以上,不满100万元。

(2)伤亡事故处理的程序一般为：

①迅速抢救伤员并保护好事故现场；

②组织调查组；

③现场勘察；

④分析事故原因,明确责任者；

⑤制订预防措施；

⑥提出处理意见,写出调查报告；

⑦事故的审定和结案；

⑧员工伤亡事故登记记录。

(3)安全技术交底要求：

安全技术交底工作在正式作业前进行,不但要进行口头讲解,而且应有书面文字材料,并履行签字手续,施工负责人、生产班组、现场安全员三方各留一份。安全技术交底是施工负责人向施工作业人员进行责任落实的法律要求,要严肃认真地进行,不能流于形式。交底内容不能过于简单、千篇一律,应按分部分项工程和针对具体的作业条件进行。

安全技术交底内容有：

①按照施工方案的要求,在施工方案的基础上对施工方案进行细化和补充；

②对具体操作者讲明安全注意事项,保证操作者的人身安全。

施工项目安全管理案例分析之二

1. 背景资料

某地下为条形基础和独立柱基础,在土方施工阶段,分包回填土施工任务的某施工队采用装载机铲土,在向基础边倒土时,将一名正在检查质量的质检员撞倒,送往附近医院抢救无效死亡。经调查,装载机司机未经培训,无操作证并且当时现场没有指挥人员。

2. 问题

(1)请简要分析这起事故发生的原因。

(2)重大事故发生后,事故发生单位应在24h内写出书面报告,并按规定逐级上报。重大事故书面报告(初报表)应包括哪些内容？

(3)施工安全管理责任制中对项目经理的责任是如何规定的？

3. 分析与答案

(1)这起事故发生的原因是：

①装载机将正在检查质量的质检员撞倒是这起事故发生的直接原因；

②装载机司机未经培训，无操作证，缺乏安全意识和安全常识是这起事故发生的间接原因；

③机械作业现场缺少指挥人员是这起事故发生的主要原因。

(2)重大事故书面报告(初报表)应包括以下内容：

①事故发生的时间、地点、工程项目、企业名称；

②事故发生的简要经过、伤亡人数和直接经济损失的初步估计；

③事故发生原因的初步判断；

④事故发生后采取的措施及事故控制情况；

⑤事故报告单位。

(3)项目经理对合同工程项目的安全生产负全面领导责任。

①在项目施工生产全过程中，认真贯彻落实安全生产方针、政策、法律法规以及各项规章制度，结合项目特点，提出有针对性的安全管理要求，严格履行安全考核指标和安全生产奖惩办法；

②认真落实施工组织设计中安全技术管理的各项措施，严格执行安全技术措施审批制度，施工项目安全交底制度和设备、设施交接验收使用制度；

③领导组织安全生产检查，定期研究分析合同项目施工中存在的不安全生产问题，并及时落实解决；

④发生事故，及时上报，保护好现场，做好抢救工作，积极配合调查，认真落实纠正和预防措施，并认真吸取教训。

思考与练习

一、名词解释

1. 安全技术

2. 工业卫生

3. 危险源

4. 安全检查

二、填空题

1. 安全管理的目的就是通过对项目实施安全状态的控制，使不安全的行为和状态减少或消除，以使项目工期、质量和费用等目标的实现得以充分保证。宏观的安全管理包括________、________、________三个方面。

2. 生产过程中的危险、有害因素主要有________、________、________、________、________、________六大类。

3. 安全检查中的“三定”指：________，________，________。

4. 安全事故的“四不放过”原则指：________，________，________，________。

5. 安全检查的形式有：________、________和________。

三、简答题

1. 简述安全管理中的五种关系及安全管理的原则。

2. 为保证安全生产,职工有哪些拒绝权?

3. 简述施工项目的安全检查的实施者、检查内容、检查重点及检查方法。

4. 简述安全事故处理的主要程序。

5. 安全教育与训练包括知识、技能、意识三个阶段的教育,其教育内容有哪些?

6. 安全技术交底的基本原则和主要内容有哪些?

7. 安全检查中的一般有哪些方法? 什么是安全检查调查表?

单元二　公路工程施工安全工作

知识点：

1. 公路工程施工常见事故及原因；
2. 施工现场安全生产管理的基本要求；
3. 公路工程施工现场安全施工技术要点；
4. 公路各施工阶段的安全施工技术要点。

技能点：

1. 进行公路路基、路面施工过程中的安全防范工作；
2. 进行公路桥涵施工中的安全防范工作；
3. 进行公路隧道施工中的安全防范工作；
4. 进行特殊季节公路施工安全防范工作；
5. 进行养护作业现场的交通控制。

课题一　公路工程施工现场安全管理工作

一、公路工程施工常见事故及原因分析

1. 公路施工中常见安全事故

①物体打击，如坠落物体、滚石、锤击、碰伤等。

②高空坠落，如从高架上坠落，或落入深坑、深井等。

③机械设备事故引起的伤害，如绞伤、碰伤、割伤等。

④车祸，如压伤、撞伤、挤伤等。

⑤坍塌，如临时设施、脚手架垮塌、岩石边坡塌方等。

⑥爆破及爆炸事故引起的伤害，如炸药、雷管、锅炉和其他高压容器爆炸引起的伤害等。

⑦起重吊装事故引起的伤害等。

⑧触电（包括雷击）事故。

⑨中毒、窒息，如煤气、油烟、沥青及其他化学气体引起的中毒和窒息。

⑩烫伤、灼伤。

⑪火灾、冻伤、中暑。

⑫落水等。

2. 公路施工中常见安全事故原因分析

发生安全事故不是偶然的，究其原因主要有：

①纪律松弛，管理混乱，有章不循或无章可循。

②现场缺乏必要的安全检查。

③从领导到群众思想麻痹。

④机械设备年久失修,开关失灵,仪表不准,超负荷运转或带病作业。

⑤缺乏安全技术措施。

⑥忽视劳动保护。

⑦工人操作技术不熟练,安全意识差,违章作业。

⑧领导违章指挥。

二、施工现场安全生产管理基本要求

1. 施工管理人员安全生产基本要则

①坚持"管生产必须管安全"的原则,安全与生产必须同时计划、布置、检查、总结和评比。

②安全设施必须执行与主体工程"三同时"原则,即同时施工、同时验收、同时投入使用。

③对新进场的劳动者、转换工种人员和离岗后重新上岗人员,必须安排三级教育,即公司教育、项目教育、班组教育。教育的主要内容有:安全生产思想教育、安全知识培训、安全技能培训和典型事故案例教育。

④根据"安全第一,预防为主"的指导方针,加强对劳动者劳动保护的管理措施和工程技术措施,切实保护劳动者在生产过程中的安全健康。

⑤对未成年工(年满16周岁,未满18周岁)不得安排从事有毒有害作业及特别繁重的体力劳动,不得安排加班加点和夜班作业。

2. 施工人员安全生产基本原则

①服从管理,掌握安全生产规定及相关技能,持证上岗。

②进入作业现场,必须按规定穿戴好个人劳动防护用品:

a. 进入施工现场必须戴安全帽,系好帽扣;

b. 高处作业必须系好安全带,挂牢后使用;

c. 电气作业人员要穿绝缘鞋,戴绝缘手套和安全帽;

d. 电气焊作业必须戴电气焊手套,穿绝缘鞋,使用防护面罩和防目镜;

e. 水上作业必须穿救生衣;

f. 从事有毒、有尘、噪声等有害作业的人员,须佩戴相应的防毒、防尘口罩、噪声耳塞等防护用具。

③在作业过程中,施工人员必须忠于职守,不得擅离岗位。

④加强责任心,杜绝"三违"——违章指挥、违章作业、违反劳动纪律。

三、施工现场安全管理

施工现场是施工人员工作生活的主要场所,现场安全措施处理不当,会给施工人员造成很大影响。因此,应认真做好施工现场管理,做到文明施工、安全有序、整洁卫生,不扰民,不损害公众利益。

1. 施工临时用电安全要点

①工程项目开始之前必须编制施工临时用电方案。

②只有经过培训、考试合格并持有操作证的电工才能从事电气作业,电工和用电人员工作时,必须按规定穿戴绝缘防护用品,使用绝缘工具。

③电器连接、维修,必须由专业电工完成,非电工严禁操作。

④工地必须配置足够的漏电保护装置，严禁使用漏电保护装置有故障的电气用具，更不可蓄意破坏。施工现场照明设施的布置应符合安全规程的要求。

⑤使用电动工具前应先检查是否完好无损，发现故障应立即向领导汇报，并及时进行维修和更换。

⑥电器用具使用结束后必须关掉电源，电缆线应随时吊挂。

⑦电气设备的维修，应停电作业，并悬挂"禁止合闸，有人工作"的停电标志牌。

⑧雷雨天气，特别对塔式起重机、拌和楼、物料提升机、外用电梯等高大机械设备，以及钢脚手架、在建金属结构等高架设施要重点防雷，现场施工人员要远离这些高大设施和设备。

2. 施工防火安全要点

①可燃材料堆放区距施工区、生活区25m以外。

②施工现场按规定设置消防器材，并有明显标志，夜间设红色警示灯。消防器材必须垫高放置，周围3m内不堆放其他物品。

③施工现场内禁止吸烟。

④施工现场的易燃危险品和爆炸危险品的堆放和使用应严格遵守规定，在电气设备和电路周围不能堆放易燃易爆物品和腐蚀介质。

⑤在高压线下禁止搭建临时建筑和堆放易燃可燃物品。

⑥冬季施工期，因风大、物体干燥，应特别注意预防火灾。

⑦在雨季与高温季节施工时，应避免外露的电气设备被雨淋湿，从而导致电气设备漏电失火。

⑧不在电气设备周围使用火源，在变压器、发电机等场所严禁烟火。

⑨施工企业员工应学会常用灭火器材的使用方法。

3. 施工现场交通措施安全要点

①施工现场急弯和陡坡地段应设置明显的交通标志，与铁路交叉处应有专人看管，并设置信号装置和落杆。

②靠近河流和陡坡处的道路应设置护栏和明显的交通标志。

③在边通车边施工地段，作业人员应在红白相间隔离栅或围栏内进行作业。道路作业人员必须穿带有反光条纹、具有警示标志的工作背心才能上路作业。

④便道处于傍山时，要注意边缘的危石处理，防止滑坡、塌方破坏道路、伤害人员。

⑤便桥必须牢固可靠，桥面满铺木板，通过便桥的电线、电缆必须绝缘良好，并固定在桥的一侧。

⑥临时码头应按设计施工，并配备相应的防护安全设施，码头的附属设施如跳板、支撑、船环、柱桩等应牢固可靠。

4. 施工机械安全操作要点

①每种机械都必须制订相应的安全操作规程，严格执行国家或劳动部门颁发的有关规定。

②机械设备操作人员，必须经过专业培训考试合格。特种作业人员、特种设备操作、管理人员必须获得有关部门颁发的操作证或驾驶执照。

③机械作业时，操作人员不得擅离工作岗位，严禁将机械设备交予非本机操作人员操作。严禁无关人员进入机械作业区或操作室内。工作时，思想要集中，严禁酒后操作。

④操作人员及配合作业人员在工作中必须按规定穿戴劳动防护用品。

⑤对违反本操作规程的指挥调度，操作人员有权拒绝执行，任何组织或个人不得强迫操作

人员违章作业。

⑥机械设备在夜间作业时,作业区内应该有充足的照明。

⑦在有碍机械设备安全及人身健康的场所作业时,机械设备应采取相应的安全措施。操作人员需配备适用的安全防护用品。

⑧机械设备必须按要求配备经公安、消防部门检定合格的消防用品。严禁机械设备带病运转或超负荷运转。

⑨操作人员必须严格执行工作前的检查制度、工作中的观察制度和工作后的检查保养制度。

⑩操作人员应认真准确地填写运转记录、交接班记录或工作日志。多班作业要严格执行交接班制度。交接班时,要交待清楚机械设备的运转情况、润滑保养情况及施工技术要求等。

⑪机械设备在施工现场停放时,必须注意选择好停放地点,关闭好驾驶室(操作室),并拉上制动装置。坡道上停机时,要打好掩木或石块。夜间停放的机械设备应有专人看管。

⑫机械设备在保养或修理时,要特别注意安全。禁止在机械设备运转中冒险进行保养、修理。禁止在工作机械没有保险装置的情况下,在机械下面工作。

四、工序作业中的安全工作

1. 模板施工安全要点

①模板作业场地要远离高压线。作业场地要搭设作业棚,设防火通道,配备防火器材,四周设置隔离围栏,严禁烟火。

②在基坑或围堰施工时,应先检查有无塌方现象,确信无误后方可进行模板的支立或拆除。

③不得抛掷吊送材料或工具。机械吊送应有专人指挥,模板要捆绑结实,基坑内的操作人员要注意躲避吊送的料具。

④机械吊运模板时,起吊后下面不得站人或有人通行。模板下方距地面小于1m时,作业人员方可靠近操作。

⑤高处作业应将所需工具装在工具袋内。传递工具不得将其放在平台或木料上,不得插在腰带上。

⑥用斧锤作业时,注意照顾四周和上下的安全,防止误伤他人。

⑦拆除模板不得双层作业。3m以上模板在拆除时,应用绳索拉住或用起吊设备拉紧,缓慢放下。

⑧模板支拆的方法、时间、顺序,应严格按照施工组织设计要求进行。

2. 支架与脚手架施工安全要点

①不得使用腐朽、劈裂、大结疤的圆木及锈蚀、扭曲严重的万能杆件或钢管等。

②脚手架敷设的安全设施应经常检查,确保操作人员安全通行。

③材料工具要堆放整齐,积雪和杂物应及时清除。

④在脚手架上的施工人员应佩戴救生设备。

⑤拆除脚手架,应设置护栏或警戒标志,并应自上而下拆除,不得上下双层作业,板应该用人工传递或吊机吊送,严禁随意抛掷。

3. 钢筋施工安全要点

①钢筋切断机在运转时,严禁用手直接清除切刀附近的断头或杂物。钢筋摆动周围和切

刀附近，非操作人员不得停留。

②钢筋弯曲机作业中，严禁进行更换芯轴、销子和变换角度以及调速等作业，亦不得加油或清扫。转盘换向时，必须在停稳后进行。

③严禁在弯曲钢筋的作业半径内和机身不设固定销的一侧站人。

④钢筋调直或冷拉场地应设置防护挡板。作业时，非作业人员不得进入现场。

⑤采用人工锤击切断钢筋时，使锤人员和把扶钢筋、剪切工具的人员身位要错开，并防止断下的短头钢筋弹出伤人。

4. 焊接施工安全要点

(1)电焊施工安全要点

①电焊机要设在干燥、通风良好的地点，周围严禁堆放易燃易爆物品。

②电焊机应设置单独的开关箱，作业时应穿戴防护用品，施焊完毕，拉闸上锁。

③在潮湿地点工作，电焊机应放在木板上，操作人员应站在绝缘胶板上或木板上工作。

④严禁在带压力的容器或管道上施焊。焊接带电设备时，必须先切断电源。

⑤储存过易燃、易爆、有毒物品的容器或管道，焊接前必须清洗干净，并将所有孔口打开，保持空气流通。

⑥在密闭的金属容器内施焊时，必须开设进出风口。容器照明电压不得超过36V。焊工身体与容器壳之间应有绝缘材料隔开。施焊过程中每隔半小时到1小时外出10～15min，并应有安全人员现场监护。

⑦地线不得与钢丝绳、各种管道、金属构件等接触，不得用这些东西代替接地线。

⑧移动电焊机时，必须先切断电源，检查现场，清除焊渣。不得用拖拉电缆的方法移走电焊机。

⑨在高空焊接时，必须系好安全带。焊接周围应备有消防设施。

⑩焊接模板中的钢筋、钢板时，施焊部位下面应垫石棉板或铁板。

(2)气焊施工安全要点

①气焊作业应遵守有关规定。乙炔发生器应采用定型产品，必须备有灵敏可靠的防止回火的安全装置。

②乙炔发生器与氧气瓶不得同放一处，距易燃易爆品不得少于10m。严禁用明火检查是否漏气。氧气、电石应随用随领，下班后送回专用库房。

③乙炔发生器与氧气瓶受热不得超过35℃，防止火花或锋利物件碰撞胶管。气焊枪点火时应按“先开乙炔，先关乙炔”的顺序作业。

④氧气瓶、氧气表及焊割工具的表面严禁沾污油脂。

⑤乙炔发生器应每天换水。严禁在浮筒上放置物件，不得用手在浮筒上加压或摇动，添加电石时严禁用明火照明。

⑥乙炔发生器不得放在电线的正下方，焊接场地距离明火不得小于10m。

⑦氧气瓶应设有防振胶圈，并旋紧安全帽，避免碰撞、剧烈振动和强烈阳光暴晒。

⑧乙炔气管用后需清除管内积水。胶管回火的安全装置结冻时应用热水融化，不得用明火烧烤。

⑨点火时焊枪不得对人。正在燃烧的焊枪不得随意乱放。

⑩电石应放在干燥的地方，移动或搬运应将桶上的小盖打开，轻移轻放。开桶时头部要闪开，不得用金属工具敲击桶盖。

⑪施焊时,场地应通风良好。施焊完毕,应将氧气阀门关好,拧紧安全罩。乙炔浮筒提出时,头部要避开浮筒上升方向。提出后应挂放,不得扣放在地上。雨雪天,不得进行露天作业。

5. 起重吊装作业安全要点

①操作人员不得擅自离开岗位,作业中突然停电,应立即拉开闸刀,并将运送物件下降到地面,不得悬在半空。

②夜间起重吊装作业,应设置足够的照明。

③起重吊装作业中,高处作业人员应全神贯注,防止起重钓钩或悬索打击人体。

④如遇六级以上大风,应禁止起重吊装作业。

⑤在高处进行顶升作业的千斤顶,应有防止坠落的措施。顶升同一重物采用多台千斤顶时,应统一指挥,使各千斤顶同步升降,均衡一致。

6. 高处作业安全要点

①高处作业人员应经过体检,合格后方可上岗。作业人员按规定正确佩戴和使用安全防护用品。

②作业人员应通过安全扶梯或吊篮上下,不得沿立杆或栏杆攀爬。

③高处作业应设置联系信号或通信装置,并由专人负责。

④在雨雪天应该采取防滑措施,在大风、暴雨、雷电、大雾等恶劣天气时不得进行露天高处作业。

7. 水上作业安全要点

①水上施工人员必须穿救生衣。严禁酒后上岗作业。

②水上作业船舶如遇有大风、大浪、雾天、超过船舶抗风浪等级或能见度不良时应停止作业。

③潜水作业人员应随时注意检查信号绳和供气管,防止相互绞缠。

④潜水员在未得到充分休息时,不得作业。

五、职业健康防护工作要求

①当在高温或烈日下工作时,要注意预防中暑。

②高原烈日下工作要佩戴防护镜和加强屏蔽保护,遵守操作规程;电焊作业要佩戴防护面罩。

③在水泥工作环境中要注意通风除尘,加强个人劳动保护。

④负责装卸、搬运和加热沥青工作的工人要注意劳动保护,预防沥青中毒。

⑤手持振动工具的作业人员,应戴双层衬垫无指手套或泡沫塑料无指手套,注意保暖防寒,预防振动病。

⑥潜水员应加强对异常气压工作区域的正确认识与正规训练,实施正确的减压操作步骤,预防减压病。

⑦作业人员应了解常见传染病的常识,预防工地传染病。在工地还应该注意工地食品卫生安全。

课题二　路基、路面工程施工安全技术工作

一、施工测量安全工作

施工测量是工程的前期准备工作,由于测量人员经常身处地形陌生而复杂的环境,因此应

更加注意保障人身安全。

①测量人员在高压线附近工作时,必须保持足够的安全距离,遇雷雨时,不得在高压线、大树下停留。

②在陡坡及危险地段测量时应系安全带,脚穿软底轻便鞋。

③在桥墩上测量时应有上下桥墩及防止人体坠落的安全措施。

④在铁道、交通繁忙的道路上测量时,必须有专人警戒,防止交通事故。

⑤水文测量人员应穿救生衣。夜间进行测量时,必须备有足够的照明设备。

⑥冰上测量时,应向当地有关部门了解冰的情况,确认无危险后,方可作业。

二、土方工程安全工作

1. 土方施工安全要点

①人力挖掘土方必须自上而下顺序放坡进行,严禁采用挖空底脚的操作方法。开挖操作人员必须保持足够的安全距离,横向间距不小于2m,纵向间距不小于3m。

②高陡边坡处施工,必须遵守以下规定:

a. 作业人员必须绑系安全带,且必须挂牢。

b. 边坡开挖中如遇地下水涌出,应先排水后开挖。

c. 开挖工作应与装运工作作业面相互错开,严禁上下双重作业。

d. 弃土下方和有滚石危险的区域,应设警告标志,下方有道路时,作业时严禁通行。严禁在危石下方作业、休息和存放机具。边坡上方有人工作时,下方不准站人。

e. 清理路堑边坡上突出的块石和整修边坡时,要自上而下顺序进行,坡面上的松动土、石块必须及时清除。坡面上面的操作人员必须戴安全帽。

f. 高边坡开挖时,作业人员要戴安全帽,并有专人对上边坡进行监视,防止上部塌方和物体坠落。

③施工中如发现山体滑动、崩塌迹象危及施工安全时,必须暂停施工,撤出人员与机具,并报上级处理。

④滑坡地段的开挖,应从滑坡体两侧向中部自上而下进行,严禁全面拉槽开挖,弃土不得堆放在主滑槽内。开挖挡墙基槽也应从滑坡体两侧向中部分段跳槽进行,并加强支撑,及时砌筑和回填墙背。施工中应设专人观察,严防塌方。

⑤在落石与岩堆地段施工,应先清理危石及设置拦截设施后再进行开挖。其开挖坡度应按照设计进行,坡面上的松动石块应随挖随清除。

⑥岩溶地区施工,应特别注意处理岩溶水的涌出,以免导致突发性的坍塌。

⑦沼泽地段施工,应特别注意预防人、机下陷。挖土的弃土堆放在合适的地方,防止在汛期形成泥石流。

⑧沟槽(坑)回填时,必须在构筑物两侧对称回填夯实。

⑨电动蛙式夯机要求一人操作,一人扶持电缆进行辅助,严禁在夯机前方隔机扔电缆或背线拖拉前进。停用或搬运夯机时,应切断电源。

⑩机械在危险地段作业时,必须设置明显的警告标志,并有专人进行指挥。

2. 挖掘机安全作业

①发动机启动后,铲斗内、臂杆、履带和机棚上严禁站人。

②卸料时,在不碰击自卸汽车任何部位的情况下,铲斗应尽量降低,并禁止铲斗从汽车驾

驶室上越过。铲斗运转范围内严禁站人。

③作业时，严禁掏洞挖掘。

④禁止挖掘机在上下两个采掘段(面)内同时工作。在工作面内移动时，应先平整地面并排除通道内的障碍物，如需在松软地面上移动时，须在行走装置下垫方木。

⑤禁止在电线等架空物下作业，不准将满载铲斗长时间滞留在空间。

⑥挖掘机行走时，遇电线、交叉道、管道和桥梁时，须有专人指挥，挖掘机与高压电线的距离不得少于5m。

⑦挖掘机应尽可能避免倒退行走。

3. 推土机安全作业

①上下斜坡时，在斜坡上不得改变运行速度。在行驶过程中，应直接向上或向下行驶，不得横向或对角线行驶。轮胎推土机不得在超过规定坡度的场地上作业。

②下坡时，禁止空挡滑行或高速行驶；下陡坡时，应放下推土铲使之与地面接触倒退下坡。尽量避免在斜坡上转弯掉头。

③在陡坡高坎上作业时，必须有专人指挥，严禁铲刀超出边坡的边缘。松土终了应先换成倒挡后再提铲刀倒车。

④在坡地上工作时，若发动机熄火，应立即将推土机制动，用三角木等将推土机履带锲紧后，离合器脱开，变速杆放在空挡，方能启动发动机，以防推土机溜坡。

⑤工作中驾驶员需要离开机器时，必须将操作杆置于空挡位置，将推土机铲刀放下并将机器制动，熄灭发动机并拔掉钥匙后方可离开。

⑥多台推土机在施工现场联合作业时，前后距离应大于8m，左右距离应大于1.5m。

⑦工作现场有电线杆时，应在电线杆的周围设置安全土堆。

⑧若必须要在推土铲下进行维修等作业，则首先应将推土铲升到所需位置，先锁好分配器，锁住安全锁，并用垫块将推土机刀铲垫牢固后，方可进行作业。

⑨推土机刀片不得推坡壁上高于机身的孤石或大土块。

4. 平地机安全作业

①在陡坡上作业时，不得使用铰接机架，以防止翻车造成严重的人机损伤。

②在陡坡上来回进行作业时，刮刀伸出的方向应始终朝向下坡方向。

③平地机作业时，刮刀与机架中心线的工作夹角应在15°~75°的范围内。

④高坡切削时，应确保双轴驱动轮靠近坡脚，同时让转盘和刮刀尽可能朝向平地机工作的一边侧移。

⑤在坡道停放时，应是车头向下坡方向，并将刀片或松土器压入土中。

5. 装载机安全作业

①除驾驶室外，机上其他地方严禁载人。

②装料时应低速进行，不得采用加大节气门、高速将铲斗插入料堆的方式进行装料。

③向车上卸料时，必须将铲斗提升到不会触及车厢挡板的高度，严防铲斗碰撞车厢。不准将铲斗从汽车驾驶室顶上越过。

④装载机作业时，铲斗下边严禁站人。

⑤操作人员离开驾驶位置时，必须将铲斗落地。

6. 运输车安全作业

①必须按规定吨位装载，不得超载超高，不得人货混载，驾驶室内不得超额载人。

②装、卸土场地都要设专人指挥车辆行走和装卸土。

③卸土时,严禁在驾驶室外进行翻斗操作,翻斗内严禁站人。

④卸料起斗时,应监视上空有无电线。

⑤特别注意:严禁边倒车边起斗或在猛进猛退中起斗,严禁卸料斗在上翻状态行驶。

⑥在陡坡、高坡、坑边或填方边坡卸土时,停卸地点应平整坚实,地面有反坡时,车辆与坑坡边缘保持安全距离。

⑦危险地段卸车应有专人指挥。指挥人员不得站在车辆后部,应站在驾驶员看得见的地方。

7. 压路机安全作业

①特别注意:压路机不能上陡坡。

②压路机启动时,要特别注意前后左右的情况,在周围无人和障碍物时方可启动。

③压路机碾压傍山道路时,必须由里侧向外侧碾压。压路机在填方路堤边缘作业时,要注意与边缘保持安全距离。

④两台以上压路机同时作业,其前后间距不得小于3m,在坡道上纵队行驶时,其间距不得小于20m。

⑤压路机作业时,驾驶员应随时注意前后左右的情况,防止压伤其他工作人员。

三、石方工程安全工作

1. 爆破器材管理

①爆破器材应严格管理,必须实行实报实销,剩余的爆破器材必须当日退库,严禁私自收藏,乱丢乱放,更不得用爆炸物品炸鱼、炸兽等。发现爆破器材丢失、被盗,应立即报告,等候处理。

②作业人员在保管、加工、运输爆破器材过程中,严禁穿着化纤衣裤。爆破器件应按规定要求进行检验,对失效及不符合技术条件要求的不准使用。

③爆破器材应有专人领取。应避开人员密集地段,并直接送往工地,中途不得停留,并不得随地存放或带入宿舍。

④制作起炸药包(柱),应在专设的加工房或爆破现场的专用棚内进行。棚内不准有电气、金属设备,无关人员不得入内。

2. 爆破作业安全要点

①选择炮位时,炮眼口应避开正对电线、路口和构造物。

②凿打炮眼时,坡面上的浮土和危石应予以清除,严禁在残眼上打孔。

③机械扩眼,宜采取湿式凿岩或带有捕尘器的凿岩机。

④人工打眼时,使锤人应站在掌钎人侧面,严禁面对面使锤。

⑤严禁由一人同时搬运炸药与雷管,严禁电雷管与带电物品一起携带运送。

⑥孔口的碎石、杂物必须清除干净。

⑦超过5m的深孔不得使用导火索起爆。

⑧装炮作业必须遵守以下规定:

a. 装药前应对炮眼进行验收和清理。对刚打成的炮眼应等其冷却后装药,湿炮眼应擦干后才能装药。

b. 严禁烟火和明火照明,无关人员必须远离现场。

c. 应用木质炮棍装药,严禁使用金属器皿装药。深孔装药出现堵塞时,在未装入雷管和起爆药前,可采用铜和木质长杆处理。

⑨已装药的炮孔必须当班爆破,装填的炮孔数量应以一次爆破的作业量为限。

⑩爆破作业必须有专人指挥。确定的危险边界应有明显标志,警戒区四周必须有专人警戒。

⑪导火索起爆应采用一次点火法点火,不得在同次爆破中使用不同燃速的导火索。露天爆破,一人连续点火的导火索不得超过 10 根。多人同时点炮时,每人点炮数量应相同。

⑫导火索点燃后,人员应迅速远离,严禁采用先点燃导火索再将药柱抛入孔底的危险操作方法。

⑬爆破时,应点清爆炸数与装炮数量是否相符。

⑭电力起爆必须注意:在同一爆破网路上必须使用同厂、同型号的电雷管,其电阻值差应控制在 ±0.2 欧姆以内。

⑮爆破后撬动岩石必须由上而下逐层撬（打）落,严禁上下双重作业,不得将下面撬空使其上部自然塌落。

四、防护工程安全工作

1. 防护工程作业安全要点

①边坡防护作业,注意脚手架必须落地,严禁采用支挑悬空脚手架。

②砌石作业必须自下而上进行。护墙砌筑时,墙下严禁站人。

③抹面、勾缝作业必须先上后下,不得上面砌筑、下面勾缝。

④严禁在坡面上行走,上下必须用爬梯。架上作业时,架下不准有人操作或停留。

2. 砂浆喷射机作业安全要点

①搅拌机在运转中不得用手或木棒等伸进筒内。作业中如发生故障,应立即切断电源。

②砂浆喷射机、砂浆输送泵等在检修时,应先打开泄浆阀使压力下降,然后再排除故障。

③输送泵作业前应空运转,确定一切正常后方可进行作业。

④砂浆喷射机作业时,喷嘴前 5m 范围内不得站人。

⑤砂浆喷射机在工作停歇时,喷嘴不得朝向有人的方向。

五、基层施工安全工作

①消解石灰时,不得在浸水的同时边投料、边翻拌,人员应远避,以免烫伤。

②沿路肩堆放的石灰消解时,应慢洒水或泼水,操作人员应站在上风处。

③装卸、撒铺及翻动粉状材料时,操作人员应站在上风侧,轻拌轻翻以减少粉尘,并应佩戴口罩或其他防护用品。装卸石灰时尽量避免在大风天气下进行。

④碎石机作业安全要点

a. 对碎石机电源、线路、开关等均应进行检查,保证符合安全要求和使用要求。

b. 进料要均匀,不得过大,严防金属块等混入。

c. 不得从上方向碎石机口内窥视。

d. 若石料卡住进料口,应用铁钩翻动,严禁用手搬动。

e. 搬运块料和堆放要注意安全,人工铁锤破碎大块料时,要注意周围情况。

⑤运料车倒料时应有专人指挥。

六、沥青路面施工安全工作

1. 安全防护工作

①从事沥青作业人员，皮肤外露部分均需涂抹防护药膏。

②沥青操作工的工作服及防护用品，应集中存放，严禁穿戴回家和存入集体宿舍。

2. 沥青搬运装卸安全要点

①块状沥青搬运一般宜在夜间和阴天进行，避免高温时间搬运。同时，人工搬运时必须要穿戴相应的防护衣物，如坎肩、帆布手套、工作服等。

②吊耳吊装桶装沥青规定：

a. 吊起的沥青桶不得从运输车辆的驾驶室上空越过，并应高于车厢板，以防碰撞。

b. 吊臂旋转半径范围内不得站人。

c. 沥青桶未稳妥落地前，严禁卸、取吊绳。

③人工装卸桶装沥青规定：

a. 运输车辆应停放在平坡地段，并拉上手闸。

b. 上桶装沥青的跳板应有足够的强度，坡度不应过陡。

c. 沥青桶漏油，应先堵漏，后搬运。

d. 放倒的沥青桶经跳板上（下）滚动装车时，要在露出跳板两侧的铁桶上各套一根绳索，收放绳索时要缓慢，并应两端同步上下。

④人工运送液态沥青，装油量不得超过容器的2/3。

3. 沥青加热安全工作要点

①远红外加热沥青规定：

a. 使用前应检查机电设备和短路过载保护装置是否良好，电气设备有无接地，确认符合要求后方可合闸作业。

b. 用柴油清洗沥青泵及管道前必须关闭有关阀门，严防柴油流入油锅。

②导热油加热沥青规定：

a. 加热炉使用前必须进行耐压试验，水压力应不低于额定工作压力的两倍。

b. 对加热炉及设备应作全面检查，各种仪表应齐全完好。泵、阀门、循环系统和安全附件应符合技术和安全要求，超压、超温报警系统应灵敏可靠。

c. 必须经常检查循环系统有无渗漏、振动和异声，定期检查膨胀箱的液面是否超过规定，自控系统的灵敏性和可靠性是否符合要求，并定期清除炉管及除尘器内的积灰。

③明火熬制沥青规定：

a. 打开沥青桶上的大、小盖。当只有一个桶盖时，应在其相对方向另开一孔，以便通气出油。桶内如有积水则必须先予排除。

b. 操作人员应注意防止沥青突然喷出。如发现沥青从桶的砂眼中喷出，应在桶外的侧面，铲以湿泥涂封，不得用手直接涂封。

c. 烤油中如发现沥青桶口堵塞时，操作人员应站在侧面用铁棍疏通。

d. 烤油时必须用微火，不得用大火猛烤。

e. 卧桶烤油时的油槽应搭设牢固，流向储油锅（池）的通道要畅通。

4. 沥青洒布车作业安全工作要点

①检查机械、洒布装置及防护、防火设备是否齐全有效。

②采用固定式喷灯向沥青箱的火管加热时,应先打开沥青箱上的烟囱口,并在液态沥青淹没火管后,方可点燃喷灯。加热喷灯的火焰过大或扩散蔓延时,应立即关闭喷灯,待多余的燃油烧尽后再行使用。

③喷灯使用前除进行检查外,应先封闭吸油管及进料口。手提式喷灯点燃后不得接近易燃品。

④满载沥青的洒布车应中速行驶。遇有弯道、下坡时,应提前减速,尽量避免紧急制动。行驶时严禁使用加热系统。

⑤驾驶员与机上操作人员应密切配合,操作人员应配戴齐全防护用品,注意自身安全。作业时,在喷洒沥青方向10m以内不得有人停留。

⑥沥青洒布施工现场严禁使用明火。

5. 碎石撒布机作业安全要点

①撒布碎石时,撒布机车速要稳定,不允许在撒布过程中换挡。

②撒布机在工作过程中,可以与自卸汽车刚性连接,边撒布,边倒料;也可以停止行走和撒布,待自卸汽车卸料完毕再进行撒布。应防止自卸汽车碰撞撒布机。

③禁止撒布机自行长途转移。

④撒布机在工作过程中要布置警戒人员,注意行人和车辆,以防发生碰撞和碎石飞溅伤人事故。

6. 液态沥青运输车作业安全要点

①向储油罐注入沥青时,当浮标指针达到允许最大容量时,要及时停止注入,防止沥青外溢。

②储油罐装满沥青后,应把罐盖盖好,并拧紧紧固螺栓。

③当遇有弯道、斜坡时,要提前减速行驶,尽量避免紧急制动。油罐装载不满时,要始终保持中速行驶。

④中途遇短暂停车时,不得将车停放在横坡较大的路段。

7. 沥青洒布机作业安全要点

①工作前应将洒布机车轮固定,检查高压胶管与喷油管连接是否牢固,油嘴和节门是否畅通,机件有无损坏,检查确认完好后,再将喷油管预热,安装喷头,经过在油箱内试喷后,才可正式喷洒。

②喷洒沥青时,手握喷油管部分应加缠旧麻袋或石棉绳等隔热材料。操作时,喷头严禁向上,喷头附近不得站人,并应注意风向,不得逆风操作。

③压油时,速度要均匀,不得突然加快。当油中断时,应将喷头放在洒布机油箱内,固定好喷管,不得滑动。

④移动洒布机时,油箱中的沥青不得过满。

⑤喷洒沥青时,如发现喷头堵塞或其他故障,应立即关闭阀门,等修理完好后,再行作业。

8. 沥青混合料拌和站作业安全要点

①沥青混合料拌和站的各种机电(包括使用微电脑控制进料)设备,在运转前均需由机工、电工、电脑操作人员进行仔细检查。

②机组投入运转后,各部门、各岗位人员都要随时监视各部位运转情况,不得擅离岗位。

③运转中严禁非作业人员靠近各种运转机构。

④运转过程中,如发现有异常情况,应报机长,并及时排除故障。

⑤搅拌机运行中,不得使用工具伸入滚筒内掏挖或清理。需要清理时,必须停机。如需人员进入搅拌鼓内工作时,鼓外要有人监护。

⑥料斗升起时,严禁有人在斗下工作或通过。检查料斗时,应将保险链挂好。

9. 沥青混合料摊铺作业安全要点

①摊铺机驾驶台及作业现场要视野开阔,清除一切有碍工作的障碍物。作业时无关人员不得在驾驶台上停留。驾驶员不得擅离岗位。

②运料车向摊铺机卸料时,应有专人指挥协调动作,同步进行,防止互撞。

③换挡必须在摊铺机完全停止后进行,严禁强行挂挡和在坡道上换挡或空挡滑行。

④驾驶应尽量平稳,不得急剧转向。弯道作业时,找平装置的端头与路缘石的间距不得小于10cm,以免发生碰撞。

⑤用柴油清洗摊铺机时,不得接近明火。

⑥确保沥青混合料运输车辆状况良好,使用前应对制动、自卸系统进行检查,车斗密封,后挡板牢靠。

七、水泥混凝土路面施工安全技术工作

1. 水泥混凝土运输车作业安全要点

①液压泵、液压马达及阀应紧固,并与管道连接牢固,密封良好。各泵旋转应无卡阻和异常声响。

②严禁用手触摸旋转中的搅拌筒和随动轮。

③在运送过程中,要遵守交通规则。

④自卸汽车运送混凝土混合物,不得超载和超速行驶。车停稳后方准顶升车厢卸料。车厢尚未放下时,操作人员不得上车清除残料。

2. 人工摊铺作业安全要点

①装卸钢模板时,必须逐片轻抬轻放,不得随意抛掷。

②固定模板时,插钉或长圆头钉等不得乱放乱搁,以免伤人。完工后,应收拾干净。

③使用振捣器时,操作人员要配戴安全防护用品。

④注意保护好电力线,不得割伤防护层,应经常注意检查。

⑤如采用木模板,拆模后的模板应堆放整齐,并做到及时取钉,砌放稳妥。

3. 轨道式摊铺机作业安全要点

①作业中,各操作人员和辅助人员必须统一听从调度指挥,注意安全。

②布料机与振平机组间应保持5~8m的距离,以免相撞。

③不允许将刮板置于运动方向垂直的位置,不允许借助整机的惯性冲击料堆。

④作业时,严禁驾驶员离开驾驶台,无关人员不得在作业中上下摊铺机或在驾驶台上停留。

⑤在坡道、弯道作业时,要注意防止摊铺机脱轨。

4. 滑模式摊铺机作业安全要点

①调整机器的高度时,工作踏板、扶梯等处禁止站人。

②严禁驾驶员在摊铺作业时离开驾驶台。无关人员不得上下或停留在驾驶台及工作踏板上。

③下坡时,禁止快速行驶和空挡滑行,牵引制动装置必须置于制动状态。

④摊铺机应避免急剧转向，防止工作装置与预置钢筋、邻边路面、路缘石等物体相碰撞。

⑤禁止用摊铺机牵引其他机械。

⑥夜间施工，滑模摊铺机上应有足够照明和警示标志。

⑦滑模摊铺机停放在通车道路上时，周围应设置明显的安全标志，夜间应用红灯示警。

5.旧路凿除作业安全要点

①用锤开挖旧路面时，应并排前进，左右间距应不少于2m，不得面对面使锤。所用工具应拼接牢靠，严防铁锤脱飞伤人。

②操作时，风动工具胶皮管不得缠绕打结，并不得用折弯风管的办法作为断气办法使用，也不得将风管置于胯下。

③风管通过过道，须挖沟将风管下埋。

④风管连接风包后要试送气，检查风管内有无杂物堵塞。送气时，要缓慢旋开阀门，不得猛开。

⑤操作前应对风镐应进行检查，合格后方可使用。

⑥风镐操作范围内不准站人。

课题三　桥涵工程施工安全技术工作

桥涵工程施工由于有较多高处作业和水上作业，还需要开动各种大型施工机具设备，因此很容易出现安全事故。掌握安全要点，提高安全警惕，是每一位施工人员必须做的。

一、一般安全要求

①桥涵工程施工中，应尽量避免双层或多层同时作业。当无法避免时，应设防护棚、防护网、防撞设施和醒目的警示标志信号等，切实做好安全防护措施。

②遇有六级以上大风等恶劣天气时，不得进行高处露天作业、缆索吊装作业及大型构件起重吊装作业等。

③禁止施工人员酒后驾驶交通车辆及操作施工设备作业。

④沿海桥梁施工时，在台风来临时应停止一切施工作业。

二、基础工程施工安全工作

1.明挖基础施工安全要点

①开挖基坑时，要按规定的边坡坡度分层下挖，严禁局部深挖和掏洞开挖。

②基坑、井坑开挖过程中，必须随时检查坑壁边坡有无裂缝和坍塌现象（特别是雨后和解冻时期）。如果发现边坡有裂缝、疏松或支撑有折断、走动等危险先兆，应立即采取措施。在雨季、地下水及流沙地区挖土时，必须视具体情况增加坡度或加固支撑。

③在有大量地下水流的情况下挖基时，应配足抽水机具，施工人员应穿胶鞋，并应设置出入基坑的安全通道，以防意外。

④机械开挖基坑时，坑内不得有人作业。必须留人在坑内操作时，挖掘机械应暂停作业。

⑤开挖基坑的人员不得在坑壁下休息。

⑥基坑开挖中，遇有流沙、涌水、涌沙及基坑边坡不稳定等现象发生时，应立即撤出基坑。只有切实采取加固措施，才能继续开挖。

⑦降水作业中,应随时观测对邻近建筑物的影响程度,当沉降或变形超出预警数据时,应停止作业,并采取相应措施。

2. 筑岛、围堰安全作业要点

①采用挡土板或板桩围堰,应随时检查挡板、板桩等挡土设施的稳定牢固状况。

②施工中,遇有流沙、涌沙或支撑变形等危及作业人员安全的情况时,应立即停止挖掘,撤出基坑,在切实采取安全加固措施后,才能继续开挖。

③用吸泥船吹砂筑岛,作业人员应穿着救生衣,并备有救生船;作业区内严禁船舶和无关人员进入,不得在承载吸泥管道的浮筒上行走。

④基础施工中,进行挖土、吊运、浇筑混凝土等作业,严禁碰撞支撑。施工中交接班时,应将处理情况和注意事项交接清楚,并做好原始记录及签字工作。

⑤基坑抽水过程中,要有专人经常检查土层变化、支撑结构受力等情况,发现有变形时,应立即向现场负责人报告,并及时采取安全措施。

⑥基坑支撑拆除时,应在现场技术负责人的指导下进行,严禁站在正在拆除的支撑上操作。

⑦在围堰内作业,遇有洪水或流冰,作业人员应立即撤出围堰。

3. 钢板桩及钢筋混凝土板桩围堰安全作业要点

①钢板桩起吊应听从信号指挥。作业前应在钢板桩上拴好溜绳,防止起吊后急剧摆动。

②吊起的钢板桩未就位前,插桩桩位处不得站人。

③在桩顶作业时,作业人员必须系好安全带。

④钢板桩起吊前,组拼的钢板桩组件,应采用坚固的夹具夹牢,起吊时要用绳索拴牢,挂钩应封钩。

⑤严禁将吊具拴在钢板桩夹具上或捆在钢板桩上进行吊装。

⑥拔桩时,应从下游向上游依次进行,严禁硬拔。

4. 套箱围堰安全作业要点

①定位船下锚时应注意错链(绳)缠绕或刮带伤人。

②导向船及定位船在抛锚定位后,应经常检查锚绳、锚链及锚斑设施情况,防止来往船只及流水、漂流物等的碰撞以及洪水冲击等。两船之间的通道及连接梁上,应铺设人行道板和栏杆。严禁在一艘导向船上或船的一侧偏载重物。

③采用沉浮式双壁钢套箱,吸水下沉或排水上浮时,必须对称、均衡地进行施工,防止产生过大的倾斜。

④钢套箱拆除时,施工人员必须系安全带、穿救生衣。拆下的铁件、螺栓等,应吊放在指定地点,不得从高处向下抛掷。

5. 沉井施工安全作业要点

①沉井下沉的四周影响区域内,不宜有高压线杆、地下管道、固定式机具设备和永久性建筑。必须设置时,应采取必要的安全措施。

②沉井施工应尽量避开汛期,特别是初沉阶段不得在汛期内。

③在刃脚处挖掘应对称均匀掘进,并保持沉井均匀下沉。

④沉井下沉时,下井操作人员安全防护用品必须佩戴齐全。涌水、涌沙量大时,不得采用人工开挖下沉。

⑤沉井施工前,应检查机具设备是否完好,并搭好脚手架或作业平台,平台搭设牢靠且在

四周设置栏杆。高处作业和险要的空隙处,均应设安全网。

⑥沉井顶面应设安全防护围栏。井内、井上搭设的抽水机台座、水力机械管道等施工设施,均应固定牢靠。井顶上的机具应设防护挡板,小型工具宜装箱存放,以防坠落伤人。

⑦在沉井刃脚和井内横隔墙附近不得有人停留、休息,以防止坠物伤人。

⑧井内、井上的抽水机电路应使用防水胶线,安装漏电保护装置。工作灯要保证安全电压,以防止触电。

⑨浮运沉井的防水围壁露出水面高度,在任何时候均不得小于1m。不排水沉井下沉中,应均匀出土,不得超挖、超吸,并应加强观测,必要时进行沉井底的潜水检查,防止沉井突然下沉和大量翻砂而导致沉井歪斜,造成人员和机械损伤。

⑩用吊斗出土时,斗梁与吊钩应封绑牢固,并应经常检查斗梁、斗门等磨损情况,损伤部位应及时更换或加固。吊斗升降时,井顶指挥人员应通知井下人员暂时避开。

⑪采用抓斗进行不排水下沉时,如钢丝绳缠绕在一起而需要转动抓斗进行排除时,作业人员应站在有护栏的部位;采用机吊人挖时,土斗装满后,需待井下人员躲开,并发出信号后,方可起吊;采用水力机械时,井内作业面与水泵站应建立通信联系;水力机械的水枪和吸泥机,应进行试运转,各连接处应严密不漏水。

⑫沉井施工中,严防船舶及漂流物等的撞击。

6. 钻孔灌注桩施工安全作业要点

①钻机皮带转动部分不得外露,所使用的电气线路必须是橡胶防水电缆。

②各类钻机在作业中,应由本机或机管负责人指定的操作人员操作,其他人不得登机。操作人员在当班中,不得擅自离岗。

③采用冲击钻孔时,卷扬机钢丝绳断丝量超过5%时,必须立即更换。

④卷扬机在收放钢丝绳操作时,严禁作业人员在其上面跨越;卷扬机卷筒上的钢丝绳,不得全部放完,最少保留3圈。严禁手拉钢丝绳卷绕。

⑤使用正、反循环及潜水钻机钻孔时,对电缆线要严格检查;当滑移钻孔时,应防止挤压电缆线。作业中,发现电缆破损要立即处理;使用潜水钻机钻孔,一般在完成一根钻孔桩时,要检查一次电机的封闭情况。

⑥钻孔中,发生故障需排除时,严禁作业人员下孔内处理故障。

⑦对于已埋设护筒未开钻或已成桩护筒尚未拔除的,应加设护筒顶盖或铺设安全网遮罩。

⑧应在泥浆池边设有明显的警示标志和防护围栏。桩基坑施工完成后,应回填泥浆池。

⑨钻机塔顶和吊钢筋笼的吊机梳杆顶上方2m内不准有任何架空障碍物。

⑩雷雨时作业人员不得在钻机下停留,防止碰撞、电击等意外事故发生。

7. 沉入桩施工安全作业要点

①打桩机移位时,禁止将桩锤悬起,必须将锤头稳放在销子上后,才可以移位。严禁随移随起锤,机架应移到桩位上稳固后方准起锤。

②采用滚筒位移打桩架时,应有专人指挥,作业人员不得在打桩架内操作。

③打桩机拆装时,桩架长度半径(并加一定安全系数)内不准有拆装作业以外的人员进入。在起落机架时,要有专人指挥,并禁止任何人在机架底下穿行或停留。

④在高压线下两侧安装打桩机械,应根据电压规定,保证打桩机与高压线大于安全距离。打桩机顶部上方2m内不准有任何架空障碍物。

⑤在水上采用浮式沉桩机锤击沉桩施工时,应防止浮船晃动或偏载。

⑥在起吊沉桩或桩锤时，严禁作业人员直接在吊钩下或在桩架龙门口停留或作业。

⑦严禁在桩锤悬挂状态下进行维修。

⑧遇有大风及恶劣天气，应停止打桩作业。雷雨时，作业人员不得在桩架附近停留。在水上用浮式沉桩机锤击或振动沉桩时，当波峰高于0.25m，或流速超过1.5m/s时，不宜从事沉桩作业。

⑨吊桩操作人员，应听从统一的指挥信号。

⑩作业间隙，应将桩锤固定在桩架龙门的方木上，作业人员不得在其下边走动或停留。

⑪采用浮式打桩船或浮式平台沉桩时，当有船只通过时，应暂停沉桩作业。

⑫高压射水辅助沉桩，应根据不同水质情况采用相应的压力沉桩，防止因急剧下沉造成桩架歪斜或倾倒等事故。采用振动锤或蒸汽锤打桩机，应放松牵引钢丝绳，使锤具紧压桩头，随射水徐徐下沉。高压水泵的开启和压力表的控制均应设专人负责看管。高处作业人员的安全带严禁系在被沉的桩上或龙门口上。

⑬振动打桩机开动后，作业人员必须站离基桩，信号员与驾驶员所在位置应能通视，并能看到基桩下沉情况。所有开停振必须听从指挥。

⑭振动下沉过程中，严禁进行机械维修和保养。振动打桩机在停止作业后，应立即切断电源。振动打桩机作业时，禁止任何人进入机器底部操作；振动打桩机加压时，如前轮离地应减压，以免钢丝绳、加压轮或立人轴断裂。振动打桩机沉箱上的电缆接头应勤检查，做好绝缘防护。通过交通路口的电缆线要深埋土中。拆装套管或到沉箱上作业时，应切断沉箱电源后，方可进行工作。

8.人工挖孔桩基础施工安全作业要点

①挖孔较深或有渗水时，必须采取孔壁支护及排水、降水等措施，严防塌孔。

②人工挖孔，对孔壁的稳定及吊具设备等，应经常检查。孔顶出土机具应有专人管理，并设置高出地面的围挡。孔口不得堆积土渣及工具。作业人员的出入，应设常备的梯子。夜间作业应悬挂示警红灯。挖孔作业暂停时，孔口应设置罩盖及标志。

③所用电器设备，必须装设漏电保护装置，孔内照明应使用36V电压的灯具。起吊设备必须有限位器、防脱钩器等装置。

④孔内挖土人员的头顶部应设置护盖。取土吊斗升降时，挖土人员应在护盖下面避让；相邻两孔中，一孔进行爆破或浇注混凝土作业时，另一孔的挖孔人员应停止作业，撤出井孔。

⑤人工挖孔，除应经常检查孔内的气体情况外（简易方法，可将明火吊到孔内检查氧气是否充足），还要遵守下列规定：

a.挖孔人员下孔作业前，应先用鼓风机将孔内空气排出更换。

b.二氧化碳气体含量超过0.3%时，应采取通风措施。若其含量虽不超过规定，但作业人员有呼吸不适感觉时，亦应采取通风或换班作业等措施。

c.空气污染超过三级标准浓度值时，如没有安全可靠的措施不得采取人工挖孔作业。

⑥人工挖孔深度超过10m时，应采用机械通风。人工挖孔最深不宜大于15m。

⑦人工挖孔桩采用混凝土护壁时，每挖深1m（土质不好还应适当减少），应立即浇注护壁，护壁厚度不小于10cm。

⑧岩石孔爆破，不得用有害气体炸药，不得用火雷管起爆。

⑨凡孔内有人作业时，孔边3m以内不得有机动车辆行驶或停放；孔内人员作业时，孔上必须有监护人员，并要随时与孔下人员保持联系，不得擅自撤离岗位。孔上监护工作人员应随

时注意孔壁变化及孔底施工情况，发现异常时，应立即协助孔内人员撤离，并向有关人员汇报。

9. 管柱施工安全作业要点

①管柱振动下沉作业，应对邻近的建（构）筑物、临时设施及相邻管柱的安全和稳定进行检查，必要时采取安全防护措施。

②管柱接长时，作业人员的手指和头部不得伸入法兰盘之间。在管柱内电焊，应搭设脚手架，并备有通风设施。

③浮运管柱应按船的重心对称置放，应在白天良好天气时浮运，浮运速度不宜超过3km/h。

④管柱施工作业平台，除设护栏外，双层或高处作业处，以及两船拼装之间、跳板下面，均应悬挂安全网；管柱内钻凿岩层时，钻孔平台的脚手板必须铺满，四周设置护栏和上下梯，并备有救生和消防设施。

⑤管柱内水位，应保持高出管柱外水面，在管柱内清孔时，必须高出管柱外水面1.5～2m。有潮汐影响时，应采取稳定管柱内水头的措施。

三、墩台工程施工安全技术工作

1. 就地浇筑的墩台施工安全作业要点

①就地浇筑墩台混凝土，施工前必须搭设好脚手架和作业平台。墩身高度在2～10m时，平台外侧应设栏杆及上下扶梯；墩身高度在10m以上时，还应加设安全网。墩台顶必须搭设安全护栏，施工人员应系好安全带。

②模板就位后，应立即用撑木等固定其位置，以防模板倾倒砸人。用吊机吊模板合缝，模板底端应用撬棍等工具拔移，不得徒手操作。

③在架立高桥墩的墩身模板过程中，安装模板的作业人员必须系好安全带，并系于牢固地点。穿模板拉杆应做到内外呼应。

④用吊斗浇筑混凝土，吊斗提降，应有专人指挥。升降斗时，下部的作业人员必须躲开，上部人员不得身倚栏杆推吊斗。严禁吊斗碰撞模板及脚手架。

⑤拆除模板时，在禁行区内严禁行人通过。

⑥拆除水面上模板，应配有工作船、救护船。

2. 砌筑墩台施工安全作业要点

①砌筑墩台前，应搭设好脚手架、作业平台、护栏、扶梯等安全防护设施。

②人工、手推车推（抬）运石块或预制块件时，脚手跳板应铺满。脚手架和作业平台上堆放的物品不得超重。

③砌筑材料吊运到砌筑面时，作业人员应避让，待停稳后方可上前砌筑。在任何情况下，不得将手伸入砌体缝隙之间。

④各种吊机作业，吊运重物的下边均不得站人。

3. 滑模施工安全作业要点

①采用滑模施工的，滑模及提升结构应严格按照施工设计安装。

②当塔墩等高层建筑采用爬模施工方法的，模板爬升时，作业人员不得站在爬升的模板或爬架上。

③液压系统组装完毕后，必须进行全面检查。施工过程中，液压设备应由专人操作，并经常维护，发现问题及时处理。

④模板提升到2m高以后,应安装好内外吊架、脚手架,铺好脚手板,挂设安全网。

⑤模板每次提升前,应进行检查,排除故障,观察偏斜数值。提升时,千斤顶应同步作业。

⑥顶杆和平台应稳固,如顶杆有失稳或混凝土有被顶出的可能时,应及时加固。

⑦用手动或电动千斤顶做提升工具,千斤顶丝扣的旋转方向,应以左右方向对称安装,使其力矩相互抵消,防止平台被扭动而失稳。

⑧操作平台的水平度、倾斜度应经常检查,发现问题应及时采取措施。

⑨平台上应规定人群荷载和堆放材料的限量标准。材料要均匀摆放,不得多人聚集在一处。

⑩在拆除滑模设备时,拆除现场应该划定警戒区,警戒线到建筑物边缘的安全距离不得小于10m。

四、上部构造工程施工安全工作

1. 预制构件安装作业安全要点

①预制安装构件施工不宜在夜间进行,禁止作业人员疲劳上岗。简支梁安装起吊中,墩顶工作人员要暂时离开,禁止工作人员站在墩台帽顶指挥或平行作业。

②装配式构件(梁、板)的安装,要严格执行下列规定:

a. 吊装前,应检查安全技术措施及安全防护设施等准备工作是否齐备,检查机具设备、构件的质量、长度及吊点位置等是否符合设计要求,严禁无准备盲目施工。

b. 施工所需的脚手架、作业平台、防护栏杆、上下梯道、安全网必须齐备。深水施工,应备救护用船。

c. 旧钢丝绳在使用前,应检查其破损程度。每一节距内折断的钢丝,不得超过5%。对大型构件、重构件的吊装宜使用新的钢丝绳,使用前也要检验。

d. 重大的吊装作业,应先进行试吊,按设计吊重分阶段进行观测,确定无误后,方可进行正式吊装作业。

e. 遇有大风及雷雨等恶劣天气时,不得进行构件吊装作业。

③根据吊装构件的大小、质量,选择适宜的吊装方法和机具,不准超负荷吊装。

④吊钩的中心线,必须通过吊体的重心,严禁倾斜吊运构件。

⑤单导梁、墩顶龙门架安装构件时,应按照下列规定执行:

a. 导梁上的轨道必须平行等距铺设,使用不同规格的钢轨时,其接头处应妥善处理,不得有错台。

b. 墩顶龙门架使用托架托运时,托架两端应保持平衡稳定,行进速度应缓慢。龙门架落位后应立即与墩顶预埋件联结,并系好缆风绳。

c. 构件在预制场地起重装车后,牵引至导梁时,行进速度不得大于5m/min,到达安装位置后,平车行走轮应用木锲锲紧。

d. 构件起吊横移就位后,应加设支撑、垫木,以保持构件稳定。

e. 龙门架顶横移轨道的两端应设置制动枕木。

⑥顶T梁、箱梁等大吨位构件时,必须在梁两端加设支撑。构件两端不得同时顶起或下落,一端顶升时,另一端应支稳。

⑦预制场和墩顶装载构件的滑移设备要有足够的强度和稳定性,牵引(或顶推)构件滑移

时，施力要均匀。

⑧各种大型吊装作业，在连续紧张作业一阶段后（如一孔梁板或一较大工序）应适当进行人员休整，避免长时期处于紧张状态。同时，应检查、保养、维修吊装设备。

2. 悬臂浇筑法施工安全要点

①采用桁架挂篮施工时，应遵守下列规定：

a. 挂篮组拼后，要进行全面检查，并做静载试验；挂篮两侧前移要对称平衡进行，大风、雷雨天气不得移动挂篮；挂篮移动到位以后，要检查前后锚点、吊带、零号块临时锚固是否到位；挂篮移动中应设观察哨进行监护，并设限位装置。

b. 进行零号块施工，并以斜托架做施工平台时，平台边缘应设安全防护设施。墩身两侧托架平台之间搭设的人行道板必须连接牢固。

c. 使用的机具设备（如千斤顶、滑车、手拉葫芦、钢丝绳等），应进行检查，不符合规定的严禁使用。

d. 遇有大风及恶劣天气时，应停止挂篮行走作业。

②挂篮使用时，应经常检查后锚固筋、千斤顶、手拉葫芦、张拉平台及保险绳等是否完好可靠。

③挂篮在安装、行走及使用中，应严格控制荷载，防止过大的冲击、振动。

④挂篮拼装及悬臂组装中，危险性较大，在高处及深水处作业时，应设置安全网，满铺脚手板，设置临时护栏。操作人员必须按规定佩戴安全防护用品，配备救生设施。

⑤自平桁式挂篮配重，宜用混凝土预制或钢件，不宜用水箱压重，以防水箱损坏泄漏，导致挂篮失衡倾覆。

⑥在底模荡移前，必须详细检查挂篮位置、后端压重及后吊杆安装情况是否符合要求。应先将上横梁两个吊带与底模下横梁连接好，确认安全后，方可荡移。

⑦挂篮行走时，要缓慢进行，速度应控制在 0.1m/min 以内。挂篮后部各设一组溜绳，以保安全。滑道要铺设平整、顺直，不得偏移，并随时注意观察，发现问题及时处理。

⑧浇筑混凝土时，确认挂篮桁架后端已锚固在已完成的梁段上，并配重使之与浇筑的混凝土重力保持平衡状态。挂篮桁架行走和浇筑混凝土时，其稳定系数不得小于 1.5。

⑨浇筑合龙段混凝土时，随浇筑进程加载逐步撤出时，应自上而下进行。撤出压重时，应注意防止砸伤。

⑩箱梁混凝土接触面的凿毛工作，要有安全防护设施，所用手锤柄应牢固。作业人员之间，应保持安全距离。

⑪滑移斜拉式挂篮施工，应遵守下列规定：

a. 采用滑动斜拉式挂篮，所用的活动铰、销、斜拉钢带等，均采用高强钢材制作，材质要经检验，并打上标记，必须满足设计的要求。

b. 挂篮安装时或主梁行走到位后，应先安装好后锚固和水平限位装置，方可安装斜拉带悬挂底模平台。严防挂篮倾覆、塌落。

c. 底模和侧模沿滑梁行走前，需将斜拉带和后吊带拆除，用倒链起降和悬吊底模平台，同时，必须在倒链的位置加保险绳。

d. 采用四根斜拉带的挂篮，在斜拉带安装和使用过程中，要注意检查，保证受力均衡。

e. 挂篮行走前，应认真检查后锚固及各部受力情况，检查有无隐患及不安全因素。行走时，应密切注意挂篮有无异状，并应慢速稳步到位，以防塌落事故。

3. 悬臂拼装法施工安全要点

①现场拼装机具设备后，必须检查验收，如有隐患及不符合安全规定时，不得使用。

②构件起吊前，应对起吊机具设备及构件进行全面检查，并进行起吊试验。如发现吊环部位有损伤、结合面有突出外露物、构件上有浮置物件等情况时，不得起吊。

③构件应垂直起吊，并保持平衡稳定。在接近安装部位时，不得碰撞已安完的构件和其他作业设施。

④运送构件的车辆（或船只），待构件起升后应迅速撤出。

⑤遇有下列情况时，必须停止吊装作业：

a. 指挥信号系统失灵。

b. 天气突然变化，影响作业安全。

c. 卷扬机、电机过热，起重吊机或托梁部件变形或其他机械设备、构件等发现有异常情况。

⑥拆除硫磺砂浆临时支座，要身系安全带，防止从高处坠落，同时应遵守下列规定：

a. 采用电热法融化硫磺砂浆垫块时，电热丝不得与其他金属物接触。

b. 作业时人员应站在上风处操作，并应佩戴安全防护用品。

c. 人工凿除时，人员站位要拉开距离。

4. 缆索吊装法施工安全要点

①安装时，应服从统一的指挥信号。

②登高操作人员应携带工具袋。

③安全带不得挂在主索、扣索、缆风绳等上面。

④牵引卷扬机启动要缓慢，行进速度要平稳。

⑤缆索吊装大型构件时，应事先检查塔架、地锚、扣架、滑车、钢丝绳等机具设备。正式吊装前必须进行吊载试运行。

⑥缆索跨越公路、铁路时，应搭设架空防护支架。在靠近街道和村镇的地方应设立警示标志。

⑦暴雨、大雾、六级风以上等恶劣气候和夜间不得进行缆索吊装作业。

5. 顶推施工安全作业要点

①顶推施工所用的机具设备、材料在使用前，应全面检查、验收和试验。

②使用油压千斤顶，应附有球形支承垫、保险圈及升程限孔。共同作用的多台千斤顶，应选用同一类型。

③顶推施工中，应随时进行必要的监测，以控制施工安全。

④采用多点顶推或单点顶推，其动力均应有统一的控制手段。

⑤上下桥墩和梁上作业时，应设置扶梯、围栏、悬挂安全网等安全防护设施。使用的工具、材料等，均应吊运传递，不得向下抛掷。

⑥顶推施工中，应有统一的指挥信号。必要时，应备有便利的现场通信设备。

⑦落梁完毕，拆除千斤顶及其他设备时，应先用绳拴好，并用吊机吊出。在吊运时，应防止吊装物撞击梁体。

⑧在各顶推点，要有专人进行测量，随时将墩顶的位移情况，报告给指挥人员。

⑨施工前应采取必要的加固措施，以保证顶入作业中通车线路的安全。当火车、汽车通过时，应暂停挖土或顶入，必要时作业人员应暂时离开作业面。

⑩顶入机械发生故障时，应停机检修，严禁带病作业。

6. 预应力张拉施工安全要点

①千斤顶、油表在张拉前,须配套检验。

②张拉作业区,应设警告标志。无关人员,严禁入内。

③锚环和夹片使用前,应认真仔细检查及试验,经检验合格后方可使用。

④高压油泵与千斤顶之间的连接点各接口必须完好无损,螺母应拧紧。油泵操作人员要戴防护眼镜。

⑤在张拉作业过程中,应对高压油管进行保护,防止砸破油管,高压油喷出伤人。

⑥张拉前操作人员要确定联络信号。张拉两端应设便捷的通信设备。

⑦在已拼装或现浇的箱梁上进行张拉作业,应事先搭好张拉作业平台,并保证张拉作业平台、拉伸机支架要搭设牢固,平台四周应加设护栏。施工的吊篮应安挂牢固,必要时可另备安全保险设施。张拉时,千斤顶的对面及后面严禁站人,作业人员应站在千斤顶的两侧。

⑧张拉操作中,若出现异常现象(如油表振动剧烈,发生漏油,电机声音异常,发生断丝、滑丝等),应立即停机进行检查。

⑨先张法张拉台座结构,应满足设计要求。张拉前,对台座、横梁及各种张拉设备、仪器等进行详细检查,合格后方可施工。

⑩先张法张拉中和未浇筑混凝土之前,周围不得站人和进行其他作业。

⑪预应力钢筋冷拉时,在千斤顶的端部及非张拉端部均不得站人,以防钢筋断裂、螺母滑脱、张拉设备出现事故而伤人。

⑫钢筋张拉或冷拉时,螺丝端杆、套筒螺丝必须有足够的长度,夹具应有足够的夹紧能力,防止锚夹不牢,滑出伤人。

⑬管道压浆时,操作人员戴防护眼镜和其他防护用品。关闭阀门时,作业人员应站在侧面,以确保安全。

7. 拱桥施工安全要点

①拱架制作与安装,应按设计要求,具有足够的强度、刚度和稳定性。拱架须经验算,必须经试验或预压,并满足防洪、流水、排水、航运等安全要求。

②圬工(石、砖及混凝土预制块)拱桥施工前,拱架支立安装方法、拆落拱架程序、机械设备等,均应经检查符合安全技术规定后方可施工。人工抬运上坡,应平行前进,落肩同步。抬运石料时,应用绳索捆扎结实,不宜装得过满。

③拱石或预制块砌筑时,底下严禁站人,操作人员的手指不得伸入砌筑面,拱石或预制块就位时,应用撬棍或绳索工具等扶稳,缓慢堆放。

④砌筑拱圈,应按施工要求搭设脚手架及作业平台,严禁用拱架代替脚手架。主拱、拱上建筑施工,必须严格按设计加载程序分段、对称、同时进行。

⑤拱圈砌筑,严禁拱下站人,并应随时注意观测拱架变形状况。卸架装置应有专人检查。

⑥拱圈卸架,应统一指挥,须对称、同步、分级进行,并跟踪观测拱圈变形有无异常。拆除拱架时,应听从统一指挥,严禁在拱架上、下同时进行双重作业。

⑦预制装配式拱桥,除按吊装机具的有关安全要求加以控制外,还应做到:

a. 大中跨径拱桥施工,应验算拱圈的纵、横向稳定性,保证有一定的横向稳定系数。分段吊装单肋合龙后应用缆风绳稳固,并须采取悬扣边肋和次边肋、用横夹木临时横向联结等措施。

b. 双曲拱、箱形拱桥施工时,在墩、台顶设置的扣架,底部固定应牢靠;架顶应设缆风,缆风设置必须对称，与构件轴线应符合设计要求，风缆地锚环应埋设坚固，并应设置备用环。

c. 拱肋分段拼装时，基肋应设置固定缆风，拱肋接头处，应加横向联结，以保证其横向稳定。

d. 多孔装配式拱桥上部安装时，除要遵守一般安全规定外，还必须按加载程序，由桥台或制动墩起，逐孔吊装。相邻两孔安装进度，不应相差过大，以减少对相邻桥墩产生的单向推力。

e. 装配式桁架拱或刚架拱桥施工时，除要遵守一般安全规定外，还必须在已安装的桁架或刚架拱片上，安装横向联系构件，以增强横向稳定性。

f. 在河流中设置缆风绳时，必须采取可靠的防护措施。

8. 跨线桥及通道桥涵施工安全要点

①公路桥跨越铁路或其他线路时，施工前，应编制专门的安全施工组织设计，并与铁路或其他有关部门协商有关事宜，并签订必要的安全协议。内容包括：利用列车间隔时间进行安装的计划、安全防护以及在发生紧急情况时的应急处理措施等。

②公路桥跨越铁路或其他线路时，施工期间，特别是梁体吊装阶段，应在施工现场及两端足够远处适宜地点设置人员和通信设备，与两端火车站进行联系，以便在发生紧急情况时，立即通知停车。要避免在列车通过的情况下，进行吊梁安装作业。

③跨越铁路或公路的立交桥施工时，上面作业，下面通行车辆或行人，应设置遮盖设施，并设岗哨监视管理。当下方为电气化铁路时，设置的遮盖设备应具有高压绝缘作用，以保证施工安全。

④对结构复杂、施工期较长的大型立交桥施工时，应配备通信设施，确保在紧急情况下，能够妥善处理发生的事故。

9. 斜拉桥、悬索桥施工安全要点

①施工期间，应密切注意天气变化，遇大风、雷雨时，应立即停止作业。

②随着索塔升高（到 20m 以上），防雷电设施必须相应跟上，避雷系统未完善前，不得开工。

③缆索安装应做到：

a. 缆索放索牵引时，应有防护措施，防止油污染和电焊烧伤，不得撞伤锚头。

b. 悬索桥的主索及斜拉桥的斜缆索，应进行破断试验，其破断力应满足设计要求。

c. 采用成品斜拉索时，在放索时，应有制动设施，并防止卷盘的缆索自由散开时造成伤害。

④索塔超 50m 时，缆索套管内的防护水泥浆应分段向上压注，防止压力过大，套管破裂伤人。

⑤悬索桥安装加劲桁构（梁）时，应做到：

a. 加劲桁构（梁）的吊装，宜从跨中向两岸进行。索夹与吊杆应配合加劲桁构（梁），同时安装。

b. 施工中，应对索鞍偏移量进行观测和控制，防止超过设计允许偏斜量而影响塔架的安全。

⑥斜拉桥、悬索桥在施工中应配备水上救护船。

10. 钢桥施工安全要点

①钢梁杆件组装，应在平整的作业台上进行，其基础应有足够的承载力。

②钢梁拼装前，应按设计图检验杆件和零部件是否达到设计标准。杆件宜事先组拼、组合后，宜用吊机吊装，以减少钢箱梁安装过程中的高处作业量。

③浮运吊装时,应按水上运输和起重吊装作业安全要点进行。浮运直从下游逆水进入桥孔。

④钢梁上的各种电动机械和电缆线、照明线路等,必须保持绝缘良好,应有专人值班管理。

⑤拼装杆件前,应安好梯子、溜绳、脚手架。斜杆应安栓保险吊具。杆件起吊时,先提升0.3m左右,确认安全后再继续起吊。

⑥装拆脚手架、上紧螺栓、钢合等作业,应上下交替进行,避免双层作业。杆件拼装对孔时,应用冲钉探孔,严禁用手伸入检查。

⑦架梁用的扳手、小工具、冲钉及螺栓等物应使用工具袋装好,严禁抛掷。

⑧在通航的江河上施工,应与当地的港航管理部门联系,取得水上施工许可证,并按照水上作业的有关安全控制要点进行作业。

⑨钢梁表面涂漆作业,应有防毒保护措施。

五、混凝土构件预制安全工作

1. 主要机械安全作业要点

①搅拌站的电器设备和线路应绝缘良好。搅拌站内,所有机械设备的转动部分,必须设有防护装置。高大的搅拌站应设置避雷装置。

②搅拌站的机械设备安装完毕,要重点检查设备安装稳定牢固情况,电机连接与绝缘情况,制动器、离合器、升降器是否灵活可靠,轨道滑轮是否良好,钢丝绳有无断裂或损坏等。确认良好后,进行空载运转,经试运转,全部机械达到正常后,方可作业。

③发电机应设接地保护,接地电阻不得大于4欧姆。发电机连接配电盘,及通向所有配电设备的导线,必须绝缘良好,接线牢固。

④施工用的发电机电源应与外电线路电源联锁,严禁并列运行。

⑤发电机附近及发电机房内不得放置易燃、易爆物品。

⑥严禁皮带运输机运转中进行修理和调整。作业人员不得从皮带运输机下面穿过或跨越输送带。

⑦输送大块物料时,输送带两侧应加设挡板或栅栏等防护装置。停机后要切断电源。

2. 混凝土拌和安全要点

①机械上料时,在铲斗(或拉铲)移动范围内不得站人。铲斗下方严禁有人停留和通过。

②在清理斗坑或平台时,应用销子将料斗固定住,严防其滑落伤人。

③搅拌机运转中,严禁用工具伸入料仓内拨弄,需要在料仓内检修时,应停机检修。

④修理或进入料仓内清理叶片时,必须先切断电源,电源边设专人看护或开关箱上锁,并挂牌注明“仓内有人操作,切勿合闸”。

⑤采用电子计算机操作的控制室,不得打开门窗进行通风。

⑥与工作无关的人员不得进入拌和设备的工作场地,更不得进入操作室。

⑦严防将大块石料或其他异物装入集料仓。

⑧有紧急停车装置的拌和设备,在设备和人员发生险情时,应立即启用紧急停车装置。

⑨在运行中,应经常检查电气设备、电气元件和线路各部是否正常,发现异响、异味时,应立即停机检查处理。

3. 混凝土输送泵车作业安全要点

①泵送过程中,操作者必须能观察到整个区域,布料杆不能碰到障碍物,尤其要远离高压

线路。任何人不得接近布料杆下的危险区域;布料杆不能作起重机使用;严禁扳动液压支腿控制阀,更不得移动泵车。

②随时注意各仪表、指示灯工作状况,读数应在正常范围,指示灯指示正确。液压管路连接牢固,无外泄漏。

③泵和布料臂架发出不正常杂音时,应及时检查、判断并处理。

④在五级以上大风时,不得使用布料杆作业。

⑤不得随意向料斗加水,严禁泵送搅拌后停放 90min 以上的混凝土。

⑥布料臂架变幅和旋转,需专人指挥,动作应平稳,严禁猛起猛落。

⑦如果出现泵车倾斜、液压支腿变形、木垫破裂、地面沉陷等现象,应立即收臂,检查原因并排除。

4. 泵送混凝土作业安全要点

①混凝土泵应设置在作业棚内,安装应稳定、牢固。泵车安设未稳前,不得移动布料杆。作业前,应检查输送泵、电气设备是否正常、灵敏、可靠。

②泵送前,应检查管路、管节及密封圈的完好程度,不得使用有破损、裂缝、变形和密封不合格的管件。

③混凝土泵在运转时发现故障,应立即停机,断电检查,不得带病作业。

④拆卸管路接头前,应把管内剩余压力排除干净,防止管内存有压力而引起事故。

⑤作业机结束,采用空气清洗管道时,操作人员不得靠近管道端部。

5. 灰浆搅拌机作业安全要点

①必须待搅拌机达到正常转数后,方可加料。

②严防块状硬物和金属丝、网、绳索等物进入搅拌筒损坏叶片。

③搅拌机转动时,不准用于或木棒等物伸进搅拌筒内清理筒口的灰浆、材料。

④出灰浆时,必须使用摇手柄,不准用手扳转拌和筒。

⑤机械开动时,禁止进行任何修理作业。

⑥作业中如遇故障或停电时,应立即断开电源并将灰浆倒出。

⑦观察各部件工作是否正常,若有异常,应立即停机检修。

6. 砂浆输送作业安全要点

①随时注意压力表指示,如超过规定压力时,应立即查明原因,排除故障。

②应注意检查球阀、阀座和挤压管的磨损,如发现漏浆应停机检查修复或更换后,方可继续作业。

③因故障停机时,应打开泄浆阀使压力下降,然后排除故障。灰浆泵压力未降到零时,不得拆卸空气室、压力安全阀和管道。

④在机器运转中,禁止进行任何调整与保养工作。

7. 振捣器作业安全要点

①振捣器不得放在硬地或其他硬物上振动,施工中应避免冲击模板、钢筋。

②振捣棒施振时应轻提轻放,并做上下抽动。如钢筋网过密,不可强行插入,应加装附件后再行振捣。

③同时使用数台附着式振捣器时,其频率应一致。需对面振动时,应错开安置。

④电缆线应采用橡胶电缆,并安装相适应的漏电保护开关。当电缆线通过现场施工道路时,应采取保护措施。

六、预制构件运输安全工作

1. 轨道平车运输中的安全要点

①铺设钢轨时,应选用合格的钢轨和枕木。铺设要达到规定的标准。钢轨要平直、圆顺,轨距要在允许误差值之内。轨道半径不得小于25m。轨道路基要有足够的宽度、平整度、强度,避免沉陷、滑坡等现象。

②采用轨道平车运输大型构件时,应对运梁用的轨道平车的转向托盘或转盘、制动器等,按设计要求进行检查,确认合格后,方可使用。

③轨道与其他道路交叉时,应按规定铺设交叉道口。

④拖运大型预制构件时,应设专人指挥,并经常检查构件在平车上的稳定状况,以及轨道平车在运转中有无变形。

⑤构件运输时,速度要缓慢,速度不宜超过3km/h。下坡时,要以溜绳控制速度,并用人工拖拉止轮木块跟随前进。纵坡坡度不宜超过2%。并应备有制动器,当纵坡坡度较大时,必须有相应的安全措施,方可运输。

⑥轨道路基,应设专人经常检查以下内容:

a. 轨距有无超出误差规定。

b. 道钉、鱼尾板有否松动。

c. 枕木有无压坏。

d. 路基有无沉陷变形、滑坡现象。

2. 平板拖车运输安全要点

①大型预制构件平板拖车运输,速度应控制5km/h以内。简支梁的运输,除横向加斜撑防倾覆外,平板车上的搁置点必须设有转盘。

②运输超高、超宽、超长构件时,必须向有关部门申报,经批准后,在指定路线上行驶。牵引车上应悬挂安全标志。超高的部件应有专人照看,保证在有障碍物情况下安全通过。

③平板拖车运输构件时,除一名驾驶员主驾外,还应指派一名助手协助,及时反映安全情况和处理安全事宜。平板拖车上不得坐人。

④重车下坡应缓慢行驶,并应避免紧急制动。驶至转弯或险要地段时,应降低车速,同时注意两侧行人和障碍物。

⑤在雨、雪、雾天通过陡坡时,必须提前采取有效措施。

⑥装卸车应选择平坦、坚实的路面为装卸点。装卸车时,机车、平板车均应刹闸。

⑦重车停过夜时,应用木块将平车的底盘均衡垫实。

课题四　隧道工程施工安全技术工作

隧道工程施工在地下或山岭中作业,地形环境复杂多变,会经常受地质、水文隐患的威胁。同时,受地下空间的限制,人们一年四季、白天黑夜都在狭小的洞室中承受着噪声、有害气体、高温的影响,从事着单调、艰苦、危险的重复劳作,身心健康长期受到压抑,自我防卫能力很容易降低,再加上风、水、电、机械和运输车辆与人争空间,可以说自然的、人为的不安全因素从四面八方包围着作业者。因此,必须加强领导,发动群众,依靠科技进步,加强投入,提高全员安全、质量意识和技能,才能确保安全生产。随时检测,加强监控,做好防范措施,可以有效减少或避免大的安全事故。

一、洞口工程安全工作

①施工场地应做出详细的部署和安置，出渣、进料及材料堆放场地应妥善布置，弃渣场地应设置在不堵塞河流、不污染环境、不毁坏农田的地段。对风、水、电、路等设施做出统一安排，并在进洞前基本完成。

②进洞前应先作好洞口工程，稳定好洞口的边坡和仰坡，做好天沟、边沟等排水设施，确保地表水不致危及隧道的施工安全。

③开挖人员不得上下重叠作业。

④边、仰坡以上山坡松动危石应在开工前清除干净。施工中应经常检查，特别是在雨雪之后，发现松动危石必须立即清除。

二、开挖、凿孔与爆破作业安全工作

1. 开挖、凿孔安全作业要点

①开挖人员到达工作地点时，应首先检查工作面是否处于安全状态。详细检查支护是否牢固，顶板和两帮是否稳定，如有松动的石块、土块或裂缝应予以清除或支护。

②风钻钻眼时，应先检查机身、螺栓、卡套、弹簧和支架是否正常完好，管子接头是否牢固，有无漏风；钻杆有无不直、带伤以及钻孔堵塞现象；湿式凿岩机的供水是否正常；干式凿岩机的捕尘设施是否良好。不合要求者应予修理或更换。

③钻孔台车进洞时要有专人指挥，认真检查道路状况和安全界限，其行走速度不得超过25m/min。台车在行走或待避时，应将钻架和机具都收拢到放置位置，就位后不得倾斜，并应刹住车轮，放下支柱，防止移动。

2. 爆破作业安全要点

①装药前应检查爆破工作面附近的支护是否牢固。炮眼内的泥浆、石粉应吹洗干净。刚打好的炮眼热度过高，不得立即装药。如遇有照明不足，发现流沙、泥流未经妥善处理，或可能有大量溶洞水涌出时，严禁装药爆破。

②洞内爆破不得使用黑色火药。

③为防止点炮时发生照明中断，爆破工应随身携带手电筒。严禁用明火照明。

④采用电雷管爆破时，必须按国家现行的有关规定进行，并应加强洞内电源的管理，防止漏电引爆。装药时可用投光灯、矿灯照明。起爆主导线宜悬空架设，距各种导电体的间距必须大于1m。

⑤爆破后必须经过通风排烟15min以后，才准许检查人员进入工作面，检查有无盲炮及可疑现象。有无残余炸药或雷管，顶板两帮有无松动石块，支护有无损坏与变形。确认无误后，其他工作人员才可进入工作面。

⑥当发现“盲炮”时，必须由原爆破人员按规定处理。未处理完“盲炮”不得下班，否则会造成操作或接班人钻杆打入残眼，致使钻头触及爆炸药包或雷管、导线引起爆炸发生伤亡事故。

⑦两工作面接近贯通时，两端应加强联系与统一指挥。岩石隧道两工作面除钻孔外岩层余留厚度为8倍循环进尺（当钻孔深度小于2m时，岩层余面厚度不得小于15m）时，一端装药放炮时，另一端人员应撤离到安全地点。导坑已打通的隧道，两端施工单位应协调放炮时间。

放炮前要加强联系和警戒,严防对方人员误入危险区。土质或岩石破碎隧道接近贯通时,应根据岩性适当加大预留贯通的安全距离,此时只准一端掘进,另一端的人员和机具应撤离至安全地点。贯通后的导坑应设专人看管,严禁非施工作业人员通行。

3. 隧道运输中的安全要点

①各类进洞车辆必须处于完好状态,制动有效,严禁人料混载。

②所有运载车辆不准超载、超宽、超高运输。

③进出隧道的人员应走人行道,不得与机械或车辆抢道,严禁扒车、追车或搭车。

④人工装渣时,应将车辆停稳并制动。接渣时,漏斗口下不得有人通过。

⑤洞内机械运输必须有专人指挥。

⑥爆破器材运输注意事项:

a. 在隧道工程外部运输爆破器材时,应遵守《中华人民共和国民用爆炸物品管理条例》。

b. 在任何情况下,雷管与炸药必须放置在带盖的容器内分别运送。人力运送时雷管与炸药不得由一人同时运送;汽车运输时,雷管与炸药必须分别装在两辆车内运送,其间距应相隔50m 以上;有轨机动车运输时,雷管与炸药不宜在同一列车上运送,如必须用同一列车运送时,装雷管与炸药的车辆必须用三个空车厢隔开。

c. 人力运送爆破器材时必须有专人护送,并应直接送到工地,不得在中途停留。一人一次运送的炸药数量不得超过 20kg 或原包装一箱。

d. 汽车运送爆破器材时,汽车排气口应加装防火罩,运行中应显示红灯。器材必须由爆破工专人护送,其他人员严禁搭乘。爆破器材的装载高度不得超过车厢边缘,雷管或硝化甘油类炸药的装载不得超过两层。

e. 有轨机动车运送爆破器材时其行驶速度不得超过 2m/s,护送人员与装卸人员只准在尾车内乘坐,其他人员严禁乘车。硝化甘油类炸药或雷管必须放在专用带盖的木质车厢内,车内应铺有胶皮或麻袋并只准堆放一层。

f. 严禁用翻斗、自卸汽车、拖车、拖车机、机动三轮车、人力三轮车、自行车、摩托车和皮带运输机运送爆破器材。

⑦爆破器材井内运输注意事项:

a. 除爆破工和护送人员外,其他人员不得同罐乘坐。

b. 运送硝化甘油类炸药或雷管时,只准堆放一层,且不得滑动。运送其他炸药时,装载高度不得超过罐笼高度的 2/3,并不高于 1.2m。

c. 用罐笼运输硝化甘油类炸药或雷管时,其升降速度不得超过 2m/s,运送其他炸药不得超过 4m/s,用吊桶运送爆破器材时,其升降速度不得超过 1m/s。

d. 司机在操纵卷扬机时,不得使罐笼或吊桶发生振动。

e. 运送电雷管时,应装入绝缘箱内,切断洞内所有电源,并检查钢丝绳是否带电。

f. 严禁爆破器材在井口房、井底车场或在巷道内停放。

g. 在上、下班或人员集中的时间内,严禁运输爆破器材。

三、支护与衬砌作业安全工作

1. 支护作业安全要点

①如遇石质破碎、风化严重和土质隧道时,应尽量缩短支护至工作面的距离。施工短期停工时,应将支撑直抵工作面。

②不得将支撑立柱置于废渣或活动的石头上。软弱围岩地段的立柱应加设垫板或垫梁，并加木楔塞紧。

③喷射手应佩戴必要的防护用品。注浆管喷嘴严禁对人放置。

④当发现量测数据有不正常变化或突变，洞内或地表位移值大于允许位移值，洞内或地面出现裂缝以及喷层出现异常裂缝时，均应视为危险信号，必须立即报告，并组织作业人员撤离现场，待处理后才能继续施工。

2. 衬砌作业安全要点

①衬砌使用的脚手架、工作平台、跳板、梯子等应安装牢固，不得有露头的钉子和突出的尖角。

②脚手架及工作平台上的脚手板应满铺，木板之端头必须搭于支点上。

③安装、拆除模板、拱架时，工作地段应有专人监护，拆下的模板不得堆放在通道上。

④砌筑高度在1.5m以下时，允许使用跳板抬运，但跳板应架到与隧道衬砌工作面水平的位置。

⑤用石料砌筑边墙，使用普通水泥砂浆时，应间歇进行。当砌筑高度到2～3m时，一般情况下，应待水泥砂浆强度达到设计强度的70%方能继续砌筑（如水泥砂浆中没有掺加剂，在常温下应停止4小时后再砌）。若墙后超挖过大，回填层应逐层用干（浆）砌料填塞，以免坍塌。

⑥压浆机在使用前应进行检查并试运转，管路连接要完好，压力要正常，操纵压浆喷嘴人员应佩戴护目镜及胶皮手套。掌握喷嘴的人员必须注意喷嘴的脱落并设法躲避。

⑦检修和清洗压浆机时，应在停止运行、切断电路、关闭风门后方准进行。

⑧台车上不得堆放料具，工作台应满铺底板。

四、竖井与斜井上、下安全工作

①竖井与斜井的井口附近应在施工前做好修整，并在周围修好排水沟、截水沟，防止地面水侵入井中，发生坍塌。竖井井口平台应比地面至少高出0.5m，井口应有严密的井盖，只有当吊笼吊罐升降时才准许打开井盖。

②当工作面附近或井筒未衬砌部分发现有落石，支撑发响或大量涌水时，工作面施工人员应立即从安全梯或使用提升设备撤出井外，并报告上级处理。

③在吊盘上工作人员的工具，应妥善地放在工具袋内，使用时应牢固地拴在身上或其他固定物上，不得将不使用的零星工具放置在附近的支撑上。

④竖井提升作业，接罐人员均应佩戴安全带，上下井的人员应服从接罐人员的指挥。

⑤吊桶升降机运送人员的速度不得超过5m/s，无稳绳地段不得超过1m/s；运送石渣及其他的材料时不得超过8m/s；无稳绳地段不得超过2m/s；运送爆破器材时，不得超过1m/s。同时应注意以下几点：

a. 提升钢丝绳应与吊桶连接牢固，保证在升降时不致脱钩。

b. 不得在吊桶边缘上坐立，乘坐人员的身体任何部位不得超出桶沿。

c. 装有物料的吊桶不得乘人。

d. 吊桶不得超载。

⑥罐笼升降

a. 提渣、升降人员和下放物料的速度不得超过3m/s，加速度不得超过0.25m/s^2。

b. 如发现钢丝绳有损，罐道和罐耳间磨损度超过规定等，必须立即更换。

c. 罐笼升降作业时，下面不得停留人员。

⑦检修井筒或处理事故的人员，如果需要站在罐笼或箕斗顶上工作时，必须注意以下几点：

a. 罐笼或箕斗顶上,必须装设保护伞和栏杆。

b. 必须佩戴保险绳。

c. 提升容器的速度一般为0.3～0.5m/s,最大不得超过2m/s。

⑧井底车场的信号必须经由井口接罐员发出。井底车场不得直接向卷扬机发信号,只有在发送紧急停车信号时,才可直接向卷扬机驾驶员发出信号。

⑨斜井运输:

a. 斜井的牵引运输速度不得超过3.5m/s;接近洞口与井底时,不得超过2m/s;升降加速度不得超过$0.5m/s^2$。

b. 斜井的垂直深度超过50m时,应配备运送人员的车辆,车辆使用时应做到:每班运送人员前必须检查车辆的连接装置、保险链及防坠器;乘人车辆不得超过定员,乘员携带的工具不得超出车厢;卷扬机司机未得到井口信号人员发出的信号,不得开动。

⑩对钢丝绳和提升装置的安全要求:

a. 提升用的钢丝绳必须每天检查一次,每隔6个月试验一次,安全系数必须符合要求。

b. 钢丝绳的钢丝有变黑、锈皮、点蚀麻坑形成沟纹,外层钢丝绳松动时,必须更换。

c. 有接头的钢丝绳只允许在水平坑道和30°以下的斜井中运输物料使用。

d. 司机不准离开工作岗位,也不能擅自调节制动闸,应严格监视,防止过速,严格监视过卷装置是否处于正常状态。

e. 升降人员前,应先开一次空车,以检查卷扬机的动作情况,但连续运转时,可不受此限。

五、通风、防尘、照明、排水及防火安全工作

1. 隧道作业的环境标准

①粉尘允许浓度:每立方米空气中,含有10%以上游离二氧化硅的粉尘必须在2mg以下。

②氧气含量不得低于20%(按体积计,下同)。

③瓦斯(沼气)或二氧化碳含量不得超过0.5%。

④一氧化碳浓度不得超过$30mg/m^3$。

⑤氮氧化物(换算成二氧化氮)浓度应在$5mg/m^3$以下。

⑥二氧化硫浓度不得超过$15mg/m^3$。

⑦硫化氢浓度不得超过$10mg/m^3$。

⑧氨的浓度不得超过$30mg/m^3$。

⑨隧道内的气温不宜超过28℃。

⑩隧道内的噪声不得超过90dB(A)。

2. 通风防尘的一般规定

①隧道内空气成分每月应至少取样分析一次,风速、含尘量每月至少检测一次。

②隧道施工时的通风,应设专人管理。应保证每人每分钟供给新鲜空气$1.5～3m^3$,使用内燃机时,每分钟每千瓦不少于$3m^3$(每分钟每马力不少于$2.2m^3$)。

③无论通风机运转与否,严禁人员在风管的进出口附近停留,通风机停止运转时任何人员不得靠近通风软管行走和在软管旁停留,不得将任何物品放在通风管或管口上。

④施工时宜采用湿式凿岩机钻孔,用水炮泥进行水封爆破以及湿喷混凝土喷射等有利于减少粉尘浓度的施工工艺。

⑤在凿岩和装渣工作面上应做好下列防尘工作:

a. 放炮前后应进行喷雾与洒水。

b. 出渣前应用水淋透渣堆和喷湿岩壁。

c. 在吹入式的出风口,宜放置喷雾器。

⑥防尘用水的固体质含量不应超过 50mg/L,大肠杆菌不得超过 3 个/L。水池应保持清洁,并有沉淀或过滤设施。

3. 照明、排水及防火安全要点

①隧道内的照明灯光应保证亮度充足、均匀及不闪烁。应根据开挖断面的大小、施工工作面的位置选用照明灯的高度和功率。

②隧道内用电线路,均应使用防潮绝缘导线,并按规定的高度用磁瓶悬挂牢固。不得将电线挂在铁钉和其他铁件上,或捆扎在一起。开关外应加木箱盖,采用封闭式保险盒。如使用电缆亦应牢固地悬挂在高处,不得放在地上。

③隧道内各部的照明电压应为:

a. 开挖、支撑及衬砌作业地段为 12 ~ 36V。

b. 成洞地段为 110 ~ 220V。

c. 手提作业灯为 12 ~ 36V。

④隧道内的用电线路和照明设备必须设专人负责检修管理,检修电路与照明设备时应切断电源。

⑤在潮湿及漏水隧道中的电灯应使用防水灯口。

⑥在有地下水排出的隧道,必须挖凿排水沟,当下坡开挖时应根据涌水量的大小,设置大于 20% 涌水量的抽水机具予以排出。抽水机械的安装地点应在导坑的一侧或另开偏洞安装,并用栅栏与隧道隔离。

⑦抽水设备宜采用电力机械,不得在隧道内使用内燃抽水机。抽水机械应有一定的备用台数。

⑧隧道开挖中如预计要穿过涌水地层,宜采用超前钻孔探水,查清含水层厚度、岩性、水量、水压等,为防治涌水提供依据。

⑨如发现工作面有大量涌水时,应立即停止工作,撤至安全地点。

⑩各洞、井口施工区,洞内机电洞室、料室、皮带运输机等处均应设置有效而数量足够的消防器材,并设明显的标志,定期检查、补充和更换,不得挪作他用。

⑪洞口 20m 范围内的杂草必须清除,火源应距洞口至少 30m 以外。离库房 20m 范围内严禁烟火。洞内严禁明火作业与取暖。

⑫洞内及各洞室不得存放汽油、煤油、变压器油和其他易燃物品。清洗风动工具应在专用洞室内,并设置外开的防火门。

⑬每座隧道、每个单独的施工洞(斜竖井)都应制订专门的防火措施,按规定设置防火器材,建立消防组织。

六、通过煤层、瓦斯区、采空区的施工安全工作

①施工通风系统应能每天 24h 不停地连续运转,在正常运转时,洞内各部位的风速不应小于最小允许风速,保证瓦斯在空气中的含量不超标。

②隧道内严禁使用油灯、电石灯、汽灯等有火焰的灯火照明。任何人员进入隧道必须接受检查,严禁将火柴、打火机及其他可自燃的物品带入洞内。

③电灯照明注意事项：

a. 电压不得超过110V。

b. 输电线路必须使用密闭电缆。

c. 灯头、开关、灯泡等照明器材必须采用防爆型，开关必须设置在送风道或洞口。

④矿灯照明注意事项：

a. 每个洞口常备的完好矿灯总数，应大于经常用灯总人数的10%。

b. 矿灯均需编号，常用矿灯的人员应固定灯号。

c. 矿灯如有电池漏液、亮度不足、电线破损、灯锁不良、灯头密封不严、灯头圈松动、玻璃和胶壳破裂等情况，严禁发出。发出的矿灯，最低限度应能连续正常使用11小时。

d. 使用矿灯人员应严禁拆开、敲打和撞击矿灯。出洞或下班时，应立即将矿灯交回灯房。

⑤瓦斯浓度及安全要点：

a. 掘进工作面风流中的瓦斯浓度达到1%时，必须停止电钻打眼；达到1.5%时，必须停止工作，撤出人员，切断电源，等待处理。

b. 放炮地点附近20m以内风流中瓦斯浓度达到1%时，严禁装药放炮。

c. 电动机附近20m以内风流中的瓦斯浓度达到1.5%时，必须切断电源停止运行。

d. 掘进工作面的局部瓦斯积聚浓度达到2%时，其附近20m内必须停止工作，切断电源。

⑥因超过瓦斯浓度规定而切断电源的电气设备，必须在瓦斯浓度降低到1%以下时方可开动；使用瓦斯自动检测报警断电装置的掘进工作面只准人工复电。

⑦及时喷混凝土封堵煤(岩)壁面的裂隙和残存的炮眼，减少瓦斯渗入巷道。

⑧揭煤施工安全要领：短进尺，弱爆破，强支护，快喷锚。

a. 短进尺：掘进石门坎时，每次爆破掘进长度不大于1m。

b. 弱爆破：加密炮眼，单孔少装药。

c. 强支护：在掘进之前，设置超前支护，必要时设置超前注浆小导管，用以加固地层。

d. 快喷锚：爆破后立即施做初期支护。

⑨采空区出现后，可用喷射混凝土临时支护法处理，即坍塌下来的石渣不去处理，在渣堆上对空腔内的破碎围岩喷射混凝土，厚度至少15cm，使围岩暂时稳定。

⑩隧道内所有机械设备、电器设备和照明线路及灯具管理，由专人随时检查维护，必要时安装风电闭锁装置。

⑪揭煤爆破作业采取洞内全部撤人，放炮时须停电、停风。

⑫放炮前工作面不装药的炮眼要用黄泥堵塞全孔。

⑬加强揭煤地段作业的矿山救护及安全员、瓦斯检测员的值班，严格执行“一炮三检”制度。同时经常巡检隧道风流中瓦斯浓度，检测是否有瓦斯局部积聚，观察突出预兆，一旦发现异常要及时处理，并做到现场交接班，不得漏检。

⑭隧道作业人员应接受瓦斯知识和瓦斯爆炸知识的安全教育，并佩带个体自救器。

课题五　特殊季节及养护工程施工安全技术工作

一、特殊季节施工安全工作

特殊季节与夜间施工往往因为环境的变化带来更多的安全事故，学习和了解特殊季节与夜间施工安全要点,有助于预防安全事故的发生,加强自救能力。

1. 雨季施工安全要点

①对路基易受冲刷部分,应铺石块、焦渣、砾石等渗水防滑材料,或者设涵管排泄,保证路基的稳固。

②雨后如果发现边坡有裂缝、疏松、支撑结构折断、走动等危险征兆,应当立即采取措施。

③雨季施工中遇到气候突变,发生暴雨、水位暴涨、山洪暴发或因雨发生坡道打滑等情况应当停止土石方机械作业。

④雷雨天气不得露天电力爆破土石方,如中途遇到雷电时,应当迅速将雷管的脚线、电线主线两端连成短路。

⑤遇到大雨、大雾、高温、雷击和 6 级以上大风等恶劣天气,应当停止脚手架的塔设和拆除作业。

2. 冬季施工安全要点

①爆破法破碎冻土注意事项:

a. 放炮后要经过 20min 才可以前往检查。

b. 遇有盲炮,严禁掏挖或在原炮眼内重装炸药,应该在距离原炮眼 60cm 以外的地方另行打眼放炮。

c. 冬季施工不得使用硝化甘油类炸药。

②人工破碎冻工注意事项:

a. 注意去掉楔头打出的飞刺,以免飞出伤人。

b. 掌铁楔的人与掌锤的人不能脸对脸,应当互成 90°。

③机械挖掘注意事项:

机械挖掘应当采取措施注意行进和移动过程的防滑,在坡道和冰雪路面应当缓慢行驶,上坡时不得换挡,下坡时不得空挡滑行,冰雪路面行驶不得紧急制动。在边坡附近使用、移动机械注意边坡可承受的荷载,防止边坡坍塌。

④电热法溶解冻土注意事项:

a. 应由电气专业人员担任通电工作。

b. 电源要通过有计量器、电流、电压表熔断开关的配电盘。

c. 进入警戒区内工作时,必须先切断电源。

d. 通电前工作人员应退出警戒区再行通电。

e. 当冻土含有金属夹杂物或金属矿石时,禁止采用电热法。

⑤采用烘烤法溶解冻土注意事项:

a. 施工作业现场周围不得有可燃物。

b. 在施工地点安排专人值班,务必做到有火就有人不能离岗。

c. 现场要准备一些沙子或其他灭火物毒品,以备不时之需。

⑥其他安全注意事项

a. 脚手架、便道要有防滑措施,及时清理积雪,脚手架要经常检查加固。

b. 现场使用的锅炉、火坑等用焦炭时,应有通风条件,防止煤气中毒。

c. 大雪、轨道电缆结冰和 6 级以上大风等恶劣天气,应当停止垂直运输作业,并将吊笼降到底层(或地面),切断电源。风雪过后作业,应当检查安全熔断装置并先试吊,确认无异常方可作业。

3. 高温季节施工安全要点

①职工应知道中暑症状，避开中午高温时间作业，并要经常洒水降温。

②职工可多喝绿豆汤、清凉饮料及其他防暑降温饮料。

4. 夜间施工安全要点

①施工住地须设置路灯。

②大型桥梁攀登扶梯处应有照明灯。

③船只停靠的码头应有照明灯。

④施工中临时工程应有围栏，并悬挂红灯示警标志。

二、养护作业现场交通控制

在公路养护工程施工时，为防止交通中断，保证车辆顺利通过作业区，保障养护作业的安全，不仅要对养护施工过程所需的各项设施进行合理的平面规划与设计，还必须对养护作业现场进行交通控制。

1. 通控制区的组成与要求

养护作业区的交通控制区分为警告区、上游过渡区、缓冲区、作业区、下游过渡区和终止区六个部分，如图 2-1 所示。

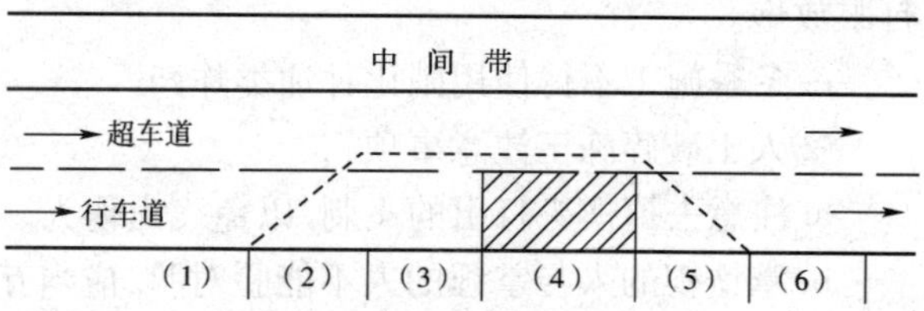

图 2-1 养护作业交通控制区

(1)警告区

警告区长度不得小于 1500m。警告区内每隔一定距离应设置有关标志，第一个警告标志到下一个标志的距离不得超过 300m，最后一个标志离上游过渡区的第一个渠化装置的间距不得小于 150m，其余各标志的间距在 100～300m 之间。警告区内应设置限制速度的标志、前方施工标志、前方车道变窄标志、禁止通行标志等。

(2)过渡区

过渡区一般分为上游过渡区和下游过渡区。当车辆行驶至上游过渡区时，车速应小于 40km/h。该区长度为 65～100m。在上游过渡区前应设置禁止驶入标志。下游过渡区的长度应大于 30m。

(3)缓冲区

缓冲区的长度一般为 80m，其与上游过渡区之间应设置路障。

(4)作业区

作业区是养护作业人员活动和工作的地方。其长度一般根据养护作业或施工需要而定。车道与作业之间必须设置隔离装置。作业区布置还应为工程车辆提供安全的进、出口。

(5)终止区

终止区的长度不应小于 30m。在终止区的末端，应解除所设限制标志。

2. 养护作业的交通控制方式

养护作业的交通控制方式有下列两种类型。

①不改变交通流向的交通控制方式如图 2-2 所示。

②改变交通流向的交通控制方式如图 2-3 所示。

3. 设置交通标志位置的规定

①作业区在右侧车道时，应将交通标志设在公路右侧路肩上和作业区边界的左侧。

②作业区在左侧车道时，应将交通标志设在中央分隔带上和作业区边界的右侧。

③作业区在中间车道时，应将交通标志设在同一方向公路的两侧和作业区边界的两侧。

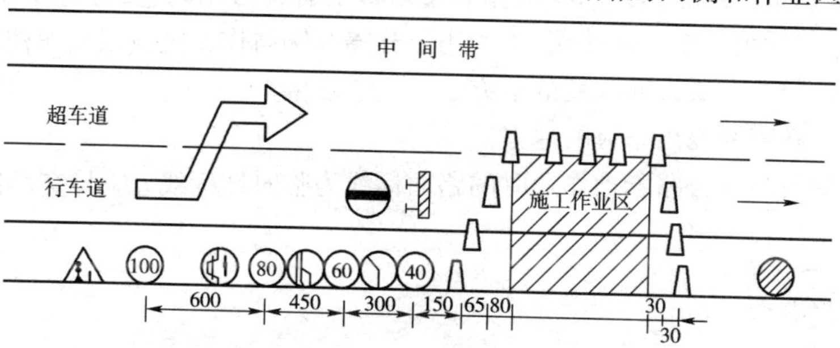

图 2-2　不改变交通流向的交通控制方式（尺寸单位：m）

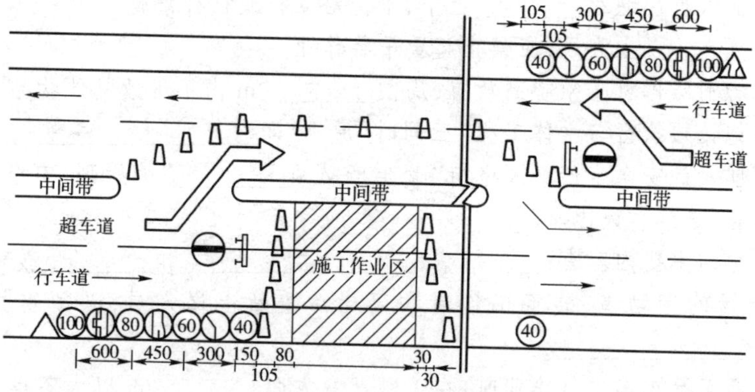

图 2-3　改变交通流向的交通控制方式（尺寸单位：m）

④在上游过渡区应设置作业标志车，车尾朝着车流来向，车尾必须挂有导向性标志和限速牌；车身颜色为醒目的橘黄色，车身必须安装黄色闪频灯和防冲撞装置。养护作业必须在夜间施工时，还应在上游过渡区设置同色闪频灯，作业区内应设置照明。

4. 各种交通标志设置位置的规定

（1）禁令标志

①禁止通行标志：设在上游过渡区的前方。

②禁止超车标志：设在禁止超车路段的终点处。

③解除禁止超车标志：设在禁止超车路段的终点处。

④限制速度标志：设在限制车速路段的起点，标志牌上标明所限制的速度。

⑤解除限制速度标志：设在限制车速路面的终点处。

（2）警告标志

①前方施工标志：设在警告区的起点处。

②前方车道变窄标志：设在车道变窄点前至少 200m。

③双向通行标志：设在双向通行路段前至少 400m 处。

（3）指示标志

①前方绕行标志：设在需要绕行的车道进出处前至少 200m 处。

②各种直行、转弯和单向行驶标志：设在需要直行、转弯和单向行驶路段前 200m 处。

（4）渠化装置和路面标线

①锥形路标：是组成渠化渐变区的主要渠化装置，也常用作分隔车道。锥形路标必须从上

游过渡区开始顺车流方向布置，间距为10～20m。作业完成后，必须逆着车流方向拆除。

②交通安全带：是宽度为10cm的塑料带。带上有红白相间色，且有反光功能。交通安全带通常与锥形路标组织在一起使用，主要用于分隔车辆与作业区或双向车流的车道。

③导向标：设在车流方向改变的地方。

④路栏：设在需要隔离车流的地方。

⑤路面标线：高速公路养护作业时的路面标线为临时性标线，应与交通标志配合使用。

思考与练习

一、填空题

1. 高处作业人员应通过________上下，不得沿立杆或栏杆攀爬。

2. 如遇________以上大风，应禁止起重吊装作业。

3. 施工现场消防器材必须垫高放置，周围________m内不堆放其他物品。

4. 安全设施必须执行与主体工程“三同时”原则，即________，________，________。

5. 施工管理人员安全生产必须坚持“管生产必须________”的原则，安全与生产必须同时计划、布置、检查、总结和评比。

6. 安全教育的主要内容有：________、________、________和________教育。

7. 对新进场的劳动者、转换工作者和离岗后重新上岗人员，必须安排三级教育，即：________、________、________。

8. 在使用沥青撒布车进行作业时，在喷洒沥青方向________m以内不得有人停留。

9. 人工运送液态沥青，装油量不得超过容器的________。

10. 拆除建筑物时，拆除工序应________，先外后里，严禁________。

11. 沟槽（坑）回填时，必须在构筑物两侧________回填夯实。

12. 夜间施工，滑模摊铺机上应有足够________标志。

13. 摊铺机应避免急剧转向，防止工作装置与________、邻边路面、________等物体相碰撞。

14. 桥涵工程施工中，应尽量避免双层或多层同时作业。当无法避免时，应设________、________、________和醒目的警示标志信号等，切实做好安全防护措施。

15. 电力起爆必须注意：在同一爆破网路上必须使用同厂、同型号的电雷管，其电阻值差应控制在________欧姆以内。

16. 爆破后撬动岩石必须由________而________逐层撬（打）落，严禁________作业，不得将下面撬空使其上部自然塌落。

17. 遇有六级（含六级）以上大风等恶劣天气时，不得进行________、缆索吊装作业及________等。

18. 采用轨道运输预制构件时，轨道铺设半径不得小于________m。

19. 构件运输时，速度要缓慢，速度不宜超过________km/h。下坡时，要以________控制速度，并用人工拖拉止轮木块跟随前进。

20. 预制梁运输轨道的纵坡坡度不宜超过________，并应备有制动器，当纵坡坡度较大时，必须有相应的安全措施方可运输。

21. 平板拖车运输大型预制构件，速度应控制在________以内。简支梁的运输，除

________防倾覆外，平板车上的搁置点必须设有________。

22. 滑模施工时，模板提升到 2m 高以后，应安装好________、脚手架，铺好________，挂设________。

23. 隧道爆破施工的放炮地点附近 20m 以内风流中瓦斯浓度达到________时，严禁装药放炮；电动机附近 20m 以内风流中的瓦斯浓度达到________时，必须切断电源停止运行。

24. 衬砌作业脚手架及工作平台上的脚手板应满铺。木板之端头必须搭于________上。

25. 衬砌作业的砌筑高度在 1.5m 以下时，允许使用跳板抬运，但跳板应架到与________位置。

26. 隧道施工时，掘进工作面的局部瓦斯积聚浓度达到________时，其附近 20m 内必须停止工作，切断电源；因超过瓦斯浓度规定而切断电源的电气设备，必须在瓦斯浓度降低到________以下时方可开动。

27. 养护作业区的交通控制区分为________、________、________、________、________和________六个部分。

28. 养护作业缓冲区的长度一般为________ m，终止区的长度不应小于________ m。

29. 养护作业的交通控制方式有________________和________________两种类型。

二、选择题

1. 两台以上压路机同时作业，其前后间距不得小于(　　)，在坡道上纵队行驶时，其间距不得小于(　　)。

A. 3m　20m　　B. 20m　3m　　C. 6m　49.21ft　　D. 15m　6m

2. 沿路肩堆放的石灰消解时，应慢洒水或泼水，操作人员应站在(　　)。

A. 下风处　　B. 未消解的石灰上面

C. 上风处　　D. 已消解的石灰上面

3. 在拆除建筑物时，(　　)。

A. 拆除工序应由上而下，先外后里，坚持数层同时作业

B. 拆除梁、柱之前，应先拆除其承托的全部结构物，尽量采用掏空、切挖和大面积推倒的拆除方法

C. 拆除石棉瓦和轻型屋面结构工程时，严禁施工人员直接踩踏石棉瓦及其他轻型板进行作业，必须使用移动板梯，板梯上端必须挂牢，防止从高处坠落

D. 在高处进行拆除工作时，对拆下材料应用吊绳或起重机及时吊下或运走，或直接向下抛掷

4. 斜拉桥、悬索桥的缆索施工，不正确的做法是(　　)。

A. 悬索桥的主索及斜拉桥的斜缆索，应进行破断试验，其破断力应满足设计要求

B. 在放索时，不得使用制动设施，而必须采用自由放索的方法

C. 缆索放索牵引时，应有防护措施，防止油污染和电焊烧伤

D. 缆索放索牵引时，不得撞伤锚头

5. 隧道施工通过煤层、瓦斯区、采空区时，正确的说法是(　　)。

A. 施工通风系统在正常运转时，洞内各部位的风速不应大于最小允许风速，保证瓦斯在空气中含量不超标

B. 电灯照明电压不得超过 220V

C. 每个洞口常备的完好矿灯总数，应大于经常用灯总人数的 5%

D. 掘进工作面风流中的瓦斯浓度达到1%时，必须停止电钻打眼；达到1.5%时，必须停止工作，撤出人员，切断电源，等待处理

三、简答题

1. 模板施工安全要点有哪些？
2. 钢筋施工时应做好哪些安全工作？
3. 怎样做好水上作业安全工作？
4. 公路施工中发生安全事故的主要原因是什么？
5. 怎样安全地进行爆破作业？
6. 水泥混凝土路面施工时，应注意哪些安全工作？
7. 沥青混合料摊铺作业安全要点有哪些？
8. 高陡边坡处施工，必须遵守哪些规定？
9. 在拆除建筑物时，应注意哪些安全要点？
10. 跨线桥施工时，应注意哪些安全要点？
11. 混凝土输送泵车作业安全要点有哪些？
12. 隧道施工中，风钻钻眼时，应先进行哪些检查？
13. 隧道的通风防尘有哪些规定？
14. 雨季施工安全要点有哪些？
15. 冬季施工安全要点有哪些？
16. 养护工程对控制区的要求有哪些？
17. 高温季节施工安全要点有哪些？
18. 夜间施工安全要点有哪些？
19. 养护作业区的交通控制区分为哪几个区域？
20. 养护工程中对警告区和过渡区有哪些具体要求？

第二篇　交通安全设施

单元三　交通安全设施概述

知识点：

1. 交通安全的意义；
2. 交通安全设施的构成；
3. 抽样检验程序及分类。

技能点：

进行抽样检验及判定。

课题一　交通安全设施的基本概念

交通是人类生存和社会发展所必须进行的活动。我国在20世纪初期(1901年)从国外进口了第一辆汽车,1913年修建了第一条汽车公路——长沙至湘潭公路。至1933年由于汽车数量的增加使道路运输呈现出了一定的汽车化程度。为了管理新兴的汽车化道路交通体系,成立了公路交通安全委员会,开始对公路交通安全进行管理,接着在部分省份制定了《公路交通标志、号志设置保护规则》及事故处理办法等。由于当时国内经济比较落后,交通运输体系不甚发达,未将上述问题作为交通工程学科进行研究应用。新中国成立后,由于20世纪70年代汽车数量的增长大于公路和城市道路的增长,出现了交通公害问题,促使人们开始重视交通的科学管理。到20世纪70年代末,由道路工程专家张佐周先生建议,开始全面引进当时在发达国家已成体系的交通工程学,美籍华人张秋先生多次专程回国讲学,为我国交通工程学科的发展起了很大的推动作用。1981年12月20日中国公路学会交通工程学会在广东佛山成立,原交通部和公安部在有关部门配合下,运用交通工程学原理,制定了一些交通工程法规,颁布了《道路交通标志和标线》(GB 5768—1999)等国家标准。同时,在交通管理和交通工程理论方面也进行了深入的研究。交通工程学的逐步推广应用,使我国现代化的交通控制及交通管理系统逐步得以实施。特别是高速公路的建设,使现代化的交通管理设施得到了广泛应用,已成为公路的一个重要组成部分,同时也对交通工程管理方式提出了更高的要求。1988年10月31日,全长18.5km的沪嘉高速公路通车,标志着我国大陆高速公路实现了零的突破。随后沈大、广佛、京津塘、西临等一批高速公路相继建成通车,标志着我国交通建设进入了起步与发展阶段。截至2007年全国公路总里程已达350万余公里。根据原交通部“十一五”发展规划,“十一五”期间全国所有具备条件的乡、镇、建制村95%通公路和80%的建制村通沥青(水泥)路,到2007年底,贯通“五纵七横”12条国道主干线;到2010年,基本建成西部开发8条省际公路通道。加快国家高速公路网建设,重点建设规划中的“五射两纵七横”共14条路线:五射是北京至上海、北京至台北(不含台湾海峡通道)、北京至港澳、北京至哈尔滨、北京至昆明;两纵是沈阳至海口(不含琼州海峡通道)、包头至茂名;七横是青岛至银川、南京至洛阳、上海至西安(不含崇明至启东长江通道)、上海至重庆、上海至昆明、福州至银川、广州至昆明。东部地区基本形成高速公路网，长江三角洲、珠江三角洲和京津冀地区形成较完善的城际高速公路网络；中部地区基本建成比较完善的干线公路网络，承东启西、连南接北的高速公路通道基本贯通；西部地区公路建设取得突破性进展，实现内引外联、通江达海。加快早期建成的、交通流量较大的高速公路扩容改造建设。到2010年，国家高速公路网骨架基本形成，国省干线公路技术等级进一步提高，全国公路总里程达230万km，全国高速公路通车里程达6.5万km，二级以上公路里程达45万km，县、乡公路达180万km。公路基础建设设施能力明显增强，网络结构基本合理，运行质量有较大改观。随着国道主干线系统的规划建设，我国高速公路将进入快速发展阶段，高速公路的发展有着广阔的前景。

从科学发展的趋势看，随着微电子技术日新月异的发展，以及计算机应用技术和光纤传输技术的广泛应用，公路网将成为信息系统中的一个重要组成部分，道路交通的发展使得交通工程地位日趋上升。交通安全设施是保证公路交通运输正常运行和充分发挥公路通行能力的必要管理工具。

现代化的公路必须具有配套的交通安全设施，才能确保车辆有效地使用公路，达到车辆安全、快速、舒适、经济的目的，提高道路服务水平，实现安全、舒适、经济的功能。

交通安全设施由护栏、交通标志、标线、视线诱导设施、隔离设施、防眩设施等组成。其综合作用是向道路使用者提供有关路况的各种信息，传递交通管理者对驾乘人员提出的各种警告、指令、指导及采取的安全措施，诱导车辆安全、高速行驶。

一、护栏

护栏设于高速公路两侧及中央分隔带，用以防止车辆驶出公路或闯入对向车道，其作用是一旦车辆失控发生事故，可使其对乘客的伤害及对车辆的破坏减少到最低限度，使车辆恢复正常行驶，同时防撞护栏对驾驶员具有视线诱导的作用。护栏必须坚固，能经受碰撞，以最大限度地减少车辆损失和恢复行车，而且要经济、美观以及有良好的视线诱导性。防撞护栏有三种基本类型：一是刚性护栏，多用混凝土或石料制成墙式，其特点是防止车辆驶出路外的效果比较好，但对乘客安全性和视觉的舒适性较差，有较强的行驶压迫感。该类型护栏抗腐蚀性好，适用于沿海及炎热潮湿地区。另一种是柔性护栏，如钢导轨、钢缆等，具有一定的弹性，既能拦挡车辆，又能对车辆冲撞起缓冲作用。第三种是半刚性护栏，具有一定的刚性和柔性，目前应用最广泛的波形梁钢护栏就是其中一种。

二、交通标志、标线

道路交通标志是显示交通法规及道路信息的图形符号，它可使交通法规得到形象、简明、具体的表达，同时还表达了难以用文字描述的内容。其具体作用是提供交通信息，起到道路语言的作用；指挥控制交通，保障交通安全；指路导向，提高行车效率，是交通管理部门执法的依据。所以交通标志和标线是车辆行驶的指南，是保证车辆安全行驶及道路畅通的必要交通设施。

交通标志根据其作用不同分为警告标志、禁令标志、指示标志、指路标志、旅游区标志、道路施工安全标志和辅助标志七种。为了区别各种标志表达的内容，实现交通标志的清晰易见及良好的认读性，其形状有正三角形、长方形、正方形、圆形等，并且配以不同的颜色强调其不同的作用。为了给夜间行车提供方便，要求标志板上应用反光材料。标志牌的尺寸大小应保证驾驶员在一定视距内能清晰识别其图案、文字和符号，文字、符号大小应满足视认距离。视认距离与行车速度及标志大小有关，不同等级道路所要求视认距离不同，其标志牌尺寸及文字、符号的大小也不同。

道路交通标线是由不同颜色的线条、符号、箭头、文字、立面、标记、凸起路标和路边线轮廓标等所组成,常敷设或漆画于路面及构造物上。它作为一种交通管理设施,起引导交通与保障交通安全的作用,具有强制性、服务性和诱导性。交通标线主要采用黄色和白色两种颜色,要求涂在地面上能形成醒目的地面标线,并且要求一定的耐磨性、耐溶剂性。为适应夜间行车,路面标线宜用反光涂料。对于特别需强调的路段,可增设反光凸起路标,以警示驾乘人员,保证夜间行车安全。

三、视线诱导设施

为防止在雾、雨天气及夜间行驶时驾驶员因看不清道路标线,而致使汽车失去方向,一般在高速公路中央分隔带两侧及道路的两侧每隔一定距离设置视线诱导设施。视线诱导设施能将车头灯光反射出十分醒目的橘黄色光,使驾驶员容易看清道路的行进方向。目前广泛使用的线形诱导设施有轮廓标、凸起路钮、线形诱导标、分合流诱导标。

四、隔离设施

用于封闭高速公路的设施,以防止行人、牲畜或野生动物进入高速公路,一般在道路用地边缘设置金属网或刺钢丝网等。

五、防眩设施

防眩设施设于中央分隔带,可防止夜间行车时对向来车灯光对驾驶员造成眩目。通常采用植树防眩和百叶板式或金属网式防眩栅等方法,设置高度一般为1.4~1.7m。

课题二　交通安全设施质量检验抽样及判定

一、一般规定

1. 抽样原则

抽样时,应遵循科学、经济的原则;抽出的样本质量特性,应能代表检验批的质量;通过对样本的检验做出检验批是否可以被接受的结论,使错判和漏判的概率都达到最小;用最少的费用、时间和人力做出科学的判定,具有可操作性。

2. 抽样检验的分类

按照检验目的和检验实施主体将公路交通安全设施抽样检验分为工厂验收检验(简称工厂验收)、工地抽查验收检验(简称工地抽验)、国家或行业组织的监督抽查检验(简称监督抽查)三种。抽样检验分类如表3-1所示。

抽样检验分类表　　表3-1

检验分类	检验地点、时间	实施单位
工厂验收	产品生产地	订货方
工地抽验	产品到达工地后、安装前	监理方
监督抽查	任何时间、地点	检测机构

工厂验收一般由订货方在产品生产地组织实施；工地抽验一般由监理方在产品到达工地后、安装前组织实施；监督抽查由国家或交通建设主管部门组织有资质的质量监督检测机构，在产品生产工厂、流通领域、工地安装现场以及安装后的工程上实施。

3. 三种检验的相互关系

工厂验收在供货方检验合格的批中抽样，工地抽验在工厂验收合格的批中抽样，监督抽查可在任何时间、地点对产品进行抽样。

4. 检验中缺陷（不合格）的分类与处置

（1）分类

公路交通安全设施有缺陷的产品分为 A、B、C 三类，如表 3-2 所示。

安全设施缺陷分类表　　表 3-2

类　别	缺 陷 程 度
A 类	主要质量特性不符合产品技术标准要求
B 类	外观有较明显缺陷，其他质量特性符合产品技术标准的要求
C 类	外观有轻微缺陷，其他质量特性符合产品技术标准的要求

（2）对于有缺陷产品的处置

对于 A 类缺陷品，应无条件拒收；对于 B 类缺陷品，经订货方同意后，可以修复的应予以降价、降级使用；对于 C 类缺陷品，经订货方同意后，可以修复的一般予以接受。另外，产品标准或合同中允许的缺陷不在上述三类缺陷之内。

（3）不合格批的处置

在工厂验收时出现不合格批，应予拒收。经订货方同意，供货方可以对该不合格批进行 100% 的检验，剔除所有缺陷品后重新组批提交检验。

在工地抽验时出现不合格批，供货方需对不合格批进行 100% 检验，剔除所有缺陷品后方可使用。考虑经济和工期等因素，经业主和监理工程师同意，对剔除的 B 类和 C 类缺陷品应修复后降级使用，对 A 类缺陷品不得使用并应当场销毁。

在监督抽查中没有通过的批，由监督部门按照国家监督抽查有关规定处置。

5. 抽样标准的选用

①在工厂验收时，采用《计数抽样检验程序》（GB/T 2828—2003），并规定 AQL = 1.0。

②在工地抽验时，采用《计数抽样检验程序》（GB/T 2828—2003），并规定 AQL = 4.0。

③在验收检验中，当供货方不能提供批的质量信息时，应做孤立批处理，按《孤立批计数抽样检验程序及抽样表》（GB/T 15239—1994）的规定执行。

④对路面标线涂料和玻璃珠等散粒料或液体进行检验时，按《色漆、清漆和色漆与清漆用原材料　取样》（GB/T 3186—2006）的规定执行。

⑤监督抽查中，当批量≤250 时，根据《产品质量监督小总体计数一次抽样检验程序及抽样表》（GB/T 15482—1995）抽查；当批量 > 250 时，根据《产品质量监督计数一次抽样检验程序及抽样方案》（GB/T 14437—1997）抽查。

⑥通常每个检验批应由同型号、同等级、同种类（尺寸、特性、成分等），且生产工艺、条件和时间基本相同的单位产品组成。批量的大小与施工标段、施工企业及供货单位有关，划分批量应充分考虑上述因素，不同供货单位的产品不能组成同一个批次。

⑦质量特性应与产品技术标准一致，产品技术标准涉及的公路交通安全设施质量特性应不少于《公路交通安全设施质量检验抽样及判定》（JT/T 495—2004）规定的项目，订货方可以

附加其他技术要求。

二、抽样检验程序

1. 采用《计数抽样检验程序》(GB/T 2828—2003)

(1)一般程序

①确定单位产品的质量特性。

②确定接受质量限。

③确定检验水平。

④规定检验严格程度。

⑤按上述关于批的选择组成批并提交。

⑥确定抽样方案。

⑦抽取样本。

⑧检验样本。

⑨判断批质量是否合格。

⑩批检验后的处置。

(2)实施细则

①接受质量限 AQL(指百单位产品的不合格品数):工厂验收时 AQL≤1.0;工地抽验时 AQL≤4.0。

②检验水平:一般检验水平Ⅱ。

③严格程度:直接采用正常检验。

④抽样方案:按一次抽样方案。

⑤样本数与合格判定数组:特殊样本数和特殊合格判定数按《公路交通安全设施质量检验抽样及判定》(JT/T 495—2004)的规定执行,其他检验项目根据接受质量限和其他相关信息查《计数抽样检验程序》(GB/T 2828—2003)的有关表格,得到样本数及合格判定数组。常用数据如表 3-3 所示。

⑥抽取样本:用《利用随机数骰子进行随机抽样的方法》(GB/T 10111—1988)所规定的方法在待检批中进行简单随机抽样,也可视情况采用其他随机抽样方法。

⑦检验样本:对抽出的样本按《公路交通安全设施质量检验抽样及判定》(JT/T 495—2004)规定的检验项目,按相应产品技术标准中的检验方法及样品是否合格的判别准则,逐一检验样本中每一个样品,统计出被检样本中的不合格品数 A。

⑧判断受检批是否合格:当检验样本中的不合格品数 $A \leqslant A_c$,并且相关不合格数不大于《公路交通安全设施质量检验抽样及判定》(JT/T 495—2004)中特殊合格判定数 A_s 时,则判该批为合格批;否则,为不合格批。

2. 采用《孤立批计数抽样检验程序及抽样表》(GB/T 15239—1994)

(1)一般程序

①确定单位产品的质量。

②确定极限质量水平。

③确定检验水平。

④按上述关于批的选择组成批并提交。

⑤确定抽样方案。

一次抽样、一般检验水平Ⅱ、正常检验时的样本数及判定数组表　　表 3-3

批量	AQL = 1.0		AQL = 4.0	
	样本数	判定数组[A_c,R_e]	样本数	判定数组[A_c,R_e]
1 ~ 8	2	[0,1]	2	[0,1]
9 ~ 15	3	[0,1]	3	[0,1]
16 ~ 25	5	[0,1]	5	[0,1]
26 ~ 50	8	[0,1]	8	[1,2]
51 ~ 90	13	[0,1]	13	[1,2]
91 ~ 150	20	[0,1]	20	[2,3]
151 ~ 280	32	[1,2]	32	[3,4]
281 ~ 500	50	[1,2]	50	[5,6]
501 ~ 1200	80	[2,3]	80	[7,8]
1201 ~ 3200	125	[3,4]	125	[10,11]
3201 ~ 10000	200	[5,6]	200	[14,15]
10001 ~ 35000	315	[7,8]	315	[21,22]

⑥抽取样本。

⑦检验样本。

⑧判断批质量是否合格。

⑨批检验后的处置。

(2)实施细则

①极限质量水平 LQ:工厂验收时 LQ = 2;工地抽验时 LQ = 5。

②检验水平:一般检验水平Ⅲ。

③抽样方案:一次抽样方案。

④样本数 n 和合格判定数组[A_c,R_e]:当 LQ = 2 时,判定数组按表 3-4 规定取;当 LQ = 5 时,判定数组按表 3-5 规定取。

孤立批 LQ = 2 时的抽样方案表　　表 3-4

批量 N	样本数 n	判定数组[A_c,R_e]
201 ~ 3200	200	[1,2]
3201 ~ 10000	315	[3,4]
10001 ~ 35000	500	[5,6]

注:当 N≤200 时的批,全部检验。

孤立批 LQ = 5 时的抽样方案表　　表 3-5

批量 N	样本数 n	判定数组[A_c,R_e]
81 ~ 500	80	[1,2]
501 ~ 1200	125	[3,4]
1201 ~ 3200	200	[5,6]
>3200	315	[10,11]

注:当 N≤81 时的批,全部检验。

⑤抽取样本:用《利用随机数骰子进行随机抽样的方法》(GB/T 10111—1988)所规定的方法在待检批中进行简单随机抽样,也可视情况采用其他随机抽样方法。

⑥检验样本:对抽出的样本按《公路交通安全设施质量检验抽样及判定》(JT/J 495—2004)规定的检验项目,按相应产品技术标准中的检验方法及样品是否合格的判别准则,逐一检验样本中每一个样品,统计出被检样本中的不合格品数 A。

⑦判断受检批是否合格:当不合格品数 $A \leqslant A_c$,并且相关不合格数不大于《公路交通安全设施质量检验抽样及判定》(JT/T 495—2004)中特殊合格判定数 A_s 时,则判该孤立批为合格批;否则,为不合格批。

3. 采用《产品质量监督小总体计数一次抽样检验程序及抽样表》(GB/T 15482—1995)

(1)监督抽查的一般程序

①确定监督总体。

②确定单位产品的质量特性。

③确定监督质量水平。

④确定监督检验等级。

⑤确定抽样方案。

⑥抽取样本。

⑦检验样本。

⑧判断监督总体是否通过。

⑨监督检验后的处置。

(2)实施细则

①确定监督总体:根据监督的需要确定监督总体。监督总体中的产品可以是同厂家、同型号、同一生产周期生产的产品,也可是不同厂家、不同生产周期生产的同类产品。

②监督质量水平 D_0:工厂监督抽查时 $D_0=2.0$,即用监督总体中的不合格品数是否超过了2个的抽样方案;工地监督抽查时 $D_0=5.0$,即用监督总体中的不合格品数是否超过了5个的抽样方案。

③检验等级:选用第二监督检验等级,即不合格判定数 $R_e=2$。

④样本数:特殊样本数和特殊合格判定数按《公路交通安全设施质量检验抽样及判定》(JT/T 495—2004)的规定执行,其他性能指标的样本根据批量大小和监督质量水平 D_0 查表3-6可得出样本数 n。

第二监督检验等级抽样方案表 表3-6

批量 N		10	15	20	25	30	35	40	45	50	60	70	80
样本数 n	$D_0=2$	3	4	5	6	7	8	9	10	11	14	16	18
	$D_0=5$	2	2	2	2	3	3	3	4	4	5	6	6
批量 N		90	100	110	120	130	140	150	170	190	210	230	250
样本数 n	$D_0=2$	19	21	25	25	30	30	35	35	40	45	50	60
	$D_0=5$	7	8	9	10	10	11	12	13	15	16	18	19

⑤抽取样本:用《利用随机数骰子进行随机抽样的方法》(GB/T 10111—1988)所规定的方法在整个监督总体中进行简单随机抽样,也可视情况采用其他随机抽样方法。

⑥检验样本:对本标准《公路交通安全设施质量检验抽样及判定》(JT/T 495—2004)规定的检验项目,按相关的产品技术标准中规定的检验方法及样品是否合格的判别准则,逐一检验

样本中的每一个样品，统计出被检样本中的不合格品数 A。

⑦判断受检批是否通过监督抽查：当检验样本中的不合格品数 A 小于检验等级中规定的不合格判定数 R_e，并且相关不合格数不大于《公路交通安全设施质量检验抽样及判定》（JT/T495—2004）中特殊合格判定数 A_s 时，则判该监督总体为通过监督抽查；当 $A \geqslant R_e$ 时，则判该监督总体为不通过。

4. 采用《产品质量监督计数一次抽样检验程序及抽样表》（GB/T 14437—1997）

（1）监督抽查的一般程序

①确定监督总体。

②确定单位产品的质量特性。

③确定监督质量水平，即监督批中允许的不合格品数。

④确定错判风险。

⑤确定抽样方案。

⑥抽取样本。

⑦检验样本。

⑧判断监督总体是否通过。

⑨监督检验后的处置。

（2）实施细则

①确定监督总体：根据监督的需要确定监督总体。样本应在监督总体中随机抽取，总体量一般大于250，且总体量与样本量之比大于10。

②监督质量水平 P_0：在工厂监督抽查时 $P_0=1\%$；在工地监督抽查时 $P_0=5\%$。

③错误风险：取 $\alpha=0.05$。

④样本数 n 与不合格判定数 R_e：样本数 n 按批量的1.0%取，当 n 取值为非整数时，进位到整数。当样本数 $n \leqslant 50$ 时，按表3-7取 R_e 值。

不合格判定数 R_e 表3-7

样本数	n	3~10	11~31	32~44	45~48	49~50
不合格判定数	$P_0=1\%$	1	2	2	2	3
	$P_0=5\%$	2	4	5	6	6

当 $n>50$ 时，按式（1-1）试算不合格判定数 R_e。

$$2\left(\sqrt{(1-P_0)R_e}-\sqrt{(n-R_e+1)P_0}\right)=1.64$$

当 R_e 的值使式（1-1）左边的值最接近1.64时，此值即作为不合格判定数。

⑤抽取样本：用《利用随机数骰子进行随机抽样的方法》（GB/T 10111—1988）所规定的方法在整个监督总体中进行简单随机抽样，也可视情况采用其他随机抽样方法。

⑥检验样本：对《公路交通安全设施质量检验抽样及判定》（JT/T 495—2004）规定的检验项目，按相关的产品技术标准中规定的检验方法及样品是否合格的判别准则，逐一检验样本中的每一个样品，统计出被检样本中的不合格品数 A。

⑦判断监督总体是否可通过监督抽查：当检验样本中的不合格品数 A 小于规定的不合格判定数 R_e，并且相关不合格数不大于《公路交通安全设施质量检验抽样及判定》（JT/T 495—2004）中特殊合格判定数 A_S 时，则判该监督总体通过监督抽查；当 $A \geqslant R_e$ 时则判该监督总体没有通过监督抽查。

【例 3-1】 在某公司仓库对5000只凸起路标进行监督抽查，试确定抽样方案。

因为监督总体的数量5000大于250，所以应用《产品质量监督计数一次抽样检验程序及抽样方案》(GB/T 14437—1997)。又因在公司仓库，属于工厂监督抽查，所以按《产品质量监督计数一次抽样检验程序及抽样方案》(GB/T 14437—1997)的规定，监督质量水平 P_0 应取0.01，样本数5000/100 = 50只。由于样本数 $n \leqslant 50$，所以查表1-7得取 $R_e = 3$。对这50只凸起路标质量特性，按交通行业标准《凸起路标技术条件》(JT/T 390—1999)逐项进行检验。相关不合格数不大于规定的特殊合格判定数 A_S 时，则判该批产品通过监督检验。如果不合格品数 $A \geqslant 3$，则该批产品没有通过本次质量监督抽查。

思考与练习

一、填空题

1. ________年，全长________的________高速公路的通车，标志着我国高速公路实现零的突破。

2. "十一五"发展规划中"五射两纵七横"指____。

3. 交通安全设施质量检验中缺陷分为________、________、________三类。

4. 在交通安全设施质量检验抽样及判定中，符号AQL含义____________，符号LQ含义________，符号 N 含义________，符号 n 含义________。

二、思考题

1. 交通安全设施的组成及作用是什么？
2. 到2010年，我国公路里程的状况将如何？
3. 如何确定样本数量和不合格数？
4. 公路交通安全设施质量检验抽样原则及抽样检验的种类有哪些？
5. 护栏有几种基本类型？
6. 交通安全设施质量检验抽样原则是什么？
7. 交通安全设施质量检验中缺陷如何分类和处置？

单元四 护 栏

知识点：

1. 护栏的形式、设置原则以及护栏的性能；
2. 各种类型护栏的结构构造及其材料；
3. 缆索护栏、波形梁护栏以及混凝土护栏的施工方法；
4. 缆索护栏、波形梁护栏以及混凝土护栏施工质量验收与评定方法。

技能点：

1. 进行缆索护栏、波形梁护栏以及混凝土护栏的施工；
2. 进行缆索护栏、波形梁护栏以及混凝土护栏施工质量的验收。

课题一 护 栏 概 述

护栏设施属于道路的基础设施，它对减轻事故的严重度，排除各种纵、横向干扰，提高道路服务水平，提供视线诱导，改善道路景观等起重要的作用。特别是对充分发挥高等级道路安全、经济、舒适的功能，具有特殊意义。

护栏对行车安全起着重要的作用。护栏之所以能够降低交通事故严重程度，是因为它能通过自体变形或车辆爬高来吸收碰撞能量，从而改变车辆行驶方向、阻止车辆越出路外或进入对向车道、最大限度地减少乘员伤害。不同类型结构的护栏其防撞性能也不同。

护栏按照其在公路中的纵向设置位置可分为路基护栏和桥梁护栏。路基护栏设置于路基上；桥梁护栏设置于桥梁上。路基护栏按照材料又可分为波形梁护栏（图 4-1）、缆索护栏（图 4-2）和混凝土护栏；桥梁护栏按照材料可分为金属桥梁护栏、钢筋混凝土墙式和梁柱式桥梁护栏、组合式桥梁护栏。

图 4-1 波形梁护栏

图 4-2 缆索护栏

护栏按照其在公路中的横向设置位置可分为路侧护栏（图 4-3）和中央分隔带护栏（图 4-4）。

路侧护栏是设置于公路路侧建筑限界以外的护栏，以防止失控车辆越出路外或碰撞路侧构造物和其他设施；中央分隔带护栏是设置于公路中央分隔带内，为防止车辆穿越中央分隔带闯入对向车道，并保护分隔带内的构造物。设置在中央分隔带开口处用以分隔对向交通的可移动护栏被称为活动护栏。活动护栏在抢险、救援等紧急情况下，能即时、方便地开启，使车辆紧急通过。

图 4-3　路侧护栏

图 4-4　中央分隔带护栏

中央分隔带开口处活动护栏是为了方便特种车辆(如交通事故处理车、急救车等)在紧急情况下临时开启放行的设施。这种护栏在正常情况下有一定的隔离、防撞能力。在国外，活动护栏设置得较多，不同的设置适用于不同的使用要求。我国汽车专用道路上使用的活动护栏采用钢管焊接，比较容易拆装，具有一定的防撞能力，安装高度与中央分隔带护栏高度一致。

一、护栏形式

护栏按刚度的不同，可分为柔性护栏、半刚性护栏和刚性护栏三种形式。

1. 柔性护栏

柔性护栏是一种具有较大缓冲能力的韧性护栏结构。缆索护栏是柔性护栏的主要代表形式。它以数根施加了初拉力的缆索固定于端柱上而组成钢缆结构，主要依靠缆索的拉应力来抵抗车辆的碰撞荷载，吸收碰撞能量。缆索在弹性范围内工作，几乎不需要更换。这种护栏形式美观，车辆行驶时没有压迫感，但视线诱导效果差。

2. 半刚性护栏

半刚性护栏是一种连续的梁柱式护栏结构，具有一定的强度和刚度。它是通过车辆与护栏间的摩擦、车辆与地面间的摩擦及车辆、土基和护栏本身产生一定的弹、塑性变形(以护栏系统的变形为主)来吸收碰撞能量，延长碰撞过程的作用时间来降低车辆速度，并迫使车辆改变行驶方向，回复到正常的行驶方向，从而确保乘员安全和减少车辆损坏。波形梁护栏是其主要代表形式，由相互拼接的波纹状钢板和立柱构成连续梁柱结构，依靠护栏的弯曲变形和张拉力来抵抗车辆的碰撞。半刚性护栏按不同的结构可分为 W 形波形梁护栏、三波波形梁护栏、管梁护栏、箱梁护栏等数种。它们均具有一定的刚度和韧性，通过利用土基、立柱、横梁的变形吸收碰撞能量，并迫使失控车辆改变方向。其损坏部件容易更换，具有一定的视线诱导作用，而且外形美观。通常，波形梁护栏又可根据波形梁数量的不同分为双波形梁护栏和三波形梁护栏。目前，我国公路上设置的大部分护栏为双波形梁护栏，只有在极少数特别危险路段设置了三波形梁护栏。因此，在一般情况下，提及的波形梁护栏通常是指双波形梁护栏。

3. 刚性护栏

刚性护栏是一种基本不变形的护栏结构。对刚性护栏来说，是通过车轮转动角的改变，车体变位、变形和车辆与护栏、车辆与地面的摩擦来吸收碰撞能量。当车辆的碰撞角度较大时，往往造成比较严重的后果。刚性护栏主要设置在需要严格阻止车辆越出路外，以免引起二次事故的路段。它对保障乘员安全性的要求略低。水泥混凝土墙式护栏是刚性护栏的主要形式。

二、护栏设置原则

1. 路基护栏路侧护栏的设置原则

①路侧护栏应位于公路土路肩内，中央分隔带护栏宜以公路中心线为轴对称设置。护栏的任何部分不得侵入公路建筑限界以内。

②车辆驶出路外有可能造成二次特大事故的路段必须设置路侧护栏。

③凡符合下列情况之一，车辆驶出路外有可能造成单车特大事故或二次重大事故的路段必须设置路侧护栏。

a. 二级以上等级公路边坡坡度和路堤高度在图 4-5 的 I 区方格阴影范围之内的路段；

b. 路侧有江、河、湖、海、沼泽、行道等水域的路段。

④凡符合下列情况之一，车辆驶出路外有可能造成重大事故的路段，应设置路侧护栏。

a. 二级及以上等级公路边坡坡度和路堤高度在图 4-5 的 II 区斜线阴影范围以内的路段；

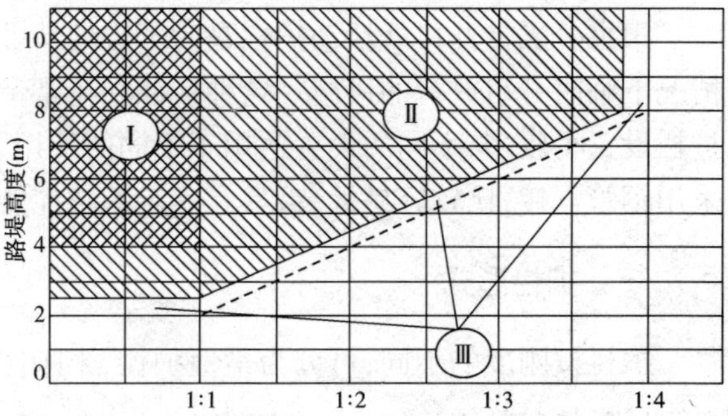

图 4-5　边坡坡度、路堤高度与设置护栏的关系

b. 高速公路、一级公路路侧安全净区内设有车辆不能安全穿越的照明灯、摄像机、可变信息标志、交通标志、路堑支撑壁、声屏障、上跨桥梁的桥墩或桥台等设施的路段；

c. 二级以上等级公路路侧边沟无盖板、车辆无法安全穿越的挖方路段；

d. 三、四级公路路侧有悬崖、深谷、深沟等的路段。

⑤凡符合下列情况之一，经论证车辆驶出路外有可能造成一般或重大事故的路宜设置路侧护栏。

a. 二级及以上等级公路边坡坡度和路堤高度在图 4-5 的 III 区内的路段，三、四级公路边坡坡度和路堤高度在图 4-5 中的 I 区内的路段；

b. 二级以上等级公路纵坡大于或等于现行《公路工程技术标准》（JTG B01—2003）规定的最大纵坡值的下坡路段和连续长下坡路段；

c. 二级以上等级公路平曲线半径小于现行《公路工程技术标准》（JTG B01—2003）一般最小半径的路段外侧；

d. 在高速公路、一级公路用地范围内存在粗糙的石方开挖断面、高出路面 30cm 以上的混凝土基础、挡土墙或大孤石等障碍物时；

e. 高速公路、一级公路互通式立体交叉口匝道的三角地带及匝道小半径圆曲线外侧。

⑥根据车辆驶出路外有可能造成的交通事故等级，应按表 4-1 的规定选取路侧护栏的防

撞等级。因公路线形、运行速度、填土高度、交通量和车辆构成等因素易造成更严重碰撞后果的路段，应在表 4-1 的基础上提高护栏的防撞等级。

路基护栏防撞等级的适用条件　　表 4-1

公路等级	设计速度（km/h）	车辆驶出路外或进入对向车道有可能造成的交通事故等级		
		一般事故或重大事故	单车特大事故或二次重大事故	二次特大事故
高速公路	120	A、Am	SB、SBm	SS
高速公路、一级公路	100、80	A、Am	SB、SBm	SA、SAm
一级公路	60	A、Am	A、Am	
二级公路	80、60	B	A	SB
三级公路	40、30	B	A	SB
四级公路	20	B	B	A

⑦路侧护栏最小设置长度应符合表 4-2 的规定，相邻两段路侧的间距小于表 4-2 中规定的最小长度时宜连续设置。

路侧护栏最小设置长度　　表 4-2

公 路 等 级	护 栏 类 型	最小长度（m）
高速公路、一级公路	波形梁护栏	70
	混凝土护栏	36
	缆索护栏	300
二级公路	波形梁护栏	48
	混凝土护栏	24
	缆索护栏	120
三、四级公路	波形梁护栏	28
	混凝土护栏	12
	缆索护栏	120

2. 中央分隔带护栏

①当整体式断面中间带宽度小于或等于 12m 时，必须设置中央分隔带护栏；大于 12m 时，应分路段确定是否设置中央分隔带护栏。

②公路采用分离式断面时，行车方向左侧应按路侧护栏设置；上、下行路基高差大于 2m 时，可只在路基较高的一侧按路侧护栏设置。

③高速公路和禁止车辆掉头的一级公路中央分隔带开口处，必须设置活动护栏。

④根据车辆驶入对向车道有可能造成的交通事故等级，应按表 4-1 的规定选取中央分隔带护栏的防撞等级。因公路线形、运行速度、填土高度、交通量和车辆构成等因素易造成更严重碰撞后果的路段，应在表 4-1 的基础上提高护栏的防撞等级。

三、护栏性能及形式选择

设置护栏的最终目的是希望通过护栏的保护作用，防止事故造成严重后果。无论何种护栏形式，其最重要的性能是安全性。其次要考虑护栏的美学及对驾驶员的心理影响，通过护栏的设置给道路使用者增加舒适感和安全感,能在视觉上自然地诱导驾驶员的视线,保持公路线形的连续性,并减少对危险路段产生的恐惧心理。为达到上述目的,对护栏的性能要求及形式的选择要求如下。

1. 结构的适应性要求

在选择护栏时,首先应充分注意到各种护栏的性能。波形梁护栏刚柔相济,具有较强的吸收碰撞能量的能力和较好的视线诱导功能,能与道路线形相协调,外形美观。对于车辆越出路、桥外,有可能造成严重后果的区段,可选择加强波形梁护栏。管梁护栏具有美观的外形,能很好的与道路线形相协调,适用于积雪地区,缺点是接头处施工麻烦。箱梁护栏具有美观的外形,适用于窄的中央分隔带和积雪地区,小半径路段不能使用。缆索护栏属柔性结构,车辆碰撞时缆索在弹性范围内工作,可以重复使用,立柱间距比较灵活,受不均匀沉降的影响较小。风景区公路采用缆索护栏较为美观。积雪地区,缆索护栏对扫雪的障碍稍少,但缆索护栏施工复杂,端部立柱损坏修理困难,不适合在小半径曲线路段使用,同时它的视线诱导性较差,架设长度短时不经济。混凝土护栏的安全感和视觉的舒适性较差,但其耐腐蚀性较好。

2. 车内乘员的安全性要求

从设置护栏的最终目标来看,当然希望通过护栏的保护作用,防止造成严重后果的事故发生。在碰撞期间和碰撞之后,车辆应保持原有姿态,碰撞时产生的减加速度不使乘员受到伤害,当车辆碰撞护栏时,护栏应产生一定量的弹、塑性变形来吸收碰撞能量,减少车辆损坏,并能延长碰撞过程中的作用时间,以确保车内乘员的安全。

3. 护栏的美学及对驾驶员的心理影响

护栏的美学要求是和道路的景观设计联系在一起的,护栏的存在,应该使道路使用者增加舒适感和安全感,还应照顾到行驶中驾驶员的视觉和心理反应,能在视觉上自然地诱导驾驶员的视线,保持道路线形的连续性。对一些会使道路使用者产生恐惧心理的危险路段,在选择护栏形式时,宜采用遮挡视线的梁式护栏、混凝土护栏。

4. 结合气象条件的选择

在雨、雪或冰冻地区,主要考虑护栏对风、积雪的影响;在雾多地区,以设置结构连续性好,比较醒目的护栏为好;在多雨地区,护栏的设置应不致影响排水。

5. 结合费用条件的选择

从建设费用与养护费用的承担能力考虑,切合实际地选择恰当的护栏形式。

每种护栏有其本身的特点及适用条件,各种护栏的适用地点如表 4-3 所示。

各种护栏适用的地点 表 4-3

设置地点 护栏形式	小半径弯道	需要视线诱导的地方	要求美观的地方	冬天积雪处	窄中央分隔带	估计有不均匀沉降的路段	需要耐腐蚀的地方	长直线路段
波形梁护栏	※	※	○	○	○		○	○
管梁护栏	○		○	○			○	○
箱梁护栏			○	○	※		○	○
缆索护栏			※	※		※	○	※
混凝土护栏		○					※	○

注:○为一般的护栏形式;※为一般适用的护栏形式。

课题二　护栏结构构造与材料

一、缆索护栏

1. 缆索护栏的结构构造

缆索护栏按设置地点分为路侧护栏和中央分隔带护栏两类。

1)路侧缆索护栏的构造

路侧缆索护栏由端部立柱、中间端部立柱、中间立柱、缆索、托架和索端接头等部分组成(图4-6、图4-7)。

图4-6　缆索护栏的构造(一)

图4-7　缆索护栏的构造(二)

(1)端部立柱结构

路侧缆索护栏端部立柱是承受缆索张拉力和失控车辆碰撞力的主要结构,由三角形支架、底板和混凝土基础组成。

端部结构可采用埋入式和装配式两类。埋入式端部结构是与混凝土基础连成一体的,端部立柱的埋入深度根据不同的类别而不同。三角形支架的斜立柱与地面成45°角,底部焊接一块钢板,一方面可以利用三角形支架构成稳定的框架,另一方面通过底部的钢板可以大大增加与基础混凝土之间的粘结力,通过钢板也易于控制护栏的高程。

端部结构安装在缆索护栏起、终点位置。

(2)中间端部立柱

中间端部立柱由三角形支架、底板和混凝土基础组成。当缆索护栏的安装长度超过200~300m时,应采用中间端部结构。中间端部结构为三角形,适用于A级缆索护栏,需要成对安装。从缆索护栏的起点设置端部结构开始,通过中间立柱把缆索一跨接一跨地延伸出去,直到缆索长度的另一端设置中间端部结构。由于缆索护栏的长度还要继续延伸出去,作为另一根缆索的起点,即一对中间端部结构的另一个,则需要倒退21m(三跨)再设置。这样,两段缆索护栏通过中间端部结构形成交替,在两个中间端部结构之间设置两根中间立柱。

(3)中间立柱结构

中间立柱采用焊接钢管,A级和S级承受的冲击力较大,钢管外径140mm。埋入土中或埋入混凝土中的立柱,因其埋设条件不同而有不同的考虑。埋入土中立柱由于与路边缘的距离较近,边坡附近的土压力较小,为保证缆索护栏的强度,埋置深度应保证为140~165cm。立柱埋置于水泥混凝土中时,考虑到混凝土结构物对立柱的锁结作用,埋置深度定为40cm。

(4)托架结构

立柱表面至缆索外表面的距离,由托架的宽度来保证。托架为圆筒状,用螺栓固定于立柱上。托架的作用在于固定缆索的位置,并把缆索从立柱面横向悬出一定距离,防止碰撞车辆在立柱处受阻绊,以利于车辆的导向。

(5)缆索、索端结构

缆索与缆索之间的距离,主要从碰撞力均匀分布入手,根据车型情况、冲出角度等因素,既要使缆索间隔构成一定高度,防止车辆越出或钻入,又要使尽可能多的缆索共同承受碰撞力,避免冲击力过分集中在少数几根缆索上,缆索间距定为130mm。

缆索和索端接头是护栏的重要部分。缆索采用具有一定刚度,且具有优良耐腐蚀性的镀锌钢丝制造,其构造为3×7右拧,缆索的外径由于强度的需要而采用18mm。

缆索接头是缆索与端部立柱(或中间端部立柱)连接的部件,包括锚头、拉杆、紧固件等。首先应把缆索在锚头中固定,然后可用拉杆螺栓将其固定在立柱上。

2)中央分隔带缆索护栏

中央分隔带缆索护栏只有Am一个防撞等级,适用于汽车专用道路。由于中央分隔带的缆索护栏要考虑上下行两个方向的冲撞可能性,因此托架分两边对称设置,总共为8根缆索。

(1)立柱构造

①端部立柱:中央分隔带缆索护栏的端部立柱由三角形支架、底板和混凝土基础组成。中央分隔带缆索护栏的端部立柱在护栏设置长度的起终点使用。由于缆索同时在立柱两边安装,端柱需要承受8根缆索的初张力和失控车辆的冲击力,因此端部立柱要比路侧的更强一些。为了能容纳两排缆索在端柱上锚固,宜采用方形柱。

②中间端部立柱:中央分隔带缆索护栏的连续设置长度超过200~300m时,为了施工张拉方便,应采用中间端部立柱,这样可以使护栏的连续设置长度延伸出去,使缆索保持较小的挠度。中间端部立柱采用埋入式三角形结构(由一对三角形支架、底板和混凝土基础组成),需成对安装,间隔18m,设2根中间立柱过渡,在中间立柱上每边均有8根缆索通过。

③中间立柱:Am级中间立柱采用Φ114mm焊接钢管。埋入土中时,深度为150cm。在通过小桥、涵洞、通道等无法打入的地点、下面有地下管线的地点或不能保证立柱埋入深度的地点,可以把中间立柱置于混凝土基础中。考虑到混凝土结构物对立柱的锁结作用,埋置深度为40cm。

立柱上安装的托架,通过贯通孔用螺栓定位,最上端的孔位需距柱上端50mm。

立柱间隔与缆索根数、立柱直径、埋入深度有密切的关系。立柱间隔大一些当然比较经济,但从充分发挥缆索护栏的功能考虑,埋入土中的立柱,最大间隔定位6m,如果土壤的承载力很低,应考虑缩小立柱间隔或采取局部加强措施。

(2)托架

中央分隔带缆索护栏的托架应对称安装。上托架编号I_m,下托架编号II_m。中央分隔带缆索护栏的托架较宽,Am级上托架宽250mm,下托架宽420mm,这样可以防止碰撞车辆的车轮直接冲击立柱,且当立柱倾斜时,另一面托架接触地面,能发挥支撑作用,防止立柱倾倒,有利于使碰撞车辆脱离险境。因此,中央分隔带护栏的缆索和托架的相互结合,与路侧缆索护栏有些不同。中央分隔带缆索护栏立柱到缆索外缘的伸出距离较大,立柱被撞倒以后,缆索的高度降低不多,下托架接触地面,加大了护栏的抵抗能力。

(3)缆索与索端接头

中央分隔带护栏所用的缆索，其构造、外径和施加的初张力与路侧护栏用缆索相同。缆索护栏设置于中央分隔带时，缆索须在立柱两边分开设置，Am 级每边 4 根。

2. 缆索护栏的材料

1)缆索

缆索材料采用优质碳素结构钢，缆索的性能和构造应符合表 4-4 的规定。缆索的直径指的是切断面的外接圆直径。3 ×7 表示每根缆索有 3 股，每股又有 7 根单丝组成。制造钢丝绳用的钢丝，须满足现行《优质碳素结构钢技术条件》(GB/T 699—1999)的规定，其硫、磷含量均不得超过 0.036%，并符合《制绳用钢丝》(GB/T 8919—1996)的规定。护栏用缆索主要参照日本有关标准决定，这种缆索的构造是根据缆索护栏的特殊应用决定的，在同类直径的缆索中其单丝直径比较粗，这样可以增加耐腐性能。

缆索的性能指标

表 4-4

钢丝绳直径(mm)	单丝直径(mm)	构造	钢丝绳断裂强度(Pa)	横截面积(mm^2)	捻制方法	单位质量(kg/m)
18	2.86	3 股 7 芯	1.2×10^8	134	右同向捻	1.09

2)立柱

立柱是缆索护栏的主要的受力构件，采用普通碳素结构钢，应符合现行《碳素结构钢》(GB/T 700—2006)中序号 3 甲类和特类钢钢材的机械性能和冷弯试验指标。

3)托架

各类缆索护栏用的托架应采用普通碳素结构钢板制造，应符合现行《一般用途普通的碳素钢和普通低合金薄钢板技术条件》(YB 537—1965)和《碳素结构钢和低合金结构钢热轧冷钢板及钢带》(GB/T 912—1989)的规定。

轧制托架所用薄钢板的厚度偏差应符合《冷轧钢板和钢带的尺寸、外形、重量及允许偏差》(GB/T 708—2006)的规定。

4)索端锚具

索端锚具包括锚固缆索的锚具和与立柱连接的调节拉杆螺栓，应采用优质碳素结构钢制造。缆索的锚固方法可采用套管中注入合金的方法，也可采用打入楔子的方法。不管采用哪一种方法，锚固强度均不能小于缆索的断裂强度，以免产生缆索被拔出或被损坏的后果。

5)螺栓、螺母、垫圈

缆索护栏中所有螺栓、螺母、垫圈，均采用普通碳素结构钢 Q235。

3. 缆索护栏的防腐处理

对于缆索护栏的材料需要进行防腐处理，具体要求如下：

1)钢丝绳

缆索护栏用钢丝绳的表面防腐处理，可采用单丝热浸镀锌的办法。经热浸镀锌处理的钢丝表面应有一层均匀的锌层，不应出现裂纹、斑疤和露铁现象。

2)立柱

缆索护栏的各种立柱(端部立柱、中间端部立柱和中间立柱)，在部件加工成型后，采用热浸镀锌进行防腐处理，镀层表面应连续均匀，表面不允许有流挂、滴瘤或多余结块，不允许有漏镀、露铁等缺陷。

3)托架

缆索护栏用的托架,其表面防腐处理方法和镀锌层质量与立柱相同。

4)紧固件

索端锚具和螺栓、螺母、垫圈这些紧固件,原则上均应符合热浸镀锌层的有关规定。为了使螺栓、螺母能很好配合,一般应把热浸镀锌的螺栓、螺母进行螺纹清理或作离心分离处理。条件允许时,索端锚具和螺栓螺母等紧固件可采用粉镀锌技术。

二、波形梁护栏

1. 波形梁护栏的结构构造

波形梁护栏主要由波形梁板、立柱、防阻块、端头、托架、紧固件及基础等组成,如图4-8所示。它的防撞性能是通过车辆与护栏的摩擦、车辆与地面的摩擦以及车辆和护栏本身产生一定量的弹、塑变形(以护栏系统的变形为主)来吸收碰撞能量,延长碰撞过程的作用时间以降低加速度,确保人员安全和减少车辆损坏等。

(1)波形梁板

波形梁板是与失控车辆首先接触的构件,通过波形梁把碰撞力分散传递给多根立柱,通过立柱把力传递给地基土。波形梁主要承受的是拉伸力,在碰撞车辆冲击作用下,波纹被展开,吸收能量,如图4-9所示。

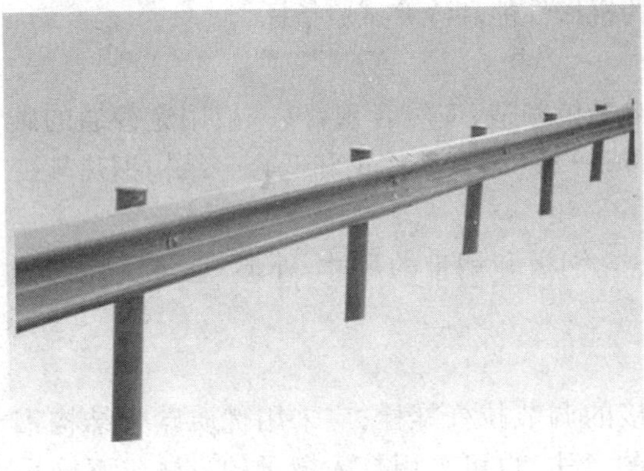

图4-8 波形梁护栏

图4-9 波形梁板

(2)立柱

波形梁护栏可以被近似地看作弹性地基上点支撑的连续梁。车辆作用于护栏的碰撞力由波形梁、立柱和地基土共同承受。立柱主要承受弯矩,起着重要的支撑作用。立柱用型钢制造,立柱强度受立柱截面形状和面积的影响。我国护栏立柱形式有圆形立柱和槽形立柱,如图4-10所示。

(3)防阻块

防阻块固定在立柱与波形梁之间,使波形梁从立柱上悬置出来。车辆与护栏发生碰撞后,不会因为波形梁紧靠立柱,而使前轮在立柱处被绊阻。防阻块是波形梁与立柱之间的承力部件,可以使碰撞力分配到更多跨结构上,从而使护栏受力更加均匀,增加护栏的整体刚度。防阻块用各种型钢制造,规范中推荐形式有A型、B型两种。A型为六角形结构,适用于圆形立柱;B型是参照法国标准制定的,适用于槽形立柱,如图4-11所示。

(4)端头

护栏端头是护栏开始端或结束端所设置的专门结构，其目的是防止车辆碰撞时端梁刺伤乘客。规范中推荐两种形式：一种是地锚式，一种是圆头式，如图4-12所示。地锚式端头通过斜角梁逐渐伸向地面，在端部用混凝土基础锚固。圆头式端头是通过立柱位置逐渐外移，立柱高度不变，采用混凝土基础加索端锚具，其端梁为圆头。

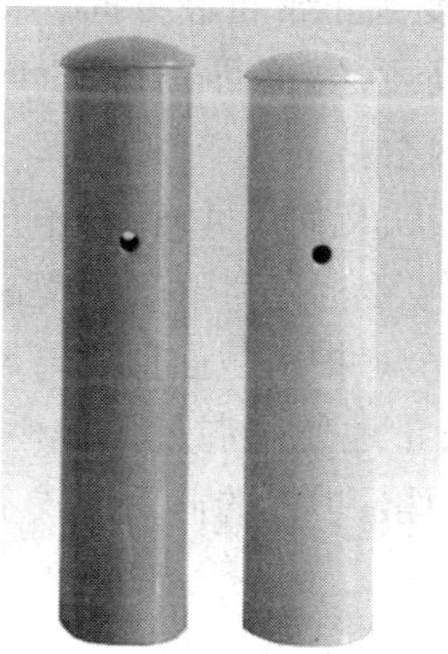
图4-10　立柱

图4-11　防阻块

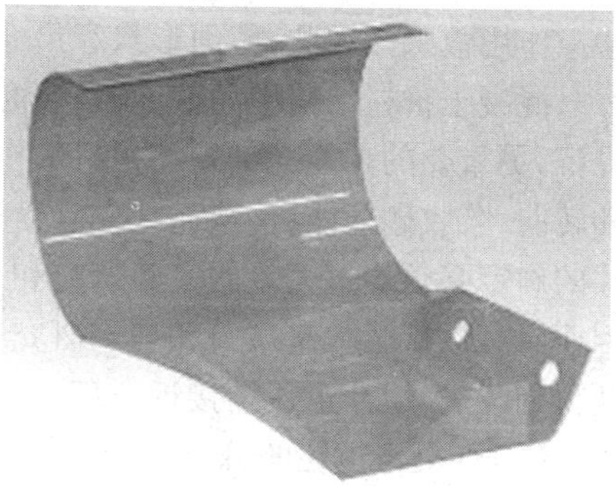
图4-12　端头

2. 波形梁护栏的材料

(1)波形梁护栏板、立柱和防阻块

护栏板、立柱和防阻块及连接螺栓所用的钢材为普通碳素结构钢(Q235. A3)，其技术条件应符合《碳素结构钢》(GB 700—1988)的规定，钢材屈服点不应小于235MPa，抗拉强度应在375～460 MPa范围内。弯曲半径在不超过厚度的1.5倍条件下不发生裂纹。

(2)高强螺栓、螺母、垫圈

波形梁是受拉构件，要求拼接螺栓采用高强螺栓，增强接头处的强度。其材料采用优质钢，并经适当的热处理，要求屈服点大于990MPa，抗拉强度大于1100 MPa，延伸率大于等于10%，收缩率为42%，洛氏硬度为HRc33～99。高强螺栓机械性能见表4-5。

高强螺栓机械性能

表4-5

公称直径(mm)	公称应力截面积(mm^2)	性能等级(S)	
		10.9	8.8
		抗拉荷载(kN)	
16	157	166～98	133～165

高强螺栓的螺母采用优质钢，并经适当的热处理，其性能要求荷载大于133kN，洛氏硬度为HRB95～HRC22，维氏硬度HV30为206～237。

垫圈用扁钢或带钢连续冲成，垫圈的支承面影响扭矩系数。其洛氏硬度为HRC35～45(维氏硬度HV30为329～436)。

(3)混凝土

埋置于混凝土中的立柱，混凝土强度等级不应小于C15。混凝土用材料应符合现行《公路桥涵施工技术规范》(JTJ 041—2000)的规定。

三、混凝土护栏

1. 混凝土护栏的构造

混凝土护栏是一种具有一定断面形状的墙式护栏结构。当汽车与护栏碰撞时，在瞬间移动荷载作用下，基本上护栏不移动、不变形（完全刚性状态），碰撞过程中的能量主要是依靠汽车与护栏面接触并沿着护栏面爬高和转向来吸收，同时碰撞汽车也恢复到正常行驶方向。根据混凝土护栏的作用特点可以看出：混凝土护栏的截面形状和尺寸（高度、宽度等）直接影响碰撞作用效果。因此，截面形状和尺寸是决定混凝土护栏结构的重要因素。

混凝土护栏结构中的截面形状和几何尺寸是难以确定的。截面形状、几何尺寸合理，不仅经济，更重要的是能充分发挥护栏的作用，既能防止碰撞车辆越过护栏，又能有利于车辆爬高和转向，吸收碰撞能量，从而减少碰撞车辆的损坏和保护车上乘客的安全。护栏截面形式与尺寸的确定必须通过大量的实验研究和理论分析才能获得。国外早已大量地使用混凝土护栏，因而对其进行了大量试验和理论研究，随着研究的深入和使用经验的积累，护栏的截面形式不断得到改进，尺寸也逐渐接近合理。

（1）混凝土护栏的分类

混凝土护栏的分类如表4-6所示。

混凝土护栏的分类 表4-6

安装位置	防撞等级	构造特征	基础处理方式
中央分隔带	Am	基本型	嵌锁在基层中
			钢筋连接
		改进型	嵌锁在基层中
			钢筋连接
路侧	A	基本型	埋置在基层中
			与下面构造物连接

（2）混凝土护栏的构造

设置于路侧的混凝土护栏，其迎车行道一侧的断面与中央分隔带改进型或基本型混凝土护栏断面相同，外侧为直立断面。顶宽20cm，底宽42cm，护栏高81cm。

混凝土护栏与防眩设施同时设置时，应在护栏顶部预埋连接件，然后将防眩设施固定在中央分隔带的混凝土护栏顶部。中央分隔带内设置通信、供电管线时，可考虑采用分离式混凝土护栏。

每节混凝土护栏的纵向长度应尽可能采用较长的尺寸：对于预制件，一般为2～6cm；对于就地浇筑的护栏，纵向长度应按横向缩缝要求确定，横缝间距一般采用4～5cm，最大不超过6cm。

中央分隔带混凝土护栏，根据吊装方式配置钢筋。路侧混凝土护栏应根据护栏不同结构受力情况，配置一定数量的纵、竖向钢筋。

每节护栏与相邻护栏之间的连接方式根据护栏制作方式的不同而不同。预制混凝土护栏采用纵向企口连接法和纵向传力钢筋连接法。企口连接是通过企槽相互咬住共同受力；传力连接是通过钢筋的插入传力。预制混凝土护栏的连接端面上预留不少于两个孔洞，传力钢筋直径应不小于12mm，长度应不小于20cm。对现浇的混凝土护栏，其纵向可按平接处理。

中央分隔带护栏靠自重放置在基础上，在汽车碰撞力的作用下，往往会被移位，严重时甚至会危及对向车道车辆的安全，因此混凝土护栏与基础必须按一定方式连接。一种方法是混凝土护栏嵌锁在基础中。在混凝土基础的下面需做一层厚度不小于20cm的半刚性基层，在基层上面是一层厚度为10～20cm的混凝土，混凝土护栏埋置深度一般为10～20cm，两侧的浇筑宽度不小于10cm，厚度等于护栏埋置深度，混凝土不低于C20。另一种方法是混凝土护栏通过传力钢筋与基础连接；传力钢筋错列在基层中，每根传力钢筋长度为250mm，直径不小于25mm，均埋置在20cm×20cm×20cm的混凝土块中，基层制作同嵌锁基础。在护栏底部，应留出与传力钢筋相对应的孔洞，其直径和深度能保证传力钢筋较容易地插入。在预制混凝土护栏吊装就位前，应先在基底上铺一层厚的水泥砂浆。

路侧护栏的基础可采用两种方式：一种是嵌锁方式，适用于有边坡的高填方路堤。混凝土护栏宜采用就地浇筑，基底应加做一层厚度不小于20cm的半刚性基层，混凝土护栏拆模后宜采用石灰稳定土回填夯实。另一种方式是扩大基础方法，适用于高挡强的危险路堤。护栏基础宜就地浇筑，并尽可能与下面的构造物连成整体，共同受力，扩大基础内部可视实际需要加配适当的受力钢筋。

2. 混凝土护栏的材料

混凝土护栏采用水泥、砂石和水及钢筋等材料，应符合现行交通部行业标准《公路桥涵施工技术规范》(JTJ 041—2000)。凡在公路桥梁建设中采用的混凝土材料，包括在混凝土护栏中采用的材料，均已包含在现行的《公路桥涵施工技术规范》(JTJ 041—2000)和《公路钢筋混凝土及预应力混凝土桥涵设计规范》(JTG D62—2004)中，可遵照有关规范执行。

混凝土护栏的强度，一般指的是混凝土抗压强度。选用不同强度等级的水泥、不同级配的集料和不同的配合比，就可以制作出具有不同强度等级的混凝土。由于混凝土在护栏结构中主要起承受压力的作用，因此，抗压强度就成为它的所有力学性能中最为重要的性能。根据混凝土护栏的受力特性，参照国内一些高速公路护栏的使用经验，从安全、经济的角度出发，混凝土护栏相应的混凝土强度等级不应低于C25。

课题三　护栏施工

一、波形梁护栏施工

1. 一般要求

护栏施工(图4-13)一般在路面施工完成后进行，但在施工前应预先做好施工组织及施工准备。护栏施工常用工具有：打桩机、开挖工具、夯实工具、钳子及经纬仪、水准仪、卷尺等测量工具。

在立交桥、小桥、通道和涵洞等设施顶部遇有护栏立柱时，应在这些设施施工时准确设置预埋件。

护栏施工时，应准确掌握各种设施的资料，特别是埋设于路基中各种管道电缆的位置。在施工过程中要谨慎操作，不允许对地下设施造成任何损坏。

2. 立柱放样

立柱放样应以桥梁、通道、中央分隔带开口等固定道路设施为主要控制点，进行测距定位。立柱放样时可以利用调整段调节间距，通过调整段调节后，立柱间距可能有不大于25cm的间距零头数，可通过分配法将其调整至多根立柱。

为了准确放样和保证护栏的线形，在条件允许时最好使用经纬仪、水准仪等测量仪器。立柱放样后，应调查每根立柱位置的地基情况，如遇到地下通信管线、泄水管或涵洞顶部埋置深度不足时，应调整某些立柱的位置，改变立柱固定方式。

图 4-13　护栏施工

3. 立柱安装

立柱安装应与设计图相符，并与道路线形相协调，立柱应牢固地埋入土中，达到设计深度，并与路面垂直。

一般路段（若路肩和中央分隔带路基情况允许），立柱可用打入法施工。施工时应精确定位，将立柱打入土中至设计深度。当打入过深时，不得将立柱部分拔出加以矫正，须将其全部拔出，待基础压实后再重新打入。无法采用打入法施工时，可采用开挖法或钻孔法埋设立柱。埋设立柱时，回填土应采用良好的材料并分层夯实（每层厚度不超过 15cm），回填土的压实度不应小于相邻原状土。岩石中柱坑应用粒料回填并夯实。

护栏立柱设置于构造物中时，应在结构物施工时做好混凝土基础。采用预留孔基础时，应先清除孔内杂物，吸干孔内积水。将化好的沥青在孔底涂一遍，然后放入立柱，控制好高程，即可在立柱周围灌砂。在灌砂时一定要保持立柱的正确位置和垂直度。砂振实后，即可用沥青封口，防止雨水漏入孔内。采用法兰盘基础时，应将下法兰盘和地脚螺栓、螺母清理干净，安装立柱时应控制立柱的方向和高程，调整其位置，经检查合格后方可拧去法兰盘地脚螺栓；采用可抽换式基础时，承座器应先固定在构造物中，安装时把立柱插入其中，调整好高度，即可把迫紧器与承座器的连接螺栓拧紧，立柱被锁固。

沥青路面段设置立柱时，柱坑从路基至面层下 5cm 处采用与路基相同的材料回填并充分夯实，余下部分采用与路面相同材料回填并夯实。立柱位置、高程在安装时需要严格控制。考虑到护栏结构对景观及对驾驶员的视线诱导的影响，立柱就位后和竖直方向应形成平顺的线性。

渐变段及端部是护栏施工中需要重点注意的部位。施工中严格控制其立柱位置，注意抛物线形。

4. 波形梁安装

波形梁通过拼接螺栓相互拼接，并由连接螺栓固定于立柱或横梁上。波形梁的搭接方向是安装的关键,搭接方向应与行车方向一致。如搭接方向与行车方向相逆,即使是轻微的擦碰,也会造成较大的损失。

波形梁在安装过程中应不断进行调整。因此,不应过早拧紧其连接螺栓和拼接螺栓,否则将无法发挥板上长圆孔的调节作用。待调节完成后,须按规定采用高强度螺栓并拧紧拼接螺栓,要严格控制扭矩。调整后的波形梁应形成平顺的波形,避免局部凹凸。

波形梁顶面应与道路竖曲线相协调。当护栏的线形认为比较满意时,方可最后拧紧螺栓。但应注意的是,连接螺栓不应拧得过紧,以便利用长圆孔调节温度应力。

5. 横隔梁、防阻块及端头安装

(1)横隔梁安装

设有横隔梁的中央分隔带护栏,在立柱准确定位后安装横隔梁。横隔梁应平行于路面(垂直于立柱)安装。在波形梁安装之前,横隔梁与立柱间的连接螺栓不应过早拧紧,以便进行整体调节。当横隔梁与波形梁准确就位后,方可最后拧紧螺栓。

(2)防阻块安装

防阻块能防止立柱阻绊车轮,避免护栏局部受力和减少碰撞时车辆减速。因此,应保证使其准确就位。防阻块通过连接螺栓固定于波形梁与立柱之间,在安装调整立柱之后,即可安装防阻块,最后把波形梁装上并进行统一调整。

(3)端头安装

中央分隔带开口处的端头梁应与分隔带标准段的护栏连接,端头附近的立柱应按设计进行加强处理。路侧护栏开口处应安装端头梁并进行锚固。端头锚固主要包括钢丝绳锚固件及混凝土基础。在端部基础混凝土达到设计强度50%后,方可拧紧螺栓或固定缆索,否则会引起基础变形,造成绳索松弛。

6. 活动护栏施工

采用钢管插入式活动护栏时,其基础埋设应与路面施工同步进行,预埋管件应采取保护措施,以防止杂物掉入管内。钢管插入式活动护栏采用焊接成型,应使焊缝牢固、平顺,每片活动护栏应平整,尺寸正确,不能扭曲,应使其插拔自如。

活动护栏如采用抽换式立柱基础时,则可使开口处的活动护栏达到正常路段的强度,其开放的灵活程度为只要拧松两根立柱的六个螺栓即可抽出一跨护栏。

二、缆索护栏施工

1. 一般要求

缆索护栏的安装施工,一般应在路面施工完成以后才准许开始,以便于控制护栏高程和保证立柱周围土基的密实度。端部立柱和中间端部立柱的混凝土基础,在不影响路面施工的情况下,也可先行浇筑混凝土。

施工安装前,应做出详细的缆索护栏施工组织设计,以便协调各方关系,合理组织力量,保证施工进度和质量。

施工前的各项准备工作,除了各种材料(钢丝绳、立柱、托架、索端锚具)的准备,各种施工工具(钢丝绳切断器、张紧设备、锚固工具、打桩机、测量用具、钳子、锤子、扳手、铁锹等)的准备外,还应详细研究有关施工图、工程地质、气象资料和地下管线或建筑物竣工图等技术资料。

2. 施工放样

(1)确定控制点

在放样前确定控制点是非常重要的，选择控制点的目的就是为了使护栏的布设更趋合理，施工更加方便。缆索护栏是沿道路设置的连接性结构，它们与道路上的各种构造物应该很好地协调配合。在大中桥的桥头，缆索护栏与桥梁护栏有一个过渡问题；在中央分隔带开口处和立交的进、出口匝道的合流处，缆索护栏有端头处理问题；在小桥、涵洞、通道处，有缆索护栏如何跨越的问题等。

(2)立柱定位

在控制点的位置大致确定以后，可对照施工图的布设设计，对端部立柱、中间端部立柱、中间立柱的位置进行最后调整、定位。立柱位置确定以后，应详细了解地下管线、构造物的位置，以便进行合理的处理，减少在护栏安装施工过程中的损失。

3. 立柱的施工

(1)端部立柱和中间端部立柱的施工

立柱基础埋设于土中时，应根据混凝土基础的位置放样，根据放样线开始挖掘基坑，并严格控制基坑尺寸。达到规定高程后，待工程监理人员检查合格以后，可开始铺砌基底的片石混凝土，经夯实后，立基础混凝土模板，其各部形状尺寸应正确，模板安装稳固，即可浇筑基础水泥混凝土。如果端部结构或中间端部结构的立柱是埋入式的，则应浇筑混凝土达规定高程以后安放立柱。为使端部立柱或中间端部立柱的位置和高程不致在混凝土振捣过程中走样，应采用适当的临时支架。如果端部结构或中间端部结构的立柱是采用装配式的，则应在浇筑混凝土达规定高程后放置预埋件及临时支架。基础混凝土浇筑完成后，应注意对基础混凝土进行养生。直到混凝土强度能保证其表面及棱角不因拆除模板而受损坏时，方可拆除模板。拆模后如发现混凝土质量有问题时，应立即报告施工监理工程师，商讨补救措施。处理合格后，才能进行基础回填，回填土分层夯实(每层不超过15cm)，直至规定的高程。

端部立柱或中间端部立柱设置在桥梁、挡墙、涵洞、通道等人工构造物的水泥混凝土中时，应在构造物的水泥混凝土浇筑前，按设计图的要求支立模板，在孔穴周围配置钢筋，并与构造物的混凝土一起浇筑。应尽量避免端部立柱或中间端部立柱的基础与各种人工构造物连在一起。

(2)中间立柱的埋设

中间立柱埋设于土中时，一般有以下几种施工方法。

①挖埋法。在设置中间立柱的位置挖孔穴，孔的直径应不小于20cm。达到规定深度后，放入中间立柱。定位后，用沙土分层回填夯实，每层回填土的厚度不得超过10cm。

②钻孔法(开挖法)。在设置中间立柱的位置用螺栓钻孔机等机械钻孔，待钻孔达埋置立柱深度的一半左右时，再把立柱打到所要求的深度。

③打入法。在设置中间立柱的位置直接用打桩机(气动打桩机、振动打桩机等)把立柱打入土中。立柱不应产生明显的变形、倾斜或扭曲。

上述施工方法可根据路基土质的不同情况进行选择。一般来说，打入法适合于路基土中含石料很少的路段，采用打桩机打入立柱，可以精确控制立柱的位置和打入的深度。路基土中含较多石料时，采用打入法施工控制立柱的位置和垂直度有一定困难时，可适当配合采用开挖法或钻孔法进行施工。钻孔法适合于挖坑、打入均有困难的路段采用，可用螺旋钻机或冲击钻等钻具进行定位钻孔，柱孔直径在30cm左右。柱孔钻好以后，要检查孔径、深度、垂直度合格后，方可进行柱的埋设与安装。挖埋法适合于打入立柱有一定困难的路段。挖埋法可用人工挖孔，主要工具是钢钎和掏勺。柱孔直径在30cm以上，柱孔挖好以后，要检查孔径、深度、垂直度合格后，方可进行柱的埋设与安装。

无论采用哪一种施工方法，都要求立柱位置正确，纵向和横向位置与道路线形相一致，高程符合规定，且不得损坏立柱端部。

中间立柱埋设于水泥混凝土中时，可根据底座条件及护栏类型进行埋入部的设计。一般需要在水泥混凝土构造物上预留孔穴，在孔穴周围配置钢筋。

埋设中间立柱时，为保证立柱纵、横向位置和垂直度的正确，可采取支架的办法进行临时性固定。然后进行逐根立柱的调整，包括：立柱埋深（高程控制）、垂直度、纵向线形、横断位置等的调整，待检查合格后，即可将立柱固定在临时支架上，再次进行纵、横、高的检查，确认无误后，才允许用最低水泥用量不小于255kg/m^3 的素混凝土浇筑。混凝土应按设计强度等级严格掌握配合比。浇筑混凝土时，边喂料边用钢钎捣实，一直浇筑到与地面齐平，抹平后，注意养生。

4. 安装托架

中间立柱或中间端部立柱上安装的托架，应先确认缆索护栏的类别及相应的托架编号和组合，在核对无误后即可开始安装托架。

路侧缆索护栏的托架应朝向行车道。中央分隔带缆索护栏的托架应两边对称，并一起安装。路侧缆索护栏的 A 级、B 级、S 级和中央分隔带缆索护栏的 Am 级，均有上托架和下托架，安装前应分清楚。托架应按设计图的要求用螺栓固定在立柱上。

5. 缆索的架设

（1）加设缆索以前，应先检查端部立柱、中间端部立柱和中间立柱的位置是否正确，与基础连续的牢固程度，立柱的垂直度、高程等的误差情况。在基础混凝土强度达设计强度的80%以上时，方可准许加设缆索。

（2）把缆索支放在端部立柱的旁边，可以用专门的滚盘或人工放缆索，在滚放缆索的过程中，应避免把整盘钢丝绳弄乱，不应使钢丝绳打结、扭曲受伤，应避免在路上长距离拖拽（以免擦伤镀锌层），直到把缆索从端部立柱的一段滚放到另一端的端部立柱或中间端部立柱。

（3）在安装缆索前，应从一头的端部立柱开始，先调节好端部立柱的索端锚具。把缆索一端松开，用楔子固定法或采用灌入合金法把缆索锚固。把缆索固定在锚具上以后，装上拉杆调节螺栓，并把索端锚具安装到端部立柱上。

（4）把索端锚具装到端部立柱上后，把拉杆螺栓调节好，就可以顺着中间立柱把缆索临时夹持在托架的规定孔槽中，一直把缆索连接到另一端立柱或中间端部立柱上，这时的缆索完全处于松弛状态。

（5）利用缆索张紧设备临时拉紧。张紧设备可采用倒链滑车、杠杆式拉链张紧器或其他的张紧设备，在钢丝绳与张紧器之间通过钢丝绳夹固定，逐渐把钢丝绳拉紧，直到看不出缆索有挠曲为止。A 级和 S 级缆索护栏的初张力为 20kN。B 级和 C 级缆索护栏的初张力为10kN。在临时张拉的过程中要不断检查托架上的索夹是否保持放松状态，并在各中间立柱之间不断向上挑动缆索。缆索拉至规定初张力后，持荷 3min

（6）在临时张紧状态下，就可根据索端锚具的尺寸确定切断缆索的正确位置，把多余的缆索切断。切断缆索的断面要垂直整齐，为防止钢丝松散，可在切断处两端用铁丝绑扎。缆索的切割可用高速无齿锯，以避免引起钢缆端部退火。

缆索切断后，穿入索端锚头中，用楔子锚固法或灌注锚固法进行锚固。当采用楔子固定时，应将缆索按股解开，解开的长度按索端锚头的尺寸来定，然后用小锤子把铝制楔子紧紧地打入插座中，缆索就被楔子锚住了。

（7）缆索与索端锚具固定后，即可与拉杆螺丝连接。每根缆索的安装次序都按上述的步骤进行，直至全部架设完毕。最后对全部拉杆螺栓再进行一次调整。

（8）缆索护栏的缆索最大长度为300m，因此在架设护栏时，每段以缆索长度（300m以内）为限。每段护栏的所有缆索应自上至下连续完成。每段护栏的缆索架设完毕后，应全面检查缆索的张紧程度。检查合格后，可逐个拧紧中间立柱托架上的索夹，把缆索的位置固定。同时，拧紧拉杆螺丝上的调整螺母，把缆索固定好。

三、混凝土护栏施工

对于混凝土护栏的施工，下面以集美大桥某标段防撞护栏施工方案为例进行介绍。

1. 工程概况

1）工程概述

厦门集美大桥C4合同段道路主线起点桩号K3+195，终点桩号K6+65，总长2870m；BRT起点桩号BK3+195，终点桩号BK6+65，总长2870m。本工程桥梁分为道路桥和BRT桥两大部分，道路等级为城市快速路；主线双向八车道，其中含两个公交快速专用（BRT）车道；设计行车速度：主线：80km/h；BRT行车速度60km/h；车道宽度：2×（2×3.5m+2×3.75m）；最大纵坡：<4%；横坡：BRT车道1.5%，普通车道2%；通航净空宽度65m，净空高度14.5m。防撞护栏断面尺寸如图4-14所示。

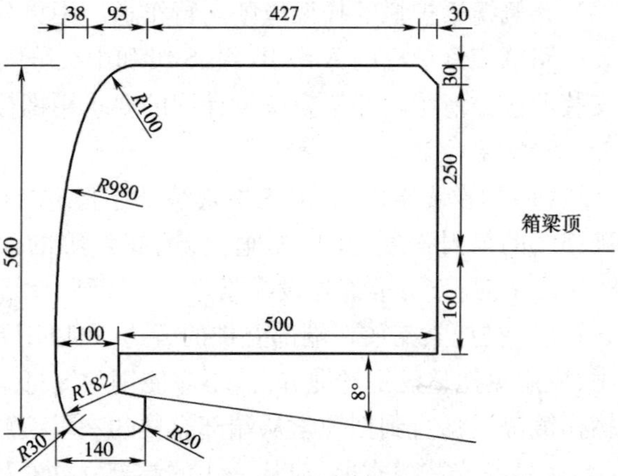

图4-14　防撞护栏断面尺寸示意图（尺寸单位：mm）

桥面系包括防撞护栏钢筋混凝土基座、桥面混凝土铺装、排水沟和交通工程等内容。

2）工程主要特点

（1）集美大桥位于东南沿海区域，易受台风的影响，对工程建设的组织和安全带来不利的因素，增大工程建设施工的难度。

（2）全线7个标段同时开工建设，施工栈桥及水上交通繁忙，为现场施工组织增加了难度。

（3）施工工期紧，任务重，设备及人员投入大，施工组织管理难度大，安全风险高。

2. 施工工艺流程

防撞护栏施工时按照图4-15进行施工。

3. 详细施工方法

1）施工准备

防撞护栏施工前，测量间隔10m放出护栏内边线控制点，同时测出控制点高程，复核箱梁顶高程，如果复核高程与设计高程相差不大，防撞护栏高程按照设计高程控制。

木工根据测量控制点用墨斗弹出防撞护栏内边线和模板安装控制线（距离内边线50cm，模板安装后可以通过控制线复核模板位置）。

2）施工缝凿毛

箱梁安装完成后，及时对防撞护栏位置（箱梁外侧横向宽约40cm）进行人工凿毛处理，外侧防撞护栏正式施工时再对施工位置表面凿除清理，确保露出新鲜、密实混凝土。

3）钢筋施工

（1）钢筋分节施工

防撞护栏纵向钢筋按照设计图纸断缝位置断开，分段位置以墩顶位置开始起算，每一节段端头纵向钢筋截断。

(2)钢筋连接

钢筋采用绑扎连接，扎丝绑扎点成梅花形布置，钢筋规格、数量、尺寸等严格按照设计和规范要求进行施工。

钢筋净保护层 3cm 或 4cm，保护层垫块布置在上、下层，下口保护层垫块用钢筋加工，两端头为弧线形水泥砂浆垫块，钢筋砂浆垫块按照单节模板位置 1.5m 间距布置，并与护栏钢筋点焊；上口垫块为弧线形水泥砂浆垫块，在模板安装完成后对于保护层不能满足要求的位置支垫。

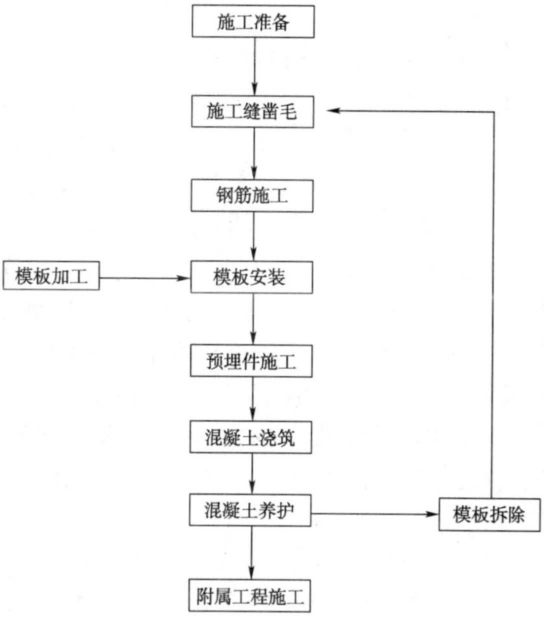

图 4-15　防撞护栏施工流程图

4)模板施工

(1)模板加工

模板采用定型钢模板，面板为 δ6mm 钢板，背带采用 δ6mm 钢板加工成钢带，在专门的钢模板加工车间加工，共计加工 150 节段，可一次施工长度 300m；模板单节长度 2m，外侧模板自重 166.33kg，内侧模板自重 93.32kg，模板背面刷黄油漆，正面采用喷砂处理，模板具体尺寸如图 4-16 所示。

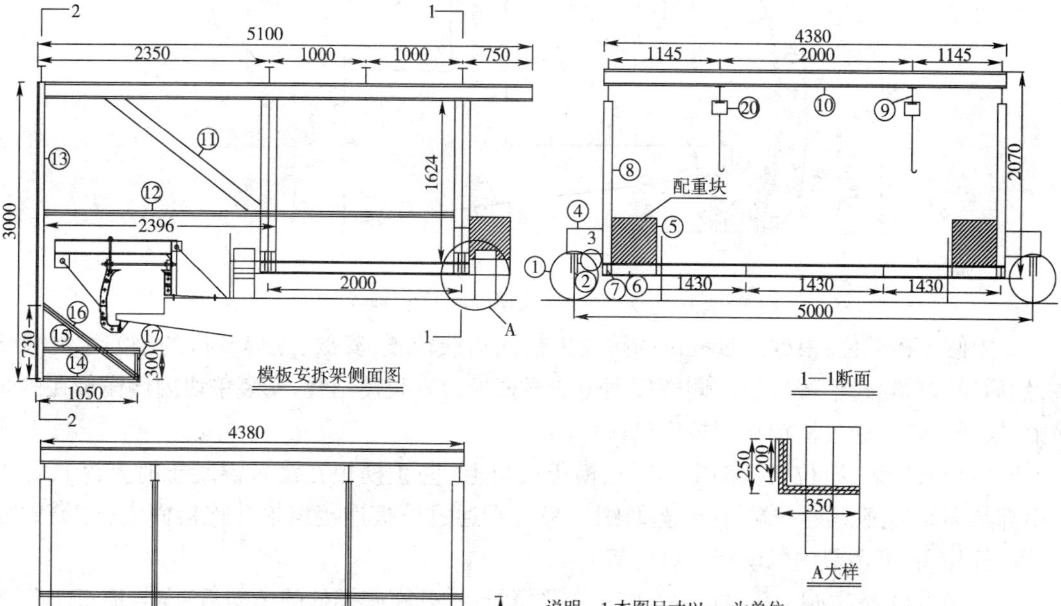

说明：1.本图尺寸以mm为单位。
2.使用安拆架前，先将护栏侧支腿紧固再作业。
3.操作平台不超过3人同时作业。
4.不能同时起吊两块外模在护栏外侧施工。
5.安拆架在行走时，严重禁止操作工人站在操作平台上。
6.操作平台底部和侧面挂设密封性安全岗，底部铺设3mm厚花纹钢板。
7.加工数量：一工区，二工区各加工2个，共计4个模板安拆架。

图 4-16　防撞护栏模板图

(2)模板安装

①砂浆带施工。根据测量放出的内边线控制点高程和防撞护栏内侧模板高度施工砂浆带,砂浆带宽 10cm,砂浆带边线与防撞护栏内边线重合,注意砂浆带表面平整度宜小于 3mm。

②行走小车操作平台。由于防撞护栏不使用吊车施工,外侧模板支立较难,需要加工一模板安装操作平台,同时为了满足操作平台移动方便,平台加工成小车形式,便于操作平台移动,见行走小车操作平台示意图所示,操作平台可以进行升降调节,模板安装时支撑脚支撑受力。

③模板运输。加工一单轮运输车(图 4-17),模板用单轮运输车在前端掉起,人工转运到施工位置。

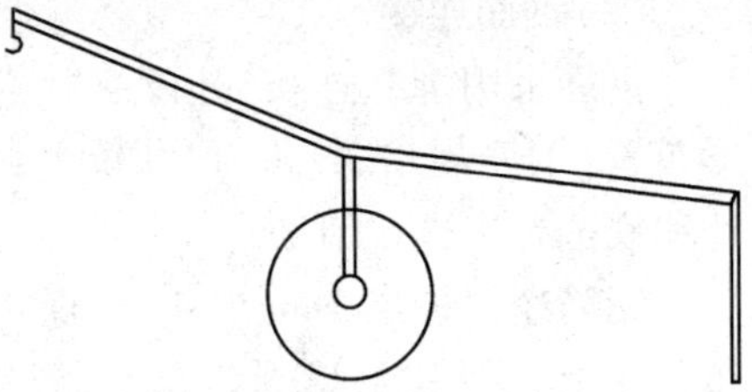

图 4-17 单轮运输车示意图

④内侧模板安装。内模安装前,首先把安拆模板架轮胎位置垫设(防止小车滑移),并把支撑脚支撑好,如图 4-18 所示。然后用电动葫芦把外模吊到护栏外侧悬挂,再开始安装内模。

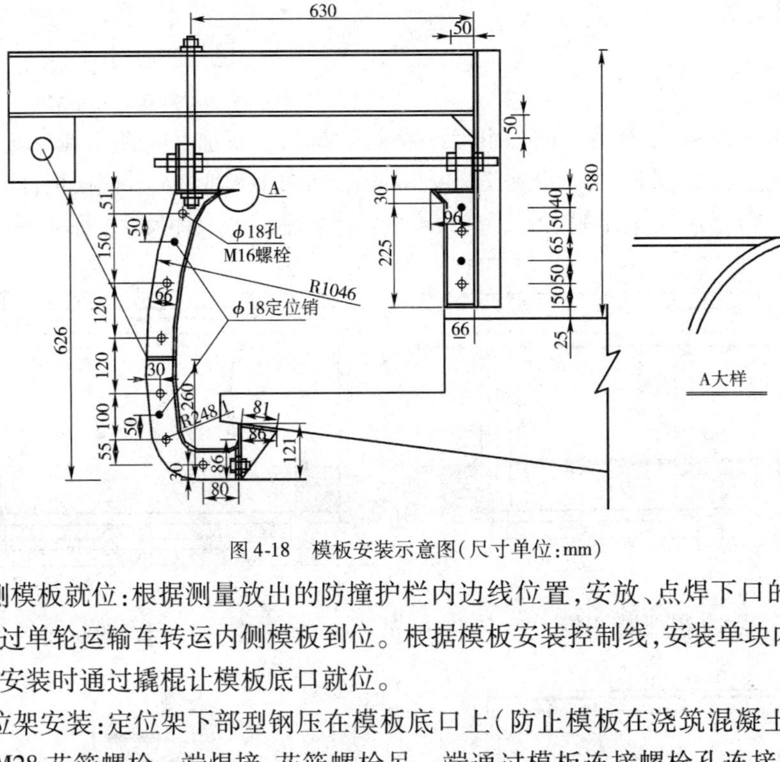

图 4-18 模板安装示意图(尺寸单位:mm)

a. 内侧模板就位:根据测量放出的防撞护栏内边线位置,安放、点焊下口的钢筋水泥浆垫块,然后通过单轮运输车转运内侧模板到位。根据模板安装控制线,安装单块内侧模板在砂浆带上,模板安装时通过撬棍让模板底口就位。

b. 定位架安装:定位架下部型钢压在模板底口上(防止模板在浇筑混凝土时上浮),定位架中部与 M28 花篮螺栓一端焊接,花篮螺栓另一端通过模板连接螺栓孔连接固定(花篮螺栓起拉压杆作用,可调节内侧模板上口位置)。

先在预定位置钻 $\phi18$ 孔,再装入 M16 膨胀螺栓,拧开膨胀螺栓的螺帽后,安装模板定位架并通过膨胀螺栓固定。

c. 内模板调校和固定:模板上口位置通过掉垂球的方法复核,不能满足要求时通过中部的花篮螺栓进行调节,确保内侧模板位置安装准确。

⑤外侧模板安装。外侧模板安装时操作人员在行走小车操作平台上施工,由单轮运输车转运外侧模板行走小车倒挂葫芦位置,用倒挂葫芦提起一块外侧模板,通过倒挂葫芦移到外侧后安装模板,模板上部型钢用连接螺栓承受外侧模板自重,并通过连接螺栓调节外侧模板竖向

位置，模板间用 M16 螺栓连接，然后模板下口通过 M28 花篮螺栓顶撑固定，模板上口用 φ20 对拉螺杆固定，外侧模板固定后安装小块倒角模板。

起吊下一块外模到护栏外侧，安装下一块内模。下一块外模安装好后，收起支撑脚，移行走小车到下模板施工位置，继续安装内外模板。

模板安装完毕后（图 4-19）待检查后便可进行混凝土的浇筑。

图 4-19　模板安装完毕等候浇注

（3）模板拆除

防撞护栏混凝土浇筑后其强度达 2.5MPa 后即可拆除（根据气温情况而定）。模板拆除架移到拆除位置，支撑好支腿后，拆除小块倒角模板，用电动葫芦挂住外侧模板，然后拆除内外侧模板连接螺栓，拆除内模板，用电动葫芦将外侧模板提升并横移到箱梁上。移动行走小车到下一块待拆模板位置，分块拆除内外侧模板。

内外侧模板拆除后，分块转运模板到下一施工段位置。

注意混凝土施工后留 2.0m 长的模板作为接口模板，以便下一施工段连续施工，避免施工缝出现较大的错台、漏浆等。

5）预埋件施工

根据设计图纸，在模板安装前或混凝土浇筑前安装预埋件。要求预埋件加工尺寸准确，安装位置满足要求，主要有以下预埋件需要安装。

①断缝设置。

②通信管线和接线盒。按照设计图纸在护栏内预埋通信管线和接线盒，预埋时注意其平面位置和高度准确，接线盒不要漏埋、多埋、严格按照设计图纸施工。

③立柱和照明灯杆预埋件。防撞护栏顶面间隔 2m 设置立柱预埋钢板和地脚螺栓，预埋钢板为 δ10mm，尺寸为 235mm × 360mm，注意钢板和地脚螺栓平面位置和高度预埋准确，定位牢固，防止混凝土浇注时跑位或变形。

6）混凝土浇筑

（1）混凝土技术要求

防撞护栏混凝土强度等级为 C40，坍落度为 12 ~ 16cm，初凝时间 8 ~ 10h。

（2）混凝土拌制、运输

防撞护栏每次浇筑长度为 70 ~ 100m，浇筑量为 18.78 ~ 26.83m^3，在后场搅拌站拌制完成，通过罐车运输到栈桥墩处，再转送混凝土到翻斗车，升降机提升翻斗车到箱梁顶面，翻斗车运输混凝土到施工现场，及时用人工铲混凝土入仓，发生混凝土均匀性、坍落度与要求相差较大时,应对混凝土及时处理。

(3)混凝土浇筑

防撞护栏混凝土分两层进行浇筑,第一层布料厚度25cm,第二层布料到设计高度,用$\Phi 50$插入式振捣器振捣,每层振捣完成后再进行下一层布料。

振捣应由专人分区、分层负责,不得漏振和过振。按照“快插慢拔”的原则进行振捣,振动棒移动距离以30cm左右为宜,插入下层混凝土中深度不应小于5cm,振捣时不得碰撞钢筋、模板、预埋件等,振捣时间宜为15~25s,并以混凝土开始泛浆和不冒气泡为准。混凝土振捣完成1h后,用$\phi 30$振捣棒对第二层混凝土进行二次振捣,可以有效地防止顶面气泡过多。

(4)混凝土收面

防撞护栏混凝土浇筑、振捣完成后,人工进行收面,要求收面应平整、光滑,且注意预埋件的位置,注意保护前一道工序成品。

专人负责清理混凝土浇筑时模板、箱梁上的混凝土,做好现场文明施工。

7)混凝土养护

防撞护栏养护至关重要,混凝土初凝后要及时养护,模板拆除前洒水养护,模板拆除后用土工布覆盖后洒水保湿养护,养护时间至少7天。

8)附属工程施工

(1)假缝设置

防撞护栏底座每隔6m设置一道假缝,假缝宽3mm,深10mm,假缝处20cm范围内的纵向钢筋涂环氧富锌底漆防腐。

在混凝土养护完成后,用墨斗线在护栏横断面弹出假缝位置,砂轮切割机沿墨斗线切割一道宽3mm,深10mm的假缝,然后用清水清洗护栏表面灰尘等杂质,进行下一道假缝施工。

(2)泄水管安装

泄水管采用铸铁管,距护栏内边缘178mm,纵向间距按照设计图纸布置,泄水孔位置在箱梁预制时就预留准确,安装时测量放线对位置进行复核。

泄水管安装时周围用40号环氧砂浆填塞密实,泄水管安装高度严格按照设计要求进行控制。

四、质量控制标准

1. 模板制作时的允许偏差(表4-7)

模板制作时的允许偏差 表4-7

项　次	项　目	允许偏差(mm)
1	长和高	0,-1
2	肋高	±5
3	面板端偏斜	≤0.5
4	板面局部不平	1.0
5	板面和板侧挠度	±1.0

2. 加工钢筋的允许偏差(表 4-8)

加工钢筋的允许偏差　　表 4-8

项　次	项　目	允许偏差(mm)
1	受力钢筋顺长度方向加工后的全长	+5, -10
2	箍筋、螺旋筋各部位尺寸	±5

3. 钢筋位置允许偏差(表 4-9)

钢筋位置允许偏差　　表 4-9

项　次	项　目		允许偏差(mm)
1	两排以上受力钢筋的钢筋排距		±5
2	同一排受力钢筋的钢筋排距		±20
3	箍筋、螺旋筋间距		0, -20
4	钢筋骨架尺寸	长	±10
		宽或高	±5
5	保护层厚度		±10

4. 模板安装时的允许偏差(表 4-10)

模板安装时的允许偏差　　表 4-10

项　次	项　目	允许偏差(mm)
1	模板高程	±5
2	模板内部尺寸	±4
3	轴线偏位	±2
4	模板相邻两板高低差	2
5	模板表面平整度	2
6	预埋件中心线位置	3

5. 混凝土配料数量允许偏差(表 4-11)

混凝土配料数量允许偏差　　表 4-11

项　次	项　目	允许偏差(%)
1	水泥、干燥状态下外掺混合材料	±1
2	粗、细集料	±2
3	水、外加剂	±1

五、安全文明施工措施

①升降机由专人负责开关。

②夜间作业时,保证有足够的照明。

③护栏凿毛时,操作人员必须系好安全带,佩戴护目镜。

④模板安拆架使用前,首先支撑支腿受力,防止安拆架使用时滑动或者轮胎爆破而侧翻。

⑤模板安拆架操作平台不能超过 3 人同时作业。

⑥禁止两块外模同时悬挂于护栏外侧,只能单块挂于护栏外侧。

⑦安拆架倒挂电动葫芦专人负责开关。

⑧模板安拆架移动时,前后有人排除障碍物,防止电线等被压坏。

⑨对已校正和固定好的模板,严禁工人在模板上翻动。

⑩现场浇筑混凝土时,严禁振捣工站在护栏模板上作业。

⑪混凝土浇筑完成后,及时清理模板上混凝土等杂质,打扫干净施工区域内杂质,做好现场文明施工。

课题四　质量验收与评定

一、波形梁护栏施工质量验收与评定

高速公路护栏设置不当或者质量不佳,都会存在交通安全隐患,给国家和人民生命财产造成损失。护栏施工质量至关重要,护栏的质量检测也是非常必要的。针对本教材的特点,此处只对护栏施工质量的验收与评定进行介绍,有关护栏产品质量检测与评定的内容,读者可参考其他相关资料,此处不予赘述。

1. 波形梁护栏施工质量验收的基本要求

①波形梁护栏产品应符合《高速公路波形梁钢护栏》(JT/T 281—2007)的规定。

②护栏立柱、波形梁、防阻块及托架的安装应符合设计和施工的要求。

③为保证护栏的整体强度,路肩和中央分隔带的土基压实度不应小于设计值;达不到压实度要求的路段不应进行护栏立柱打入施工;石方路段和挡土墙上的护栏立柱的埋深及基础处理应符合设计要求。

④波形梁护栏的端头处理及桥梁护栏过渡段的处理应符合设计要求。

2. 外观鉴定

①焊接钢管的焊缝应平整,无焊渣、凸起;构件镀锌层表面应均匀完整、颜色一致,表面具有实用性光滑,不得有流挂、滴瘤或多余结块;构件镀铝层表面应连续,不得有明显影响外观质量的熔渣、色泽暗淡及假浸、漏浸等缺陷;镀件表面应无漏镀、露铁、擦痕等缺陷;构件涂层应均匀、光滑、连续,无肉眼可分辨的小孔、空间、孔隙、裂缝、脱皮及其他有害缺陷。

②直线段护栏不得有明显的凹凸、起伏现象,曲线段护栏应圆滑顺畅,与线形协调一致,中央分隔带开口端头护栏的抛物线应与设计相符。

③波形梁板搭接方向正确,搭接平顺,垫圈齐备,螺栓紧固。

④防阻块、托架、端头的安装应与设计图相符,安装到位,不得有明显变形、扭转、倾斜。

⑤波形梁板和立柱不得现场焊割和钻孔。

⑥立柱及柱帽安装牢固,其顶部应无明显塌边、变形、开裂等缺陷。

3. 实测项目

波形梁护栏安装完毕后,一般取 500m 为验收单位,连续取 10 跨护栏进行验收,其实测项目主要有立柱垂直度、护栏安装高度、埋深深度、横断面位置的尺寸检测,其主要采用量具进行测试。具体要求如表 4-12 所示。

波形梁钢护栏实测项目　　表 4-12

项次	检 查 项 目	规定值或允许偏差	检查方法和频率	权值
1	波形梁板基底金属厚度(mm)	±16	板厚千分尺:抽检 5%	2
2	立柱厚度(mm)	4.5 ±0.25	测厚仪、千分尺:抽检 5%	2
3	镀(涂)层厚度(mm)	符合设计	测厚仪:抽检 10%	2
4	拼接螺栓(45 号钢)抗拉强度(MPa)	≥600	抽样做拉力试验,每批 3 组	1
5	立柱埋入深度	符合设计规定	过程检查,尺寸:抽样 10%	1
6	立柱外边缘距路肩边线距离(mm)	±20	尺量:抽检 10%	1
7	立柱中距(mm)	±50	钢卷尺:抽检 10%	1
8	立柱竖直度(mm/m)	±10	垂线、尺量:10%	2
9	横梁中心高度(mm)	±20	尺量:抽检 10%	2
10	护栏顺直度(mm/m)	±5	拉线、尺量:抽检 10%	2

4. 检验方法

(1)波形梁厚度检验

在去除两端各 500mm 范围后,在板每边任取 3 点,用板厚千分尺(量程为 25mm,精度为 0.01mm)量取,取平均值,扣除镀锌(镀铝)层厚度后,得到其厚度。

(2)立柱壁厚检验

用卡尺(分辨力 0.02mm)在立柱两端各量取 3 次,取 6 个值的平均值。如立柱已打入,且柱帽不易取下时,应采用超声波测厚仪测量,在立柱的 3 个方向的不同高度各量取 3 次,取平均值,扣除镀锌(镀铝)层厚度后,得到其厚度。

(3)镀层厚度检验

①热浸镀锌层厚度检验:采用测厚仪(量程为 120μm,精度为 1μm)测量锌层厚度,在波形梁板、立柱及其他构件表面(板的正反面)各测 4 个点。

②热浸镀铝层厚度检验:方法同热浸镀锌层厚度检验方法。

(4)拼接螺栓抗拉强度检验

检查拼接螺栓抗拉强度测试记录。若无测试记录则应当抽样做拉力试验,每批 3 组,每组 3 个。拉力试验应在持有 CMA 标志的国家计量认证单位检测。

(5)立柱埋入深度检验

检查施工纪录和现场勘查相结合。应注意检查立柱在现场被锯断、重新打孔的地方。对立柱埋深有疑问时,应开挖检查。

(6)立柱外边缘距路肩边线的距离检验

路侧护栏在土路肩上的位置,应保证其立柱外边缘到路肩边线的距离,该距离是由规范及设计图规定的。在测量时应先确定边线的正确位置,用直尺或钢卷尺(0.5mm)测量。

(7) 立柱中距检验

立柱中到中距离的正确性,能保证护栏板安装到位。用钢卷尺(量程 5000mm,精度 0.5mm)量立柱中距,抽检 10%,每处量 2 次,取平均值。

(8)立柱竖直度检验

用垂线和直尺(精度 0.5mm)测量立柱的竖直度。用垂线对照立柱的竖直度,固定垂线,量取立柱偏离垂线的距离及其对应的立柱长，每处测量3次，计算竖直度后取平均值。

(9)横梁中心高度检验

护栏横梁(波形梁)中心高度是指护栏板与立柱连接螺栓中心到路面的高度。在检验时应注意护栏线形与纵断线形一致，凡发现线形不一致的地方，均有可能是护栏中心高度有问题。首先确定地面高的基准点，然后用直尺(精度0.5mm)测量从路面到连接螺栓中心的距离。

(10)护栏顺直度检验

直线段护栏不允许有明显凹凸现象，在200m的直线上，三点应成一线；曲线段护栏应与线形协调一致，护栏应圆滑顺畅；中央分隔带开口端头护栏的抛物线形应与设计图相符。

二、缆索护栏施工质量验收与评定

1. 基本要求

①缆索性能、缆索直径、单丝直径、构造(3股7芯)、锚具及其镀层质量应符合设计与施工规范的要求，缆索抗拉强度、镀层质量必须进行抽检，合格后方可使用。

②张拉前应标定拉力测定计。

③立柱埋深不得小于设计值；采用挖埋法施工，立柱埋入土中时，回填土应分层(每层厚度不超过100mm)夯实，并达到规定的压实度；立柱埋入混凝土中时，基础混凝土的几何尺寸、强度等应符合设计要求。

④立柱壁厚、外径、长度不小于设计要求。

⑤立柱顶部不应出现明显变形、倾斜、扭曲或卷边等现象。

2. 外观鉴定

①金属构件表面不得有气泡、剥落、漏镀及划痕等表面缺陷。

②直线段护栏没有明显的凹凸现象，曲线段护栏圆滑顺畅。

③索端锚具、托架、索夹螺栓应安装到位、固定牢固；托架编号和组合应与缆索护栏的类别相适应；上下托架位置正确，中央分隔带缆索护栏的托架应两边对称。

3. 实测项目

缆索护栏线形顺适，镀层表面气泡、剥落面积不超过构件表面积的1%。其实测项目如表4-13所示。

缆索护栏实测项目 表4-13

项次	检查项目	规定值或允许偏差	检查方法和频率	权值
1	缆索直径(mm)	18±0.5	卡尺：抽检10%	1
	单丝直径(mm)	2.86+0.10，-0.02		
2	初拉力(kN)	±5%	过程检查，张拉计：抽检10%	2
3	最下一根缆索的高度(mm)	±20	尺量：抽检10%	1
4	立柱壁厚(mm)	±0.10	千分尺：抽检10%	2
5	立柱埋入深度	符合设计要求	过程检查：抽检10%	1
6	立柱垂直度(mm/m)	±10	垂线、尺量：抽检10%	2
7	立柱中距(mm)	±50	尺量：抽检10%	1

续上表

项次	检 查 项 目	规定值或允许偏差	检查方法和频率	权值
8	镀锌(铝)层厚度(μm)	立柱≥85 索端锚具≥50 紧固件≥50 镀锌(铝)钢丝≥33	测厚仪:抽检10%	2
9	混凝土基础尺寸	符合设计规定	过程检查,尺量:检查100%	1
10	混凝土强度	在合格标准内	基础施工同时做试件,每个工作班1组(3件),检查试件的强度,抽检100%	2

4.检验方法

(1)缆索直径及单丝直径检验

用游标卡尺(量程150mm,分辨率0.02mm)测量缆索直径及单丝直径,量3个断面,取平均值。

(2)初张力的检验

检查钢绳张拉记录及检查现场缆索的张紧程度。若对缆索的张紧程度有怀疑,可根据张力与挠度的关系进行检查。

(3)最下一根缆索安装高度的检验

最下一根缆索安装高度是指缆索护栏最下一根缆索的中心至路面高度。用直尺(量程500mm,分辨率0.5mm)在跨中测量最下一根缆索的中心至路面的距离,量取3次,取平均值。

(4)立柱壁厚检验

用游标卡尺(量程150mm,分辨率0.02mm)在立柱两端各测量3个方向,取平均值,再扣除镀锌(镀铝)层厚度后,得到其厚度值。

(5)立柱埋入深度检查

端部立柱的埋深,应检查施工记录。中间立柱的埋深,除检查施工记录外,还应注意打入困难路段的立柱施工情况,注意是否有打不下去而用气焊割断立柱,重新烧孔装托架的情况。

(6)立柱竖直度检验

方法同波形梁护栏立柱的检验。

(7)立柱中距检验。

用钢卷尺(量程5000mm,精度0.5mm)量立柱中距,每处量3跨,取平均值。

(8)缆索护栏锌(铝)层厚度检验

缆索护栏立柱、索端锚具的锌(铝)层厚度检验,采用测厚仪(量程1200μm,精度1μm)测量锌(铝)层厚度,在立柱的表面不同部位上测4个点,取平均值。

缆索护栏钢丝的锌(铝)层厚度检验,应当采用测钢丝的专用设备(涂层厚度测厚仪(量程400μm,精度1μm))测量锌(铝)层厚度,在钢丝的不同断面上测4个点,取平均值。

(9)混凝土基础尺寸检验

用钢卷尺(量程5000mm,精度0.5mm)抽检端部立柱基础平面尺寸,如缺乏基础施工原始记录时,可开挖检查混凝土基础深度,基础尺寸的允许偏差为±50mm。对施工记录有怀疑时,可采取措施实地测量。

(10)混凝土基础强度检验

检查施工记录，混凝土基础强度应在合格范围内。

三、混凝土护栏施工质量验收与评定

1. 混凝土护栏验收的基本要求

（1）混凝土所用的水泥、砂、石、水及外加剂的质量，规格必须符合有关规范的要求，按规定的配合比施工。

（2）混凝土护栏预制块件在吊装、运输、安装的过程中，不得断裂以及严重损坏。

（3）各混凝土护栏块件之间、护栏与基础之间的连接应符合设计要求。

（4）混凝土护栏块件标准段、混凝土护栏起、终点及其他开口处的混凝土护栏块件的几何尺寸应符合设计要求。

（5）混凝土护栏的地基强度、埋入深度应符合设计要求。

（6）混凝土护栏块件的损边、掉角长度每处不得超过20mm，否则应及时予以修补。

2. 混凝土护栏的外观鉴定

（1）混凝土护栏块件之间的错位不大于5mm。

（2）混凝土护栏外观、色泽均匀一致，表面的蜂窝麻面、裂缝、脱皮等缺陷面积不得超过该面积的0.5%，深度不得超过10mm。

（3）护栏线形顺适，直线段不允许有明显的凹凸现象，直线段护栏应圆滑顺畅，与线形协调一致；中央分隔带开口端头护栏尺寸应与设计图相符。

3. 施工实测项目

混凝土护栏一般取500m为一检验单位，任取20节护栏进行检验，其检测项目应符合表4-14缩写项目的要求。

4. 检验方法

（1）护栏混凝土强度检验

检查施工记录。

（2）地基压实度检验

检查施工记录和现场勘查相结合，如发现混凝土护栏有下沉迹象，应采取适合补救措施。

（3）护栏断面尺寸检验

混凝土护栏高度指其底部到护栏顶部的垂直距离，检查时用直尺、钢卷尺（精度0.5mm）测量。在护栏顶部水平放置一直尺，量直尺底面至护栏底部的高度，每节护栏在不同断面各量3次，取平均值。

用直尺、钢卷尺（精度0.5mm）量护栏顶部、底部宽度，在不同断面量3次，取平均值。

（4）基础平整度检查

用水平尺在相互垂直的两个不同方向，分别量取3个断面进行验收，取平均值。

（5）护栏轴线横向偏位检验

中央分隔带混凝土护栏的横向偏位检验，先确定道路中心线的正确位置，然后测量护栏中心线偏离道路中心线的距离。

路侧混凝土护栏的横向偏位检验，应先确定道路边缘线的正确位置，然后测量护栏外边线与道路边缘线的偏离距离。

（6）基础厚度检验

检查施工记录。

混凝土护栏施工质量验收与评定工作中混凝土护栏实测项目(表4-14)。

混凝土护栏实测项目

表4-14

项次	检查项目		规定值或允许偏差	检查方法和频率	权值
1	护栏混凝土强度(MPa)		在合格标准内	按《公路工程质量检查评定标准》附录D方法	2
2	地基压实度(%)		符合设计要求	核子密度仪现场检查	1
3	护栏断面尺寸(mm)	高度	±10	尺量:抽检10%	1
		顶宽	±5		
		底宽	±5		
4	基础平整度(mm)		10	水平尺:检查100%	1
5	轴线横向偏位(mm)		±20或符合设计要求	尺量:抽检10%	2
6	基础厚度(mm)		±10% H	过程检查,尺量:检查100%	1

思考与练习

一、简答题

1. 护栏按照刚度的不同可以分为哪几种形式？各有什么特点？
2. 护栏的选用要考虑哪些因素？各种因素如何影响护栏的选用？
3. 简述缆索护栏的结构构造。
4. 简述波形梁护栏的结构构造。
5. 简述混凝土护栏的结构构造。

二、论述题

1. 请根据所学知识,介绍波形梁护栏的施工工艺流程以及如何控制各个环节的质量。
2. 请根据所学知识,介绍缆索护栏的施工要点。
3. 请根据书中例子,总结混凝土护栏的施工工艺流程及各环节的施工要点。
4. 对于缆索护栏、波形梁护栏以及混凝土,如何进行施工质量的评定？

单元五 交通标志

知识点：

1. 交通标志的作用；
2. 交通标志的分类；
3. 交通标志施工的基本要求；
4. 交通标志验收的基本要求。

技能点：

1. 识别各种交通标志；
2. 进行标志安装；
3. 进行里程碑、百米桩、公路界牌施工；
4. 进行交通标志的验收。

课题一 交通标志概述

道路交通标志是道路使用的说明书，是道路的一种无声语言，是保证行车畅通、有序、安全的重要设施。同时，交通标志对道路设施有装饰和美化的作用。

道路交通标志是用图形符号、颜色和文字向交通参与者传递特定信息，用以管理道路交通的安全设施。道路交通标志的形状、图案、尺寸、设置、构造、反光和照明以及制作，必须按国家标准执行。一般将其设置在路旁或道路的上方，使交通参与者获得确切的道路交通情报，从而达到交通的安全、畅通、迅速、低公害和节约能源的目的。

道路交通标志是依据交通法规及国家有关标准制定的，是交通法规的具体体现，具有严肃的法律地位，同时还是处理交通事故和纠纷的法律依据。

一、交通标志分类

根据《道路交通标志和标线》(GB 5768—1999)，道路交通标志分为主标志和辅助标志两大类。

1. 主标志

(1)警告标志

警告车辆、行人注意道路前方危险，计 30 种、42 个图式。其形状为顶角朝上的等边三角形，颜色为黄底、黑边、黑色图案。警告标志的内容大多与道路的几何线形、构造物有关，例如：道路交叉、急弯、陡坡、窄路、隧道、渡口、驼峰桥等。有的警告标志与道路沿线的环境有关，例如：行人、儿童、信号灯、村庄、牲畜等。

(2)禁令标志

禁止或限制车辆、行人某种交通行为，计 36 种、42 个图式。其形状分为圆形或顶角朝下的等边三角形，其颜色多为白底、红圈、红杠、黑图案，图案压杠。禁令标志有对行驶路线的限制，如：禁止驶入、禁止通行等；有对行驶方向的限制，如：禁止左转、直行等；有对某种车辆行驶的限制，如：禁止机动车通行，禁止大型客车通行等；有对某种驾驶行为的限制，如：禁止超车、禁止掉头、禁止停车等；有对交叉口控制方式的规定，如：停车让行标志，减速让行标志；有对行人的限制，如：禁止行人通行等。

(3)指示标志

指示车辆、行人行进，计17种、29个图式。其形状分为圆形、长方形和正方形，其颜色为蓝底、白色图案。指示标志主要用来指示准许行驶的方向，如：向左(右)转弯、靠右(左)侧道路行驶等；也可用来表示机动车道或非机动车道、步行街等。

(4)指路标志

传递道路前进方向、地点、距离信息，按用途的不同又分为地名标志，著名地名标志，分界标志，方向、地点、距离标志，计59个图式。其形状除地点识别标志、里程碑、分合流标志外，为正方形和长方形，其颜色一般道路为蓝底、白图案，高速公路为绿底、白图案。指路标志的主要类别有：①道路编号、方位标志；②交叉口方向、地点标志；③出口预告及出口标志；④地点、方向、距离标志；⑤收费站标志；⑥服务区标志；⑦情报标志；⑧交通指示标志等。

(5)旅游区标志

提供旅游景点方向、距离。旅游区标志分为指引标志、旅游符号两大类，共17个标志。旅游区标志的颜色为棕色底、白色字符。指引标志，提供旅游区的名称、有代表性的图案及前往旅游区的方向和距离，设在高速公路出口附近及通往旅游区各连接道路的交叉口附近；旅游符号，提供旅游项目类别、具代表性的符号及前往各旅游景点的指引。如：问讯处标志、徒步标志、索道标志、野营地标志、骑马标志、钓鱼标志、高尔夫球标志等。

(6)道路施工安全标志

通告道路施工区通行的标志，共有26个图式。其颜色多为红白相间、黄黑相间或蓝底、白字、黄黑图案，形状多样，如路栏、锥形交通路标、施工警告灯号、道口标柱、施工区标志、移动性施工标志等。

2. 辅助标志

辅助标志是附设在主标志下起辅助作用的标志。凡主标志无法完整表达或指示其规定时，为维护行车安全与交通畅通，应设置辅助标志。辅助标志不能单独使用，按用途不同分为表示时间、车辆种类、区域与距离、警告与禁令及组合辅助理由等，其形状为长方形，其颜色为白底、黑字、黑边框。

二、交通标志设计依据

交通标志要使交通参与者在很短的时间内就能看到、认识并完全明白它的含义，从而能够及时采取正确的措施。因此，交通标志必须具有较高的显示性、良好的易读性和广泛的公认性。为了获得这样的效果，交通标志的设计应该从交通标志的颜色、形状和图形符号三个方面进行选择。这三个方面通常称为交通标志的三要素。

1. 颜色

从心理学角度讲，不同颜色对视觉的刺激会使人产生不同的心理感受和联想。红色使人产生血与火的联想，有危险感，常用于表示约束、禁令、停止之意，多用于禁令标志；黄色比较醒目，能引起人们注意，有警戒、警告之意，多用于警告标志；蓝色具有沉静、安宁之意，多用于指示标志，绿色具有恬静、和平之意，富有安全感，在交通中表示安全可通行；黑色和白色具有较好的对比度，多用于交通标志的底色、边框和图案颜色。

根据颜色的视觉规律，道路交通标志多用白、红、黄、蓝、绿、黑等颜色，不用中间色。不同颜色对人的视觉会产生不同的视认效果。研究表明，在相同视距情况下，黄色最为明显，其余依次是白、红、蓝、绿、黑。

标志的视觉清晰度与它的颜色和背景的对比度也有很大关系，交通标志的颜色组合一般采用亮色与暗色搭配，以获得最佳的视认清晰度。

道路交通标志的边框外缘，应有衬底色。衬底色规定为：警告标志用黄色、禁令标志用白色、指示标志用蓝色，高速公路、城市快速路的指路标志为绿色，其他道路的指路标志为黄色。交通标志颜色使用原则，如表 5-1 所示。

交通标志颜色使用原则 表 5-1

颜色	含　义	主要适用范围	其他适用范围
红色	停止或禁止	用于禁令标志红圈、红杠及部分标志的底色	铁道路口警告标志、注意信号灯警告标志、会车先行指示标志、国道编号指路标志、急救站识别指路标志、绕行标志、此路不通标志、高速公路终点及终点预告标志、警告性线形诱导标志、一些施工标志
黄色	警告	用于警告标志底色、警告性质告示牌底色	省道编号指路标志、高速公路终点提示指路标志、车距确认标志、施工安全标志
绿色	允许行驶、方向指导	用于高速公路的指路标志	注意信号灯警告标志
蓝色	为公路使用者提供服务指引、行驶信息	用于指示标志、一级及以下等级公路的指路标志	“禁止车辆临时或长时停放”、“禁止车辆长时停放”禁令标志，道路施工安全标志
黑色	交通控制	用于警告标志、禁令标志、辅助标志的图案或文字	人行横道指示标志，省道、县道编号指路标志，行驶方向指路标志，停车场标志，绕行标志，高速公路终点提示标志，紧急电话、加油站、紧急停车带标志，车距确认标志
白色	交通控制	用于禁令标志、指示标志、指路标志、旅游区标志、施工安全标志、辅助标志底色、图案或文字	事故易发路段警告标志
棕色	为休养区或文化旅游区提供指引	用于旅游区标志	

2. 形状

研究表明，外形面积相等的标志，三角形的辨认效果最好，其余依次是菱形、正方形、正五边形、圆形、正六角形、正八角形等。根据国际标准 ISO 3864—1984《安全色和安全标志》中关于几何图形的规定，正三角形表示警告，圆形表示禁止和限制，正方形和长方形表示提示。参考联合国以及很多国家的交通标志标准，除少数国家（如美国、日本、澳大利亚、加拿大、墨西哥等)的警告标志的形状为菱形外,绝大多数国家的警告标志的形状为正三角形。交通标志板面形状应符合表 5-2 要求。

交通标志板面的形状　　　　表 5-2

形　状	适　用　范　围
正等边三角形	警告标志
圆形	禁令标志(减速让行除外)、指示标志(大部分)
倒等边三角形	减速让行标志
菱形	分、合流诱导标志
八角形	停车让行标志
矩形(含正方形)	指路标志、旅游区标志、辅助标志、部分指示和施工标志

3. 图符

图符是文字、符号及图案的简称。研究表明,在困难的视觉条件下(如低亮度、快速显示等),图形符号信息无论是在辨认速度还是在辨认距离上均比文字信息要优越。用图形符号来表征信息的另一优点是不受语言、文字的限制,只要设计的图案形象、直观,不同国家、不同民族、不同语言文字的驾驶人员均可理解、认读。因此,以符号为主的标志受到联合国的推荐,并已被世界上极大多数国家采用。文字信息只在非常必要时才用,对某些道路条件复杂地段的标志,使用简洁文字能收到准确、迅速地反映标志内容的效果。在指示标志和指路标志中也使用简明易懂的文字。文字应当写规范、正确、工整,可并用汉字和其他文字。

当标志上采用中英两种文字时,地名用汉语拼音、专用名词用英文。

三、交通标志的设置原则

交通标志的设置以《道路交通标志和标线》(GB 5768—1999)和相关道路的路线设计为依据。交通标志设置的合理性、统一性、连贯性,已受到各方的关注,标志设置要尽量做到以人为本、安全至上,使公路出行者更便捷、更舒适、更方便,标志设置应做到长途指引与短途分流相结合,过境交通与本地诱导服务兼顾,静态标志与动态显示互补,不同标志支撑结构错落有致,与周围环境融合协调。交通标志的设置应符合现行《道路交通标志和标线》(GB 5768—1999)和设计文件的规定。

交通标志的设置要遵循以下原则:

①交通标志以确保交通畅通和行车安全为目的,应结合道路线形、交通状况、沿线设施等情况,根据交通标志的不同种类来设置,以利于向道路使用者提供正确的、及时的信息。通过交通标志的引导,使道路使用者顺利、快捷地抵达目的地,不允许发生错向行驶。

②交通标志的设置应进行总体布局,防止出现信息不足或过载的现象。对于重要的信息应给予重复显示的机会。

③交通标志的设置应充分考虑道路使用者的行动特性,即充分考虑在动态条件下发现、判读标志及采取行动的时间和前置距离。

④交通标志应设在车辆行进正面方向最容易看见的地方,可根据具体情况设置在道路右侧、中央分隔带或车行道上方。

⑤同一地点需要设置两种以上标志时,可以安装在一根标志柱上,但最多不应超过四种。

应避免出现互相矛盾的标志内容。解除限制速度标志、解除禁止超车标志、干路先行标志、停车让行标志、减速让行标志、会车先行标志、会车让行标志应单独设置。标志牌在一根支柱上并设时,应按警告、禁令、指示的顺序,先上后下,先左后右进行排列。

⑥路侧式标志应尽量减少标志板面对驾驶员的眩光。在装设时,应尽可能与道路中线垂直或成一定角度:禁令和指示标志为0°~45°,如图5-1a)所示;指路和警告标志为0°~10°,如图5-1b)所示。

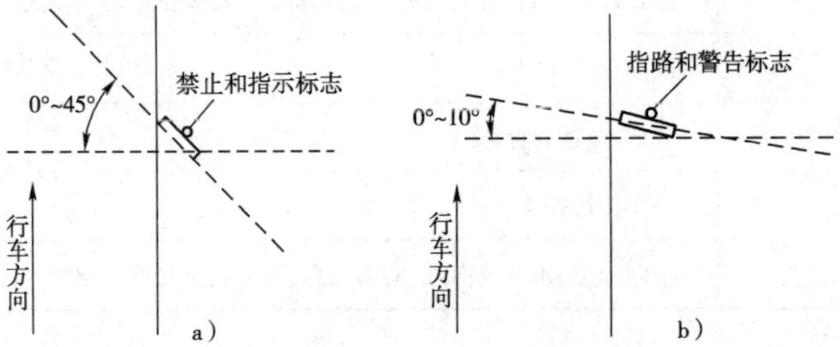

图5-1 交通标志安装示意图

a)禁止和指示标志;b)指路和警告标志

四、交通标志支持方式

交通标志的支持方式一般有柱式(单柱式、双柱式)、悬臂式、门式、附着式四种。

1. 柱式标志

柱式标志,就是标志牌安装在立柱上的标志。柱式标志不应侵入公路建筑限界以内,标志内边缘距路面或土路肩边缘不得小于25cm。标志牌下缘距路面的高度为100~250cm。

单柱式就是标志牌安装在一根立柱上的标志,如图5-2a)所示,适用于中、小型尺寸的警告、禁令、指示等标志。

双柱式就是标志牌安装在两根立柱上的标志,如图5-2b)所示,适用于长方形的指示标志或指路标志。

2. 悬臂式标志

悬臂式标志,就是标志牌安装在悬臂上的标志,如图5-3所示。标志下缘离地面的高度至少按该道路规定的净空高度设置。悬臂式适用于:柱式安装有困难时;道路较宽、交通量较大、外侧车道大型车辆阻挡内侧车道小型车辆视线时;视距受限制时;景观上有要求时。

3. 门式标志

门式标志,就是标志牌安装在门架上的标志,如图5-4所示。标志下缘距路面的高度至少按该道路规定的净空高度设置。门式标志适用于:多车道道路(同向三车道以上)需要分别指示各车道去向时;道路较宽、交通量较大、外侧车道大型车辆阻挡内侧车道小型车辆视线时;互通式立交间隔距离较近、标志设置密集之处;受空间限制,柱式、悬臂式安装有困难时;车道变换频繁,出口匝道为多车道者;景观上有要求时。

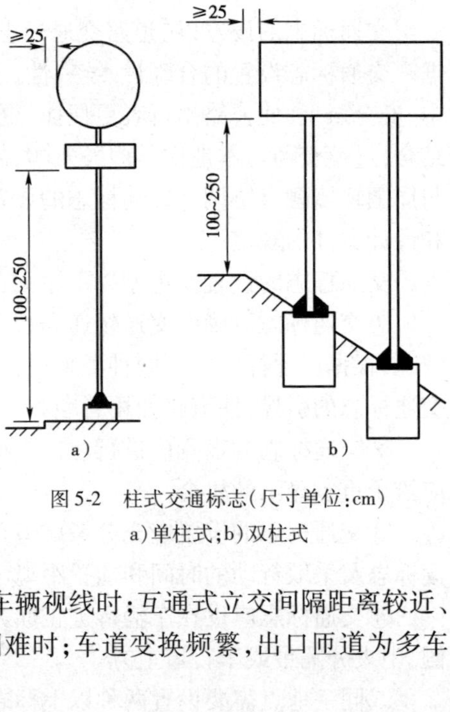

图5-2 柱式交通标志(尺寸单位:cm)

a)单柱式;b)双柱式

4. 附着式标志

附着式标志，就是标志牌安装在上跨桥和附近结构物上的标志，如图5-5所示。标志下缘离地面的高度至少按该道路规定的净空高度设置。

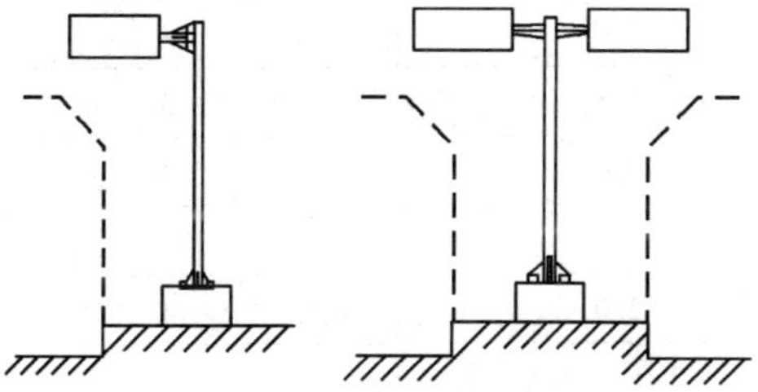

图5-3 悬臂式交通标志

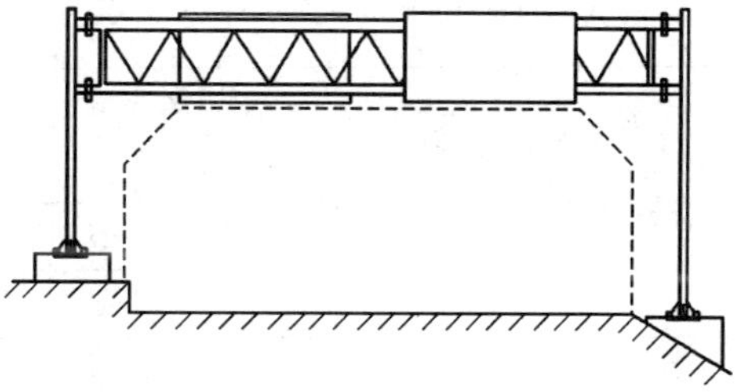

图5-4 门式交通标志

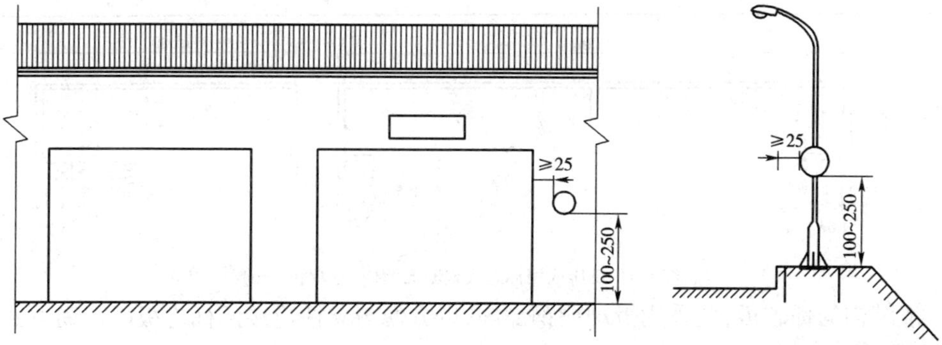

图5-5 附着式交通标志(尺寸单位:cm)

课题二 交通标志构造与材料

道路交通标志一般由标志底板、标志面、立柱、紧固件、基础等几部分组成。各部分所用材料均需满足一定的要求。在同一块标志板上，标志底板和标志面所采用的各种材料应具有相容性，防止因电化作用、不同的热膨胀系数或其他化学反应等造成标志板的锈蚀或损坏。标志板所用材料应符合现行《公路交通标志板》(JT/T 279—2004)的规定。标志板要求具有一定的强度和耐久性，并且便于维修管理。标志板与不同金属连接件相互接触时，为防止电化腐蚀的发生，不同材质之间应使用非金属套、垫或使用保护层来隔离。标志板用材料主要为铝合金板。除大型指路标志外，标志板应由单块铝合金板加工制成。大型指路标志可分割拼装，一般根据板面大小、运输远近来决定，最多可以分割成四块。标志板拼接应采用对接，对接后应做到板面平整，结构牢固。大型标志板所用铝合金板最小厚度应不小于设计规定。

一、交通标志底板

标志底板可用铝合金板、薄钢板、合成树脂类板材等材料制作。大型标志的板面结构宜采用挤压成型的铝合金板拼装而成。推荐的挤压成型标志底板断面如图5-6所示，板面宽度以设计图为准。挤压成型板材应尽量使用最大尺寸，减少接缝，以保持板面的平整度。标志板厚度参照表5-3选择。挤压铝合金板的厚度按图5-6的规定执行。

标志板厚度(单位:mm) 表 5-3

标 志 名 称		铝合金板	合成树脂
警告标志	小型	1.5	3
	大型	2.0	4
禁令标志	小型	1.5	3
	大型	2.0	4
指示标志	小型	1.5	3
	大型	2.0	4
指路标志	小型	2.0~3.0	4
	大型	3.0~3.5	5
辅助标志		1.5	3

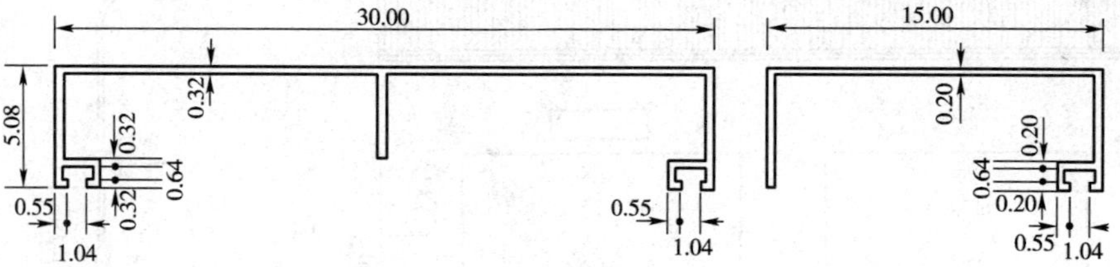

图 5-6 挤压成型标志底板断面图(尺寸单位:cm)

一般结构的标志板,应采用滑动槽钢加固,以方便与立柱连接。标志板的加固方式可参考图 5-7 选择使用。标志板的卷边加固形式可参考图 5-8 选择使用。

制作标志底板的各种材料应符合以下规定。

1. 铝合金板

铝合金板的板材牌号、规格、力学性能、尺寸及允许偏差应符合有关标准的规定。高等级公路宜采用综合性能等于或优于牌号 3A21 的铝合金板。大型标志板或沿海及多风地区的标志板,宜采用综合性能等于或优于牌号 5A02 的铝合金板。铝合金板用于标志底板时,其最小实测厚度不应小于 1.5mm。

2. 薄钢板

碳素结构钢和低合金结构钢冷轧薄钢板、镀锌薄钢板应符合有关标准的规定。薄钢板的表面防腐处理应符合相关要求。薄钢板用于标志底板时,其最小实测厚度不应小于 1.0mm。

3. 合成树脂类板材

合成树脂类板材包括塑料、硬质聚氯乙烯板材或玻璃钢等材料,其性能应符合以下要求。

①耐候性能:按规定的方法连续自然暴露两年或进行人工气候老化试验 1200h,标志底板不应有裂缝、刻痕、起泡、凹痕、变形、腐蚀、粉化、变色及层间分离现象。

②耐盐雾腐蚀性能:按规定的方法试验后,标志底板不应有变色、损伤或被侵蚀的痕迹。

③机械性能:合成树脂类板材应能满足对标志底板机械强度的设计要求,如抗弯强度、抗冲击强度及刚度等。

④若合成树脂类标志底板在制作时加了保护层,则保护层在经受耐候性能、盐雾腐蚀、冲击等试验后,也不应出现开裂、起泡、粉化及剥落等现象。

4. 铝合金型材

铝合金构件一般不考虑防锈处理。但在经常使用盐水除冰、雪的路段,靠近海岸线的路段，和经常有酸雨的路段，可考虑对铝合金构件采取适当措施，如用阳极氧化涂装复合涂料，或热固性丙烯树脂涂料等加以保护。

使用挤压成型的铝合金型材制作标志底板时，应具有轻质、高强、耐蚀、耐磨、刚度大等特点，经拼装后应能满足公路大型标志底板的性能要求，宜采用综合性能等于或优于牌号 2024 的铝合金型材。

二、标志面材料

标志面可用逆反射材料、油漆、油墨、胶粘剂、透明涂料及边缘填隙料等，目前较为广泛的是反光膜。反光膜一般由透明薄膜、粘结剂、高折射率微珠、反射层等材料组成。反光膜按其不同的逆反射原理，可分为玻璃珠型和微棱镜型两类。反光膜按其不同的结构，可分为透镜埋入型、密封胶囊性和微棱镜型三类。反光膜按其不同的逆反射性能，可分为五个等级。一级反光膜为微棱镜型反光膜；二级反光膜为密封胶囊型反光膜，通常称高强级反光膜，三级反光膜为透镜埋入型反光膜，通常称为超工程级反光膜；四级反光膜为透镜埋入型膜，通常称工程级反光膜；五级反光膜为透镜埋入型反光膜，通常称经济级反光膜。

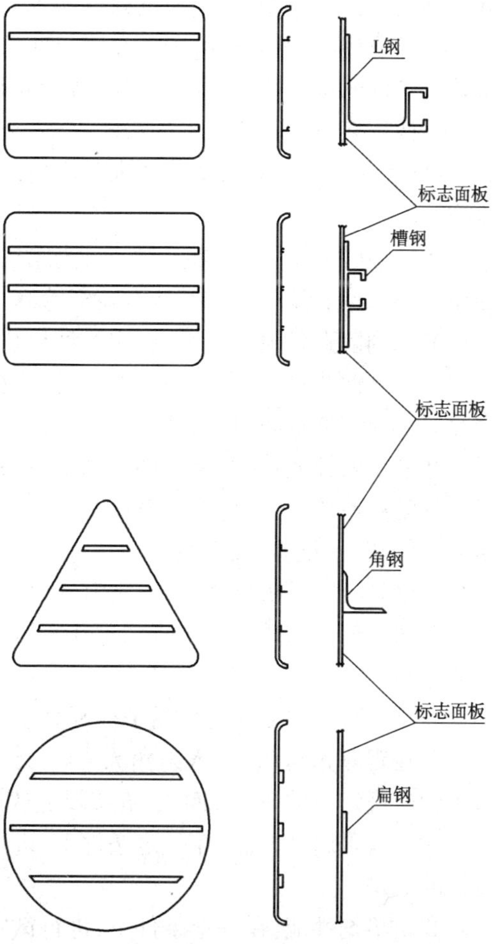

图 5-7　标志板的加固形式(尺寸单位:cm)

高速公路、一级公路及城市主干路的交通标志宜采用一至三级反光膜；二、三级公路及一般城市道路的交通标志宜采用四级以上的反光膜。四、五级反光膜可用于四级公路和交通量很小的其他道路。高速公路、一级公路、城市快速路上的曲线段标志及城市地区的多路交叉路口宜采用三级以上反光材料。高速公路、城市快速路上的门架标志和悬臂标志，为获得与路侧标志相当的反光效果，宜选用比路侧标志所用反光膜等级高的反光材料，或把门架标志和悬臂标志上的字符改用反射器，以改善其夜间视认性。

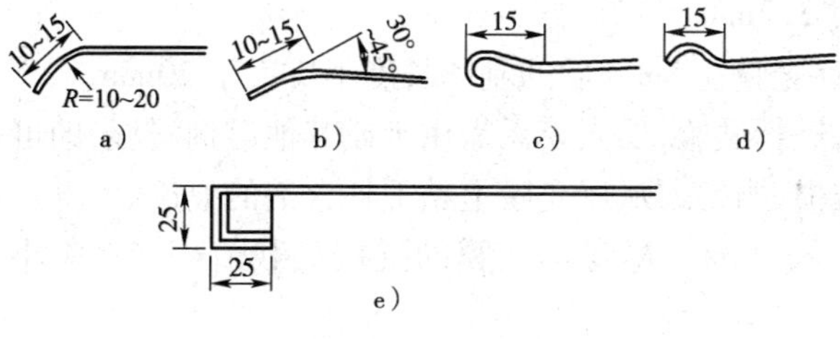

图 5-8　标志板的卷边加固形式(尺寸单位:cm)

反光膜应有平滑、光洁的外表面，其表面不应有明显的划痕、条纹、气泡、颜色不均匀或逆反射性能不均匀等缺陷或损伤。反光膜应具有颜色的可印刷性能，按反光膜制造商推荐的彩色的、与反光膜相匹配的油墨及印刷条件、印刷方式等，可对反光膜进行各种颜色的印刷。

反光膜在使用过程中受到其自身功能、使用环境及施工等各方面因素的影响，因此对其性能也提出了一定的要求，主要体现在以下几方面。

①产品功能的影响：反光膜的应用主要是为交通参与者提供较高的视觉辨认性，这就要求

其应满足一定的色度性能、逆反射性能等。

②环境侵蚀的影响：由于反光膜长期暴露于自然条件下，这就要求其在使用过程中应能抵御外界条件的侵蚀，因此其应满足一定的耐候性能、耐盐雾腐蚀性能、耐溶剂性能等。

③使用环境的其他因素的影响：反光膜暴露于自然条件下还受到外界的各种荷载、冲击、温度变化等外力的影响，这就要求其应当具有一定的抗冲击性能、耐弯曲性能、耐高低温性能、收缩性能等。

④施工因素的影响：为了保证反光膜在施工时的牢固性、方便性，其应当满足一定的附着性能、防粘纸的可剥离性能、抗拉荷载等。

考虑到以上各因素的影响，用各种材料制作的标志面应符合以下规定。

①色度性能：在一定条件下测试，标志面（包括丝网印刷后）的各种颜色的色品坐标和亮因数应在规定的范围内。

②逆反射性能：在一定条件下测试，反光膜的逆反射系数值不应低于相应级别的规定。

③耐候性能：连续自然暴露试验，或进行人工气候加速老化试验，（以连续自然暴露试验结果为仲裁）在试验完成后：

a. 反光膜应无明显的裂缝、刻痕、凹陷、气泡、侵蚀、剥离、粉化或变形；

b. 从任何一边均不应出现超过0.8mm的收缩，也不应出现反光膜从底板边缘翘曲或脱离的痕迹；

c. 反光膜各种颜色的色品坐标及亮度因数应保持在规定的范围内；

d. 在观测角为0.2°，入射角为-4°、15°和30°时，一、二、三级反光膜的逆反射系数值不应低于相应规定值的80%，四级、五级反光膜的逆反射系数不应低于相应规定值的50%。

④耐盐雾腐蚀性能：在一定条件下，进行试验后，反光膜表面不应有变色、渗漏、起泡或被侵蚀的痕迹。

⑤耐溶剂性能：在一定条件下，进行试验后，反光膜表面不应出现软化、皱纹、渗漏、起泡、开裂或表面边缘被溶解等损坏的痕迹。

⑥抗冲击性能：在一定条件下，进行试验后，反光膜在受到冲击的表面以外，不应出现裂缝、层间脱离或其他损坏。

⑦耐弯曲性能：反光膜表面不应出现裂缝、剥落或层间分离的痕迹。

⑧耐高低温性能：在一定条件下，进行试验，反光膜表面不应出现裂缝、软化、剥落、皱纹、起泡、翘曲或外观不均匀的痕迹。

⑨收缩性能：在一定条件下，进行试验，反光膜样品任何一边的尺寸，在10min内，其收缩不应超过0.8mm；在24h内，其收缩不应超过3.2mm。

⑩附着性能：在一定条件下，进行试验，反光膜在5min后的剥离长度不应大于20mm。

⑪防粘纸的可剥离性能：在一定条件下，进行试验，反光膜无需用水或其他溶剂浸湿，即可方便地手工剥下防粘纸。防粘纸也不应有破损、撕裂或从反光膜上粘下粘合剂的痕迹。

⑫抗拉荷载：在一定条件下，进行试验，每25mm宽度反光膜的抗拉荷载值（F）不应小于24N。

三、立柱、紧固件与基础

交通标志的立柱、横梁一般均采用钢管、门型钢等钢构件或由各种型钢焊接而成的箱梁、桁架结构。上述材料的技术指标和尺寸、外形、质量均应符合相关标准、规范的规定和要求。

采用无缝钢管还是焊接钢管,应符合设计规定。

交通标志立柱可选用H型钢、槽钢、钢管及钢筋混凝土管等材料制作,钢柱应进行防腐处理,钢管顶端应加柱帽。钢制立柱、横梁、法兰盘及各种连接件,可采用热浸镀锌。立柱、横梁、法兰盘的镀锌量为$600g/m^2$,紧固件为$350g/m^2$。各种标志立柱的断面尺寸、连接方式、基础大小等,应根据设置地点的风力、板面大小及支撑方式由计算确定。

标志板和立柱的连接应根据板面大小、拼接方式选用多种方法。标志板和立柱的连接方法,可参考图5-9、图5-10。标志板的拼接方法可参考图5-11。

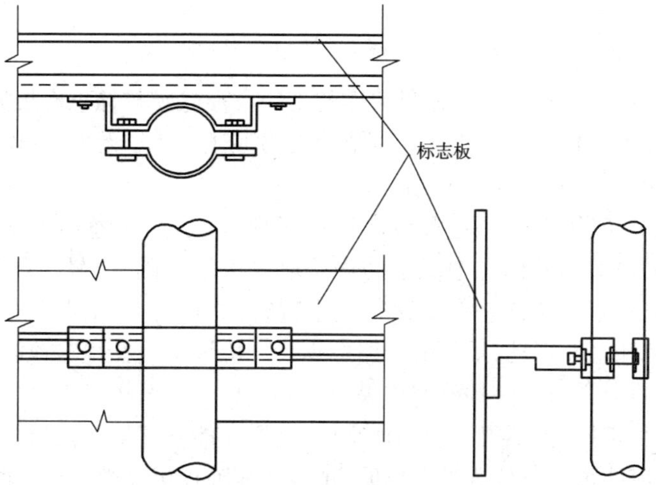

图5-9　标志板和立柱的连接方法(一)

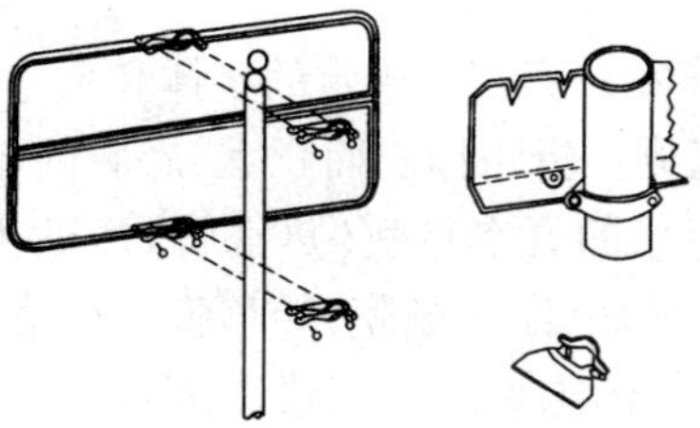

图5-10　标志板和立柱的连接方法(二)

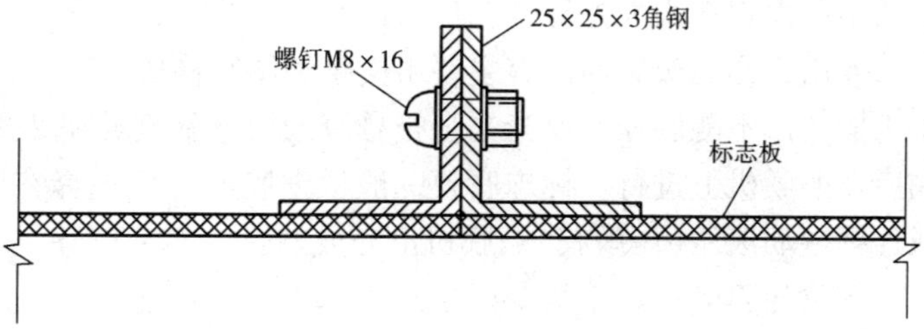

图5-11　标志板的拼接方法(尺寸单位:cm)

各种标志立柱的埋设深度,取决于板面承受外力的大小及地基的承载力,一般应浇注混凝土基础。立柱的金属预埋件应进行防腐处理。

课题三　交通标志施工

交通标志的加工、制作包括:底板加工、清洗、贴膜、包装储存,立柱、横梁、连接件的加工,基础的施工等,涉及标志版面规格、形状、颜色、反光膜亮度等级、质量等。交通标志的制作应符合现行《道路交通标志和标线》(GB 5768—1999)和《公路交通标志板》(JT/T 279—2004)的规定。对现场踏勘中发现的与设计文件不一致之处,应及时向建设单位反映,在正式施工前予以解决。

一、加工标志底板

①标志底板的制作是一项专业性很强的工作,应在加工车间进行。铝合金板的加工应根

据板面设计尺寸的要求进行剪裁、切割、焊接、铆接等。板面要求平整,不能有刻痕,并按设计要求对标志板进行拼接和加固,进行冲孔、卷边及其他的加工工序。挤压成型的铝合金型材应根据标志尺寸拼装,使搭接紧密、板面平整。

②标志底板按要求制作完成以后,应进行彻底的清洗、除污、干燥。清洗完毕后,应检查铝合金板表面是否残留有污迹,不干净的铝板须重洗。清洗处理完成后直到贴反光膜前,不得用手直接触摸该铝合金板,亦不应再与油脂或其他污物接触。

二、制作标志面

1. 标志面采用反光膜时的规定

①标志板加工过程中,贴反光膜是最关键的工序。反光膜与标志底板通过化学胶来粘贴。为保证粘贴效果,标志底板一定要干净。标志反光膜应在干净、无尘土,温度不低于18℃,相对湿度在20%~50%的车间内进行粘贴。

②交通标志的形状、图案和颜色等应严格执行现行《道路交通标志和标线》(GB 5768—1999)的规定。驾驶员对指路标志中汉字的辨认取决于很多因素,最主要的是汉字的大小和字体;驾驶员对指路标志的认读是在快速行驶中进行的,标志应确保驾驶员有足够时间去发现、判断、认读、理解和采取行动,最佳的指路标志尺寸应该满足在规定速度下对信息获取的要求。根据交通部公路科学研究院的研究成果,采用的汉字、汉语拼音字母、英文字母、阿拉伯数字应严格按照现行规定执行,不得采用其他字体,这样才能获得最佳效果。

③标志反光膜应能为车辆驾驶员在黎明、黄昏及夜晚提供有效的认读距离,以便及早发现前方路况并采取行动,避免交通事故的发生。反光膜的反光亮度性能由于反光膜的结构和性能的不同而存在很大差异,应符合设计文件的要求。

④由于标志板版面内容主要由文字和图案构成,而且文字和图案都有规定的字体和尺寸,手工操作已不能胜任。反光文字符号应采用电脑刻绘机来完成。指路标志面积大,底膜的粘贴应在贴膜机上进行。标志底膜一般根据胶的性质选择在专用的真空热敏(热敏胶)压贴机或连续电动滚压(压敏胶)贴膜机上完成贴膜。文字符号一般采用(手工贴膜)转移膜法粘贴。

⑤反光膜应粘贴于整个标志面,且超出边缘至少2cm。凡标志板的宽度或高度在1.2m以下者,贴用的反光膜不得有接缝。粘贴反光膜应采用叠压接缝,上层反光膜压叠下层反光膜之重叠部分不得小于5cm,并以水平叠接为原则。反光膜应尽可能减少拼接。当粘贴反光膜不可避免出现接缝时,应使用反光膜产品的最大宽度进行拼接,接缝以搭接为主。当需要滚筒粘贴或丝网印刷时,可以平接,其间隙不应超过1mm。在距标志板边缘50mm范围内,不得拼接。标志板在制作过程中,均应按照有关规定进行,不得出现任何形式的污损、气泡等缺陷,以免影响标志功能的正常发挥。

2. 丝网印刷的规定

丝网印刷就是在贴好反光膜的标志板上印刷图案。曝光正确且保养良好的丝网可用3万次以上。当批量生产版面和规格相同的标志时,采用丝网印刷的方法最经济。

丝网印刷的工序为:拉网、网版制作(把感光剂涂布于丝网上,丝网在黄灯下风干,把底稿放在感光面上,用曝光灯感光并显影、烘干)、丝网印刷。把反光膜置于丝网下,开启真空泵,然后用清洁的布分别把丝网和反光膜表面的灰尘除去。把油墨倒在丝网上靠近交链的位置。油墨不要倒太多,否则会造成气泡。用胶刮把油墨均匀地涂布在网上,然后用力把油墨向铰链方向推上,丝印速度不宜太快,否则会形成气泡。关闭真空泵,把印刷完毕的反光标志安放在干燥架上，用风扇吹干。

限于丝网印刷设备的制约，目前可采用丝网印刷技术的交通标志版面仅限于较小规格的。

3. 包装、储存及运输标志面的规定

①丝网印刷的标志一般采用先风干、然后再烘干的方法。包装前反光膜上丝印的油墨一定要干透。

②标志应存放在室内干燥的地方。贴上反光膜的标志板需用保护纸保护分隔。标志可以分层储存，但需用发泡胶把两块标志分隔。把标志竖起来储存可以减少压力，一些小标志可以挂起来储存。

③标志面应有软衬垫材料加以保护，以免搬运中受到刻划或其他损伤。

三、标志定位与基础设置

①标志应按设计桩号定位。设置标志的目的是维护公路交通安全和畅通，为公路使用者提供明确的交通信息服务，所以标志桩号不能随便更改。如果在规定位置设置有困难时，在不影响标志视认性的情况下，位置可以作适当调整。

②标志应按设计文件规格在指定桩号开挖基础，基础的地基承载力应符合设计文件或规范的要求。浇筑混凝土时，应注意正确设置地脚螺栓和底座法兰盘。

四、标志安装

安装标志时应采用设计文件提供的连接方法。对悬臂、门架式标志应注意控制好预拱度。为增强视觉效果，标志板面的平整度和安装角度应根据有关标准、规范和设计文件的规定进行适当调整。考虑到风力的影响，地脚螺栓等连接件应根据设计文件的要求设置双螺母。

五、里程碑、百米桩、公路界碑的施工

现行《公路桥涵施工技术规范》（JTJ 041—2000）对公路桥梁中所采用的混凝土材料的配置均作了具体规定，里程碑、百米桩、公路界碑等施工时应根据设计文件中提供的混凝土强度遵照执行。

①里程碑、百米桩、公路界碑应按实际里程准确定位和设置。

②里程碑、百米桩、公路界碑等混凝土构件的预制及强度应符合《公路桥涵施工技术规范》（JTJ 041—2000）和设计文件的规定。

③里程碑、百米桩、公路界碑应根据《道路交通标志和标线》（GB 5768—1999）或设计文件的规定制作。除设计文件另有规定外，各预制件应按《道路交通标志和标线》（GB 5768—1999）的要求进行油漆，油漆应符合设计的要求。

课题四　交通标志施工质量验收

交通标志产品验收须经有一定资质的检测机构检测，取得合格证，并经工地检验确认满足设计要求后方可使用。交通标志底板、立柱、连接件、紧固件等钢质材料必须进行防腐处理。构件用螺栓组合时，材料的规格与质量应符合设计要求。标志的设置及安装角度是通过对多种因素加以分析的结果，施工时应符合要求。标志的平整度是标志安装的关键。标志安装后

应板画平整。夜间在车灯照射下，标志板底色和字符应清晰明亮，颜色均匀，不应出现明暗不均的现象，不能影响标志的认读。标志板外形尺寸、底板厚度、文字高度直接影响到标志功能的发挥，应符合设计规定。为确保标志夜间的可见性，应选用合适的逆反射材料。入射角是入射光线与标志面法线之间的夹角，当灯光从正面照射标志时，入射角很小；但是当在弯路或多路交叉口时，在特定条件下，其入射角就较大。如果入射角从小到大发生变化，而逆反射系数值没有相应大的改变，则这种反光膜就具有较好的广角性。标志反光膜等级及逆反射系数应不低于设计规定。标志板下缘至路面净空高度及标志板内缘距公路边缘线的距离涉及公路建筑限界的规定。标志安装后，结构物在重力作用下，会有挠度、变形，路面可能翻修加厚，冬季路面可能积雪，所以，标志安装后，净空高度应留有余地。标志结构钢构件是指立柱、横梁等钢铁件，它们是受力构件，防腐处理可以提高其使用寿命，同时也能对交通标志构件加以美化，使交通标志变得庄重、美观。基础周围回填土应分层夯实，高程正确，混凝土强度达到设计要求。

一、验收基本要求

①交通标志的制作应符合《道路交通标志和标线》（GB 5768—1999）和《公路交通标志板》（JT/T 279—2004）的规定。

②交通标志在运输、安装过程中不应损坏标志面及金属构件的镀层。

③标志的位置、数量及安装角度应符合设计要求。

④大型标志的地基承载力应符合设计要求。大型标志柱、梁的焊接部分应符合钢结构焊接规范的质量要求，无裂缝、未熔合、夹渣等缺陷。

⑤交通标志施工完成后，标志板面应无任何裂缝和划痕；金属构件镀锌面的损坏面积不超过构件表面的1‰；地基承载力应满足设计要求。

二、外观鉴定

①标志板安装后应平整，夜间在车灯照射下，标志板底色和字符应清晰明亮，颜色均匀，不应出现明暗不均的现象，不能影响标志的认读。

②标志反光膜采用拼接时，重叠部分不应小于 5mm；当采用平接时，其间隙不应小于1mm；距标志板边缘 50mm 之内，不得有接缝。

③标志金属构件镀层应均匀、颜色一致，不允许有流挂、滴瘤或多余结块，镀件表面应无漏镀、露铁等缺陷。

三、实测项目

交通标志安装施工验收实测项目如表 5-4 所示。

交通标志安装施工验收实测项目 表 5-4

项次	检查项目	规定值或允许偏差	检查方法和频率	权值
1	标志板外形尺寸（mm） 标志底板厚度（mm）	±5； 当边长尺寸大于 1.2m 时允许偏差为边长的 ±0.5%； 三角形内角应为60° ±5°； 标志底板厚度不小于设计	钢卷尺、万能角尺、卡尺：检查100%	1

续上表

项次	检 查 项 目	规定值或允许偏差	检查方法和频率	权值
2	标志汉字、数字、拉丁字的字体及尺寸(mm)	应符合规定字体,基本字高不小于设计	字体与标准字体对照,字高用钢卷尺:检查10%	1
3	标志面反光膜等级及逆反射系数($cd\cdot lx^{-1}\cdot m^{-2}$)	反光膜等级符合设计,逆反射系数值不低于《公路交通标志板技术条件》(JT/T 279—2004)规定	反光膜等级用目测初定;便携式测定仪:检查100%	2
4	标志板下缘至路面净空高度及标志板内侧距路肩边缘距离(mm)	+100,0	直尺、水平尺或经伟仪:检查100%	1
5	立柱竖直度(mm/m)	±3	垂直、直尺:检查100%	1
6	标志板金属构件镀层厚(μm)	标志板、横梁≥78; 坚固件≥50	测厚仪:检查100%	2
7	标志基础尺寸(mm)	-50,+100	钢尺、直尺:检查100%	1
8	基础混凝土强度(MPa)	在合格标准内	基础施工同时做试件每处1组(3件):检查100%	1

四、检验方法

1. 标志板外形尺寸检验

标志板外形尺寸检验,应在标志板运抵工地,但尚未安装前进行。根据标志板的形状尺寸及外观要求,用分辨率为1mm钢卷尺、万能角尺检查。矩形标志边长尺寸允许偏差为5mm,当边长尺寸大于1.2m时,其允许偏差为边长的±0.5%。

三角形标志,当边长尺寸大于1.2m时,其允许偏差为边长的±0.5%。三角形内角的允许偏差为60°±5°。

圆形标志的直径,其允许偏差为±5mm。

2. 标志字体尺寸检验

目测检查标志汉字、数字、英文的字体,是否符合交通标志和标线标准中附录B、附录C、附录D的规定。全线标志字体应统一。标志字符尺寸应用分辨率为1mm的钢尺量测,字高与字宽相等,其允许偏差为±5mm。

3. 标志面反光膜等级及逆反射系数检验

目测检查标志面反光膜等级,标志板所用反光膜应与设计文件规定的等级相符。可对照《道路交通标志和标线》(GB 5768—1999)附录A参考色样的反光膜等级进行核对,判定采用的反光膜等级与设计文件规定的等级是否相符。

反光膜的逆反射系数可用试样与标准样板对比的测量方法和仪器进行测试。其标准样板应定期到计量检定单位标定(应以绝对测量法的方法为仲裁)。

4. 标志板下缘至路面净空高度及标志板内缘距路边缘距离检验

标志板下缘至路面净空高度检验主要针对悬臂和门架标志。净空高度要考虑标志结构的挠度、路面加铺的余量等因素。因此,标志的净空高度应比公路建筑限界的净高还要高。净空高度以路面为基点测量与标志下缘的竖直距离。净空高度可用钢卷尺或直尺测量,也可用经纬仪配合测量。路侧标志用水平尺、直尺测量。

保证标志板内缘与路肩边缘线的水平距离，是为了不使标志的任何部分侵入公路建筑净空，也是为了防止靠边行驶的车辆磕碰标志板。该距离应不小于国标规定的侧向余宽。在《道路交通标志和标线》(GB 5768—1999)标准中规定此距离 $S \geq 25$cm。因此，可从路侧标志板内缘挂垂线，测量从垂线到道路边缘线的距离。

5. 标志柱竖直度检验

标志柱竖直度可用垂线和直尺测量，也可用经纬仪测量。标志柱竖直度的允许偏差为 ±3mm/m。

6. 标志金属构件防腐质量检验

标志金属结构件包括：薄钢板、立柱、横梁、门架、法兰盘及紧固件等。防腐处理方法有镀锌、镀铝、镀锌(铝)后涂塑、涂塑等。若采用热浸镀锌，薄钢板、立柱、横梁、门架、法兰盘等的镀锌量为 600g/m^2，相当于锌层厚度为 85μm，紧固件的镀锌量为 350g/m^2，相当于锌层厚度为 50μm。镀锌构件表面应具有均匀完整的镀层，颜色一致，表面具有实用性光泽。

用涂层厚度仪，在标志立柱、横梁、门架、法兰盘及紧固件等构件表面测量，每一构件的上、中、下断面表面测面四点，取平均值。

7. 标志基础尺寸检验

检验标志基础尺寸可检查施工记录，用钢卷尺抽检基础平面尺寸。如对基础埋深有疑问时，应开挖检查。基础尺寸的允许偏差为 ±50mm。基础混凝土表面平整，修饰光洁，不应有蜂窝麻面。

8. 混凝土强度检验

检查试验记录。评价标志基础的混凝土抗压强度，以标准养护 28d 龄期边长 15cm 的立方体试件为准，可用非统计方法按下述条件进行评定：

$$\overline{R}_n \geq 1.15R \tag{5-1}$$

$$R_{min} \geq 0.95R \tag{5-2}$$

式中：n——同批混凝土试件组数；

$\overline{R}_n$——同批 n 组试件抗压强度的平均值(MPa)；

R——混凝土设计强度(MPa)；

R_{min}——n 组试件中强度最低一组的值(MPa)。

思考与练习

一、填空题

1. 交通标志是依据交通法规及国家有关标准制定的，是____________，同时还是________________________。

2. 道路交通标志分__________和__________两大类。警告标志计______种，______个图式。

3. 交通标志中有多种颜色，红色的含义____________，绿色的含义____________，黄色的含义____________。

4. 交通标志的形状一般有______、______、______、______、______、______。

5. 交通标志的支持方式一般有______、______、______、______。

6. 交通标志一般由________、________、________、________、________等几部分组成，各部分材料均需满足一定要求。

二、思考题

1. 道路交通标志的种类有哪些？
2. 交通标志设计的三要素是什么？
3. 交通标志设置的原则是什么？
4. 交通标志外观质量如何鉴定？
5. 交通标志安装施工验收实测的主要项目有哪些？
6. 交通标志施工项目有哪些？

单元六　交通标线

知识点：

1. 交通标线的作用；
2. 交通标线的分类；
3. 交通标线设置的原则；
4. 交通标线涂料的分类。

技能点：

1. 识别、应用各种交通标线；
2. 进行路面标线施工；
3. 进行凸起路标的施工；
4. 进行交通标线施工质量实测和验收。

课题一　交通标线概述

公路上设置的交通标线，在为公路使用者提供出行诱导和信息服务方面具有很重要的作用。在一些情况下，交通标线可用来作为交通标志、交通信号的补充，还可单独使用来提供其他设施所无法表达的禁令、警告和指路信息。

交通标线还有一定的局限性。它的可视性会受到雪、碎屑、路面积水等限制。交通标线的耐久性受到材料特性、交通量、气象和所在位置的影响。因此，在进行交通标线设计时，应综合考虑公路条件、交通流特性、交通管理的需要和材料特点等因素，进行科学、合理的设置。

路面标线尽管厚度较薄，但仍要有一定阻水作用，尤其是南方雨水较多地区，处理不当则容易导致交通事故，因此，应按设计图纸要求留出排水孔。位于禁止超车线上的凸起路标，在施画禁止超车线时，应采取措施预留凸起路标位置。

道路交通标线是由标画于路面上各种线条、箭头、文字、立面标记、凸起路标和轮廓标等构成的一种交通安全设施，它可与交通标志配合使用，也可单独使用。道路交通标线作用主要有：

①实行分道行驶。通过在道路上标画交通标线，实现人和车分离，机动车和非机动车分离，快车和慢车分离，从而保证车辆、行人各行其道，提高道路通行能力和减少交通事故。

②渠化交叉路口的交通流。通过在平面交叉路口施画交通标线，引导不同类型、不同速度和不同方向车流沿着画定的路线各行其道，以改善交叉路口通行条件，减少交通阻塞和交通事故。

③指示和预告驾驶员和行人通过标画的交通标线所规定的含义，预知道路情况，明确自己使用和通行道路的权利与方法。当其与交通标志或交通信号配合使用时，还能提高驾驶员注意力。

④为守法和执法者提供法律依据。交通标线是交通法规的重要组成部分,一方面驾驶员应当遵守交通标线的规定;另一方面交通警察在纠正交通违章、处理交通事故时,应根据现场所画标线的内容,分析违章性质或事故的责任。

高速公路、一、二级公路和城市快速道、主干道应按规定设置反光交通标线。其他道路可根据需要按标准设置标线。

一、交通标线的分类

1. 按设置方式分

①纵向标线:沿道路行车方向设置的标线。

②横向标线:与道路行车方向成一定角度设置的标线。

③其他标线:字符标记或其他形式的标线。

2. 按功能分

①警告标线:促使驾驶员和行人了解道路上的特殊情况,提高警觉,准备防范应变措施的标线。

a. 纵向警告标线,包括车行道宽度渐变段标线、路面障碍物标线、近铁路平交道口标线。

b. 横向警告标线,包括减速标线、减速车道线。

c. 其他警告标线,包括立面标线一种标线。

②指示标线:指示车行道、行车方向、路面边缘、人行道等设施的标线。

a. 纵向指示标线,包括双向两车道路面中心线、车行道分界线、车行道边缘线、左转弯待转区线、左转弯导向线。

b. 横向指示标线,包括人行横道线、距离确认线。

c. 其他指示标线,包括高速公路出入口标线、停车位标线、港湾或停靠站标线、收费岛标线、导向箭头、路面文字标记。

③禁止标线:告示道路交通的遵行、禁止、限制等特殊规定,车辆驾驶员及行人需严格遵守的标线。

a. 纵向禁止标线,包括禁止超车线、禁止变换车道线、禁止路边停放线。

b. 横向禁止标线,包括停止线、停车让行线、减速让行线。

c. 其他禁止标线,包括非机动车禁驶区标线、导流线、网状线、专用车道线、禁止掉头线。

3. 按形态分

①线条:标画于路面、缘石或立面上的实线或虚线。

②字符标记:标画于路面上的文字、数字及各种图形符号。

③凸起路标:安装于路面上用于标示车道分界、边缘、分合流、弯道、危险路段、路宽变化、路面障碍物位置的反光或不反光体。

④路边线轮廓标:安装于道路两侧,用以指示道路的方向、车行道边界轮廓的反光柱(或片)。

二、交通标线设置的原则

1. 一般路段的交通标线

现行《道路交通标志和标线》(GB 5768—1999)对车行道边缘线、车行道分界线、路面中心线线宽的规定有一定范围。在实际使用时,可根据设计速度从表 6-1 中选取。一般路段标线设计如图 6-1 所示。

路面标线宽度 表6-1

设计速度(km/h)		车行道边缘(cm)	车行道分界线(cm)	路面中心线(cm)
120、100		20	15	—
80、60	高速、一级公路	20	15	—
	二级公路	15	10	15
40、30		15	10	15
20	双车道	—	—	10
	单车道	—	—	—

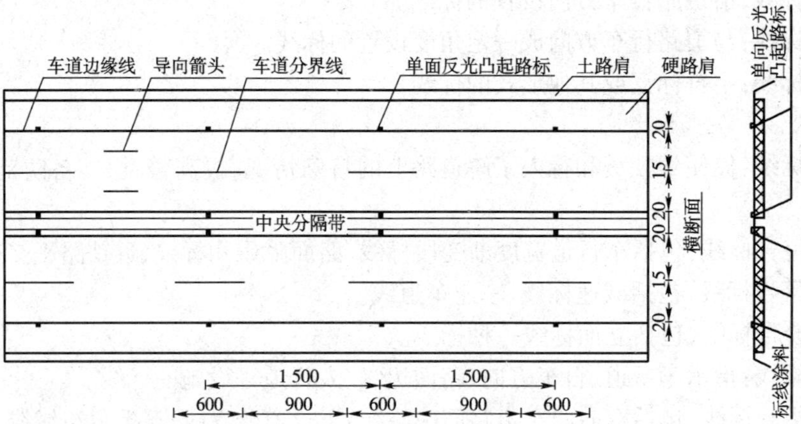

图6-1 设计速度100km/h的高速公路一般路段标线设计示例(尺寸单位:cm)

2. 特殊路段的交通标线

①禁止变换车道线的设置。禁止变换车道线实质上就是禁止超车线,用于禁止车辆变换车道和借道超车。对于经常出现强侧向风的特大桥梁路段、宽度窄于路基的隧道路段、急弯陡坡路段、车行道宽度渐变路段,应设置与车行道分界线同宽的禁止变换车道线。一般情况下,禁止变换车道线宜与禁止超车标志同时设置,如图6-2所示。

②二级及以下等级公路桥梁标线的设置如图6-3、图6-4所示。

③路面文字标记主要是利用路面文字,指示或限制车辆行驶的标记,如最高限速、车道指示(快车道、慢车道)等;当公路同向车道数大于2或者因地形条件等的限制无法设置交通标志时,可采用设置路面文字标记的方法,为增加视认效果,可选择上坡路段设置。考虑到交通量增加后车辆之间的互相影响,条文规定文字按由近到远的顺序排列。

④立面标记用于提醒驾驶员注意,在车行道或路侧有高出路面的构造物,为防止发生碰撞,立面标记的高度宜设置为120cm。

⑤二级双车道公路减速丘预告标线如图6-5所示。

⑥很多交通事故是由驾驶员超速引起的,尽管驾驶员需要承担主要责任,但对于这些需要引起驾驶员注意的路段(如急弯陡坡或长直线路段等),作为公路管理部门有必要采取一定的限速或提醒设施。减速标线就是设计中经常采用的一种方法,具体设置原理可参照收费广场交通标线。

3. 互通式立体交叉、服务区、停车区出入口交通标线

①出入口交通标线应根据互通式立体交叉、服务设施的线型,按直接式、平行式两种情况设置。平行式出口交通标线如图6-6所示。

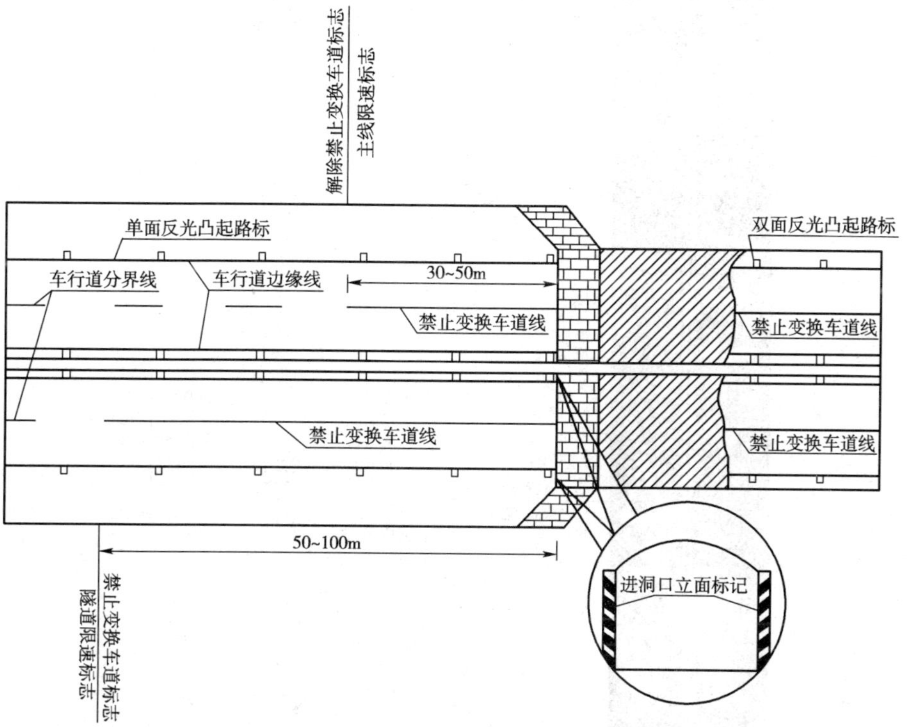

图 6-2　禁止变换车道标线示例(隧道洞口段)

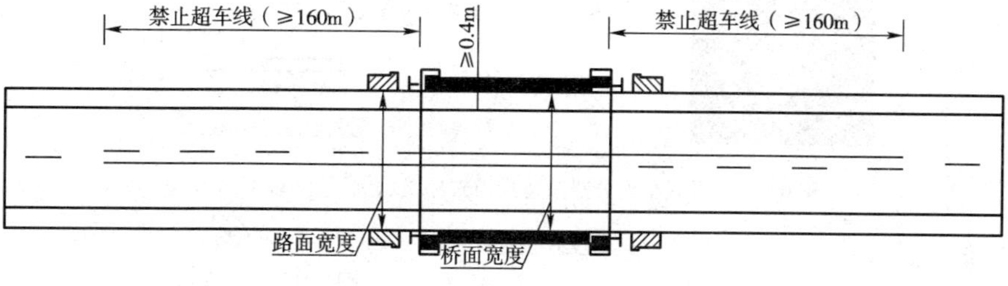

图 6-3　二级公路在桥梁段的标线示例

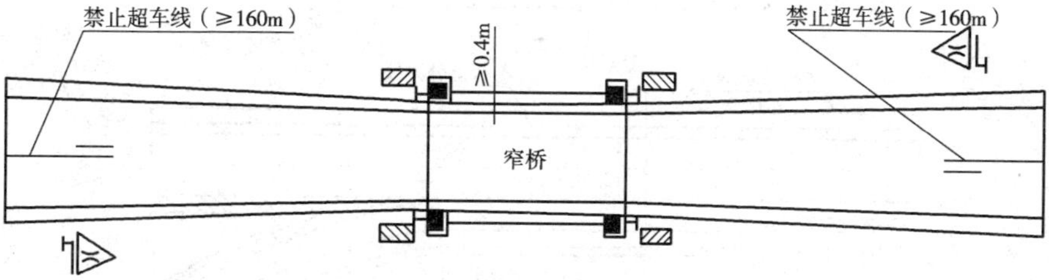

图 6-4　公路窄桥标线示例

②导向箭头表示车辆的行驶方向。互通式立体交叉入口、出口处导向箭头的设置如图6-7所示。

4. 平面交叉渠化标线

①对于较宽、不规则或行驶条件比较复杂的交叉路口,二级及以上等级的公路平面交叉应设置渠化标线,其他公路的平面交叉宜设置渠化标线,以便车辆能按规定的路线行驶。

②平面交叉应根据其形式、交叉公路的优先通行权、车道宽度、各种交通流量的分析来设置渠化标线。

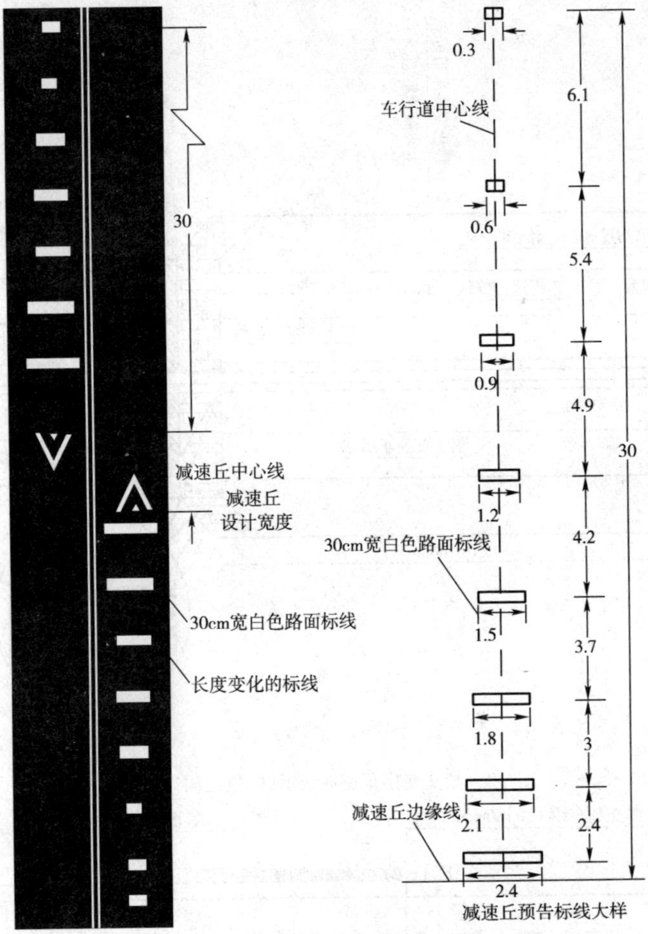

图6-5　二级双车道公路减速丘预告标线示例(尺寸单位:m)

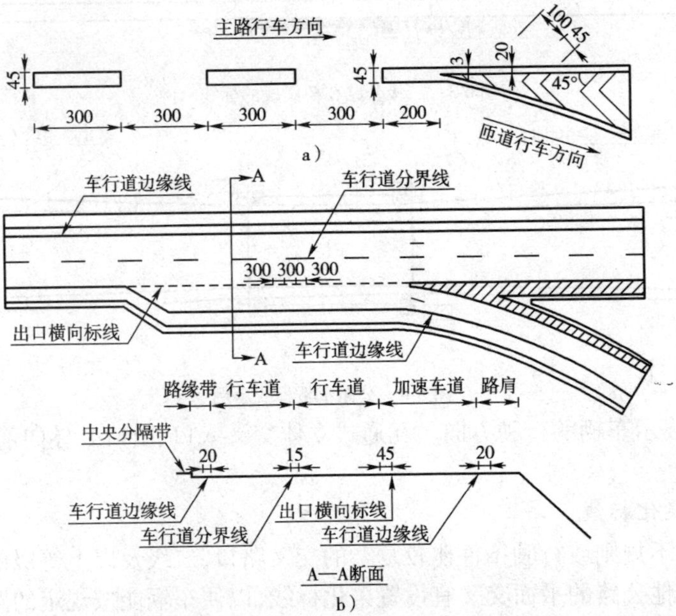

图6-6　高速公路平行式出口标线设置示例(尺寸单位: cm)

a)出口标线大样;b)平行式出口标线

5. 收费广场交通标线

收费广场减速标线应根据驶入速度、广场长度，利用牛顿第二定律进行计算标线间距(末速度可取为期望值)，控制指标为车辆经过各条减速标线的时间相同，由于间距越来越密，使驾驶员误以为速度越来越快，从而主动减速。图 6-8 为某高速公路混合式收费广场交通标线设置示例。

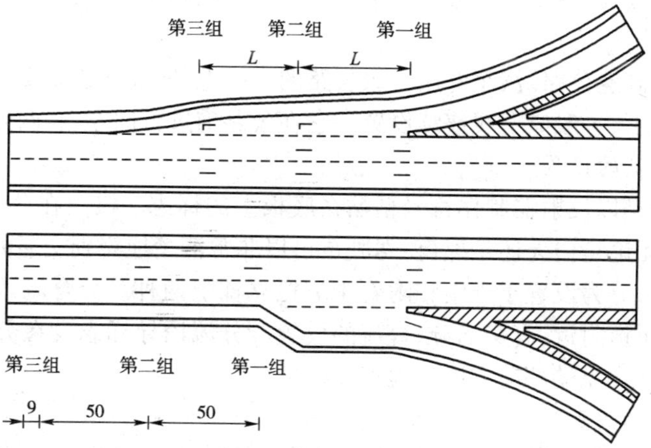

图 6-7　导向箭头设置示例(尺寸单位：m)

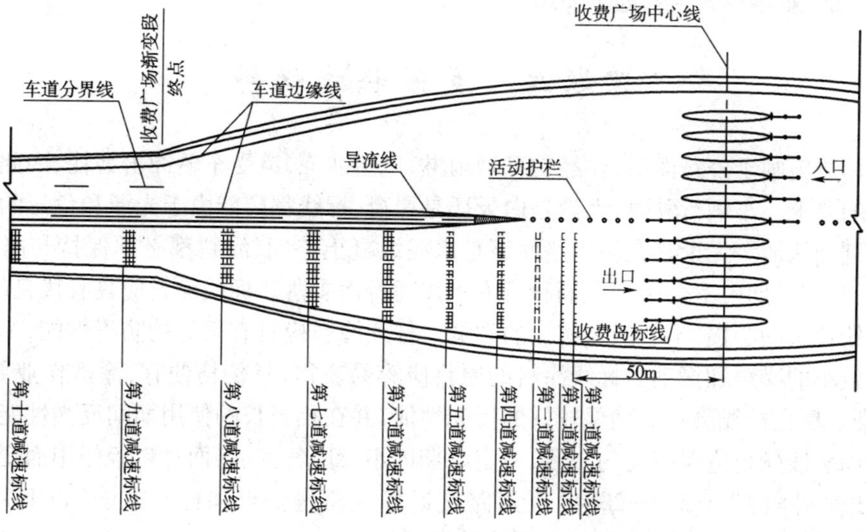

图 6-8　收费广场交通标线示例

6. 凸起路标的设置

凸起路标是安装于路面上用于标示车道分界、边缘、分合流、弯道、危险路段、路宽变化、路面障碍物位置的反光和不反光体。当车辆偏离车行道时，凸起路标可给车辆驾驶员以振动提示，以避免交通事故的发生。反光凸起路标在夜间能起到视线诱导的作用。应根据不同的公路条件，设置凸起路标，如高速公路、一级公路，由于车速较高，驾驶员疲劳时易发生驶出路外的事故，故建议高速公路车行道边缘线及一级公路互通式立体交叉等处的车行道边缘线上应予以设置。

7. 轮廓标的设置

高速公路、一级公路的主线及其互通式立体交叉、服务区、停车区等处的进出口匝道应全线连续设置轮廓标。二级及以下等级公路的视距不良路段、设计速度大于或等于60km/h、车道数或车道宽度有变化的路段以及连续弯陡坡路段，宜设轮廓标。

轮廓标设置于道路边缘，其构造与路边构造情况有关。当路边无构造物时，轮廓标为柱体，独立设置于路边土路肩中。当路边有护栏、桥梁栏杆、侧墙等构造物时，轮廓标附着于构造物的适当位置上。

轮廓标设置在高速公路、汽车专用一级公路的主线上，以及互通立交、服务区、停车场等的进出匝道或连接道上，一般应全线连续设置。它在公路前进方向左、右两侧对称设置。

8. 分合流诱导标的设置

分合流诱导标是以反射器制作符号粘贴在底板上的标志。汽车在公路上行驶，在分合流诱导标的诱导下，无论是白天还是黑夜，驾驶员可以非常清楚地辨别交通的分合流情况。

分合流诱导标，分为设置于土中和附着于护栏立柱上两种。分合流诱导原则上应在互通式立交的进、出口匝道附近，有交通分、合流的设置。分流诱导标志设在分流端部前方适当的地点；合流诱导设在合流端部前方适当地点。

9. 线形诱导标的设置

线形诱导标按埋设条件可以分为立柱埋于混凝土基础中和附着在护栏上两种形式。线形诱导标可分为指示性线形诱导标和警告线形诱导标。线形诱导标可以单独使用一个基本单元，也可以几个基本单元组合起来使用。

课题二　交通标线材料

交通标线施画于公路面层，要经受日晒雨淋、风雪冰冻，遭受车辆冲击磨耗，因此对标线涂料有很高的要求。车辆行驶时，无论是白天还是黑夜，标线都应能由于光泽和色彩的反衬而被清晰地识别和认清。无论是在沥青路面还是水泥混凝土路面，涂料都必须保持与路面之间的紧密结合，一定时期内不会因为车辆和行人来往通行而剥落。标线涂料应具有优良的耐久性，能经受车轮长久的磨损，不会产生明显的裂缝。标线涂料应具有很好的防滑性能，车辆驶过标线时产生较小的噪声和振动。标线涂料的原料应容易获得，且价格便宜，涂敷作业要安全、无毒、无污染。反光标线涂料应确保较好的反光性能，并在相当长的使用期间反光性能不会显著下降。路面标线颜色应保持均匀一致，一定时期内不会因气候、路面材料等作用而变色。现行《路面标线涂料》(JT/T 280—2004)、《道路交通标线质量要求和检测方法》(GB/T 16311—2005)对标线涂料的技术要求、性能有明确的规定。

一、标线材料的分类

路面标线涂料按施工温度可分为常温型(冷用)、加热型和熔融型三类。常温和加热(51～80℃)型属于溶剂型涂料，呈液态。加热型涂料固体成分略多一些，黏度也高。熔融型涂料呈粉末状，需加高温(180～220℃)使其熔解才可涂敷于路面，欧美国家把这种涂料称为热塑涂料(Thermoplastic Marking Materials)。另外还有双组分涂料和水性涂料。除涂料用作标线材料外，还有各种粘贴材料，如预成型标线带、铝箔标带、凸起路标、分离器等。标线涂料的具体分类如表6-2所示。

路面标线涂料的分类　　表6-2

型号	规格	玻璃珠含量和使用方法	状态
溶剂型	普通型	涂料中不含玻璃珠,施工时也不撒布玻璃珠	液态
	反光型	涂料中不含玻璃珠,施工时涂布涂层后立即将玻璃珠撒布在其表面	
热熔型	普通型	涂料中不含玻璃珠,施工时也不撒布玻璃珠	固态
	反光型	涂料中含18%～25%的玻璃珠,施工时涂布涂层后立即将玻璃珠撒布在其表面	
	凸起型	涂料中含18%～25%的玻璃珠,施工时涂布涂层后立即将玻璃珠撒布在其表面	
双组份	普通型	涂料中不含玻璃珠,施工时也不撒布玻璃珠	液态
	反光型	涂料中不含(或含18%～25%)玻璃珠,施工时涂布涂层后立即将玻璃珠撒布在其表面	
	凸起型	涂料中含18%～25%的玻璃珠,施工时涂布涂层后立即将玻璃珠撒布在其表面	
水性	普通型	涂料中不含玻璃珠,施工时也不撒布玻璃珠	液态
	反光型	涂料中不含(或含18%～25%)玻璃珠,施工时涂布涂层后立即将玻璃珠撒布在其表面	

二、标线材料的性能

1. 鲜明的确认效果

不论是哪一类标线或哪一种颜色的涂料,都要求鲜明醒目,可以给驾驶员和行人以良好的条件反射。如在高速公路上,车道两侧鲜明的标线可以帮助驾驶员自然和平滑地驾驶,既保证行车安全,又提高行车效率。

2. 夜间反光性能

现代的交通,不仅要求昼时效应,也注重夜间的效果。夜间反光标线可大大提高夜间行车的安全性,同时也提高夜间行车的效率。

3. 干燥迅速

由于道路涂料所应用的环境是不间断的交通流量始终存在,因此要求道路涂料尽可能迅速干燥。根据道路涂料类型的不同,一般3～15min内要求实干通车。

4. 附着力强

为充分保证标线的完整和清晰,要求道路涂料与地面间具有较强附着性能。

5. 经久耐用

好的道路涂料应耐磨损,具有较长的使用寿命,这样才能保证标线在较长时间内完整清晰;同时,也可省去多次施工造成的人力、物力浪费,并减少对正常交通的阻碍和影响。

6. 耐候性好,抗污染,抗变色

道路涂料能长期保持鲜明度,自然老化程度缓慢。

7. 施工方便容易,安全性好

道路涂料在施工时容易操作;另外在具体施工时道路涂料比较安全稳定,发生危险和意外的可能性小。

8. 安全防滑

要求道路标线涂料具有良好的防滑性能。

9. 经济合理

道路标线涂料应成本低，售价便宜。

三、标线涂料的特征及适用范围

1. 标线涂料的特征

标线涂料的特征如表6-3所示。粘附材料、标线器（包括凸起路标、分离器）均属于标线的范畴，它们是标线的派生物，由于它们具有独特的性能而受到重视，其应用范围逐步扩大。粘附材料系工厂化生产，是一种预成型的标带，施工方便迅速。铝箔带可印刷各种图案、文字，很方便地贴于路面或墙上。凸起路标有比路面标线更优越的观察角度，在恶劣天气条件下具有更好的可见性，安装容易，经久耐用。

标线涂料的特征 表6-3

特性	常温性	加热性	熔融性
主要成分	合成树脂、凡立水、体质颜料、骨材	着色颜料、添加剂、溶剂	合成树脂、着色颜料体质颜料、骨材、添加剂、玻璃珠
树脂组成的代表例	醇酸系； 丙烯酸系； 乙烯基系； 氯化橡胶系	醇酸系； 丙烯酸系； 聚酯系	石滑树脂系； 松香醇度； 聚酯系
涂料状态	液状	液状	分块状
比重	1.3～1.6	1.4～1.7	1.8～2.3
加热后剩余物	>60%	>65%	>99%
涂敷时底漆	不需要	不需要	需要
涂料温度	常温	加温（50～80℃）	熔融加热（180～220℃）
涂敷方法	辊筒、刷子、喷射	空气喷射、无气喷射	料斗（槽）画线（人工推、拉）、自动式机械、无气法、离心法
操作熟练程度	无特殊要求	必须经培训合格	必须经培训合格
夜间反射性	（由于玻璃珠的撒布和混入的多少而影响反射性的大小）		
白色	良	优	优～良
黄色	良	优	良～优
粘接力	强	中 （为了使涂料快速干燥，减少溶剂数量，故黏度高，在水泥混凝土面上有黏结不良的表现）	中 （不宜在龟裂多的水泥混凝土路面施工，因为在龟裂处易产生黏结不良现象）
干燥速度（开放交通）	慢 （由于品种及气温不同，其干燥速度已有差别，一般在3～20min）	中 3～15min	中 （1～3min）

续上表

特　　性	常　温　性	加　热　性	熔　融　性
白色程度	强	中 （玻璃珠撒布量过大，昼夜均成黑色）	中
玻璃珠的效果	中	好	好
尘土污染度	中	大	中
湿润的防滑阻力	中	中	中
耐磨耗性	弱	中	强
对清除积雪作业的影响	无	无	几乎没有影响（总地来看，施工后有些凸起）
耐气候性（含变色）	强	强	中
有效寿命	4～8个月	8～15个月	10～20个月
对各种标线的适应性	大 （适用于各种路面标线）	小 （适用于路面纵向标线）	中 （适用于斑马线、文字符号，也适用于横向、纵向标线）
施工中对轮胎和尘土的附着度	有	有	少
施工性	好	差	中
厚度范围（一次施工）	小 （0.12～0.2mm）	小 （0.2～0.3mm）	大 （1～2.5mm）
施工速度	中 （使用涂敷机进行纵向标线施工，速度快，其他标线施工速度较慢）	快 （仅指路面纵向标线施工）	快 （纵向标线施工速度较快、斑马线、文字符号等施工速度慢）
妨碍交通的程度	大	中	小 （由于施工机械不同，也有影响大的情况）

2. 标线涂料的适用性

各种标线涂料有不同的特性，导致各自的耐久性和养护时间也各不相同，所以各种标线涂料适用性也不同。

(1)常温型涂料

常温型涂料适宜于交通量小的道路中心线、车道分界线、边缘线及立面标线施工，可用于砂石路面、砖路面以及临时路面与遭受损伤很大的路面标线施工，也可在积雪的严寒地带使用。

(2)加热型涂料

加热型涂料适宜于道路纵向标线（实线和虚线），如高速公路车行道中心线、车道分界线及车行道外边线的施工，也适用于积雪的严寒地带。

(3)熔融型涂料

①适宜于车轮碾压多的中心线、车道分界线、边缘线及导流标线的施工;

②适宜于因车辆而磨耗较多的临时停车线、曲线路段和交叉口及人行横道标线的施工;

③不适用于石子路面、砖砌路面及在半年以内拟进行罩面的路面等。

四、标线涂料的组成

1. 常温型涂料与加热型涂料

1)原料组成

常温型涂料的原料组成如表6-4所示,热型涂料的原料组成如表6-5所示。

常温涂料原料组成 表6-4

原料	组成(%)
着色颜料	15~20
体质材(充填料)	15~38
添加剂	2~5
合成树脂	15~20
溶剂	30~40

加热型涂料原料组成 表6-5

原料	组成(%)
着色颜料	15~20
体质材(充填料)	25~48
添加剂	2~5
合成树脂	15~20
溶剂	20~30

2)常温型涂料与加热型涂料的构成要素

(1)合成树脂

合成树脂在原料组成中占15%~20%比例。合成树脂可与着色颜料、体质材料(充填料)结合,可提高与路面的粘接牢度,可提高涂膜的耐久性。

对合成树脂有以下要求:

①色相,要求颜色较淡;

②不挥发成分占40%~60%;

③黏度0.5~6Pa·s。

合成树脂选用种类有:

①植物没变性醇酸树脂、氨基甲酸酯化醇酸树脂、乙烯化醇酸树脂;

②乙烯树脂;

③丙烯树脂;

④石油树脂等。

(2)添加剂

添加剂在原料组成中2%~5%比例。添加剂可以具有以下几种作用:

①增加可塑性,使涂膜具有可塑性和柔软性,因此用可塑剂作为添加剂加入涂料中;

②防止涂料中的固质材料和着色颜料沉淀,因此用防沉淀剂作为添加剂加入涂料中;

③可以使树脂和着色颜料分散,在涂料中均匀分布,因此用分散剂加入涂料中;

④防止涂料在保管中表面结皮,因此用防止结皮的添加剂加入涂料中。

(3)着色颜料

目前,标线的颜色主要是白色和黄色两种。颜料要求着色力强,遮盖率好,加入涂料中后,不会急剧地增加黏度。

一般使用的着色颜料有:

①白色颜料有钛白(二氧化钛)、氧化锌、锌钡白(立德粉)等,主要是钛白。

②黄色颜料有黄铅、有机系黄色颜料、氧化铁、钛黄等，主要是黄铅。

（4）体质材（充填料）

体质材作为涂料的充填料被加入。它对涂膜的机械强度、耐磨性及色相均有影响。另外，体质材的粒径大小对涂料的流动性、沉淀性有影响，同时对涂料的遮盖率也有影响。因此，体质材的加入比例和粒径大小应根据涂膜的机械强度、耐磨性及施工性能的要求进行选配。常温型涂料与加热型涂料的体质材所含比例不同。

一般的体质材种类有碳酸钙、滑石粉两种，可单独使用也可合并使用。

（5）溶剂

溶剂主要用来稀释涂料，使其易于涂敷。溶剂的主要性能应是：

①挥发迅速；

②能很好地溶解树脂；

③对环境污染小，对人畜无害。

一般使用的种类有：芳香族系（甲苯等）；酮系（丙酮系、甲乙酮等）；酯系（醋酸酯、甲酸乙酸等；醇系（甲醇等）。

2. 熔融型涂料

1）原料组成

熔融型涂料的原料组成如表6-6、表6-7所示。

普通型热熔涂料的组成　表6-6

原料	组成（%）
着色颜料	2～10
体质材（充填料）	47～66
其他可塑剂	2～5
合成树脂	15～20
玻璃珠	<15

反光型或凸起型热熔涂料的组成　表6-7

原料	组成（%）
着色颜料	2～10
体质材（充填料）	42～61
其他可塑剂	2～5
合成树脂	15～20
玻璃珠	18～25

2）熔融型涂料的构成要素

（1）合成树脂

利用合成树脂热可塑性的特点，使熔融型涂料具有快干性。合成树脂可以与着色颜料、体质材（充填料）、玻璃珠等相结合，利用合成树脂的热熔性，使标线与路面粘结牢固。

对合成树脂有以下要求：

①软化点在80～120℃；

②色相要求颜色较淡；

③具有耐热性，在高温（180～230℃）时不会急剧热劣化；

④具有很好的耐候性，不因在室外暴露而显著地变黄，甚至产生裂纹等。

合成树脂选用的种类：

①松香及其衍生物改性树脂（顺丁烯松香酯等）；

②石油树脂（脂肪族系、芳香族系等）；

③聚酰胺树脂、聚酯树脂。

使用两种以上树脂时，应采用能相容性的树脂，过热（例如：长期保持在230℃）会引起劣化，如变性、褪色、可塑性降低等。因此，要尽量避免过热，在施工时必须注意控制温度。

(2)可塑剂

涂料中加入可塑剂,可使涂膜柔软,提高耐寒性,提高与路面的粘结牢度,使熔融的涂料黏度适宜。

可塑剂应具有以下特性:

①常温时是液体(也有一部分为固体的),高温时挥发少,稳定性要好,应为无毒、无味、无色的液体;

②具有较好的耐热、耐寒性;

③与合成树脂有相容性。

一般使用的种类有:邻苯二甲酸酯类,植物油(天然油)、矿物油,植物油变性醇酸树脂(无溶剂型),环氧化油,液状合成橡胶。可单独使用,也可合并使用。

可塑剂也跟合成树脂一样,过热(如长期保持在230℃左右)会引起劣化,应注意避免。

(3)玻璃珠

涂料中加入玻璃珠的主要目的是提高夜间标线的识别性,提高标线的亮度和耐久性。玻璃珠是无色透明的小球,对光线具有折射、聚焦和定向反射的作用。将玻璃珠混入涂料中或散布于涂膜表面,可将汽车灯光再回归反射到驾驶员的眼睛,从而大大提高标线可见性,增加标线的诱导作用。

(4)着色颜料

标线的颜色主要是白色和黄色两种,其颜料品种同常温型涂料。

课题三　交通标线施工

一、一般规定

交通标线施工时一般有以下规定。

①标线的涂敷一般直接使用涂料原液进行,也可以根据喷涂机械的种类和性能选择溶剂稀释,溶剂的添加量一般为5%~10%。新铺沥青混凝土路面的交通标线施工,可选用非渗水性涂料。新建沥青混凝土路面因沥青材料中含有未挥发的化学成分,易造成对标线的污染,并有可能影响标线与路面的牢固粘结,故应使其挥发一段时间,可在路面施工完成一星期后开始并画标线。新建水泥混凝土路面在混凝土养护成型后会在混凝土表面残留灰浆皮及混凝土养护膜,易造成标线剥离,因此应在混凝土养护膜老化起皮并清除后再施画标线。

②雨、雪等恶劣天气会影响路面与涂料之间的粘结,沙尘暴、强风会影响标线施工的质量。热熔标线在气温低于10℃时,常温及加热型标线在气温低于0℃时,涂料黏度会受严重影响,应暂停施工。对其他材料的标线涂料,施工时的气温也应符合相应的规定。在夜间很难看清标明标线放样的记号,由于施工精度较低,也容易发生交通事故,因此以白天施工为好。

③在大多数情况下,凸起路标作为交通标线的补充,与涂料标线同时使用。标线大多采用机械施工,行进速度较快,而凸起路标要逐个粘贴,其施工速度慢。因此,凸起路标施工时不得影响标线施工,最好在标线施工完成后再粘贴凸起路标,这样可免除标线施工对凸起路标的污染。标线施工完成后,凸起路标的施工放样才可顺利进行。涂料或凸起路标与路面结合牢固的重要条件是保持与路面接触面的干净、干燥。路面上的灰尘、泥沙、水分是妨碍涂料或凸起路标粘结的主要因素,可根据不同情况采用扫帚、板刷和燃气燃烧器等工具彻底清除。

④标线施工和凸起路标施工具有流动性，且标线施工完成后需要一定的养护期。为确保标线施工顺利进行，应实施交通安全管理，使公路使用者认清前方公路正在标线施工，以引起足够注意，引导车辆安全行驶，防止交通事故的发生，确保施工作业安全。标线施工时，应根据公路的宽度、交通量、地形、气候及施工现场情况，合理组织施工，注意交通安全，设置适当的交通警告标志，阻止车辆及行人在作业区内通行，防止将涂料带出或形成车辙或将凸起路标压偏。标线充分干燥或凸起路标完全固定后解除警告。

二、施工

1. 路面标线的施工

①清扫路面是一道非常重要的工序。施画标线的路面不能有灰尘、松散颗粒、沥青渣、油污、砂土、积水等有害材料，否则会影响涂料与路面的粘结。旧路面重画标线时，一是要把旧标线清除干净。

②应根据公路横断面尺寸和设计文件的要求确定标线位置、标线宽度、实线段长度，在路面上画出线形、文字、图案，如高速公路进出口标线、导流标线、减速标线、路面文字、和箭头的线形等。标线应与线形一致，流畅美观。

③由于材料的不同，各种标线的施画方法也存在很大差异。

a. 常温溶剂型标线施工：标线涂敷可以用气动喷涂机或高压无气喷涂机等设备来完成。正式画线前应在铁板上试画，以确定画线车的行驶速度、线宽、标线厚度、玻璃珠撒布量等。调试好后，开始正式画线。气动喷涂机械使用压缩空气将涂料微粒化，并把涂料喷涂于路面上。通常使用空气压缩机的压力罐或柱塞泵将涂料送至喷枪，由于雾化涂料而形成很大的喷涂直径，其中混入了大量的空气，这对加快涂膜干燥是有利的，但在控制喷涂直径上却需要较高技能。气动喷涂施工时需要加入较多的稀释剂才能达到流动性要求，漆膜厚度相对较薄，溶剂用量较多，因此，传统的气动喷涂已开始向高压无气喷涂转变。高压无气喷涂技术将涂料施加高压，能将黏度大的涂料送到喷枪，通过小口径喷嘴喷射出去，继而形成大喷射直径的雾锥。这样可减少溶剂的浪费，获得了较厚的和均匀的涂层，使标线标准、美观。

常温型涂料的主要成分是合成树脂，次要成分是体质材和添加剂，再加着色材料、溶剂，进行充分搅拌，使其混合均匀。常温型涂料的干燥时间为 5 ~ 10min，因此，需注意保护标线不让车辆碾压。标线干燥后，即可开放交通。

b. 加热溶剂型标线施工：使用加热型涂料进行路面标线施工，与常温型相比，因形成涂膜的要素多，溶剂含量较低，所以它具有更好的速干性。由于涂膜较厚，对玻璃珠的固着性也比常温型涂料好。对于高黏度涂料，由于不能原封不动地用于喷涂，因此，必须通过加热器将其加温至 50 ~ 80℃，使涂料黏度降低才可以喷涂。为此，加热型涂料施工机具需要附加加温的装置。加热型施工系统由涂料容器、加热器、热交换器、保温装置、泵喷涂装置等组成。加热型涂料采用大型机械化施工，溶剂少，涂膜厚，干燥时间短，耐久性好。如在喷涂的同时撒玻璃珠，则能与涂膜很好固着，具有良好反光效果。正式画线前应在铁板上试画，以确定画线车的行走速度，调试线宽、标线厚度、玻璃珠撒布量。调试好后，开始正式画线。

加热型涂料的主要成分是合成树脂，次要成分是体质材和添加剂、着色材料。溶剂含量占 20% ~ 30%。溶剂的作用是稀释涂料，使涂料具有一定的流动性，改善涂料的操作性能。加热型涂料约 10min 后不粘附轮胎，可以开放交通。

c. 热熔型标线的施工：为了提高路面与涂膜的粘结力，需要在路面上先涂抹底漆（下涂剂)。底漆由合成树脂、可塑剂、芳香族溶剂构成。底漆应根据不同的路面材料选用不同的类型。底漆的涂抹量过多或不足都会降低路面与涂膜间的粘结力。根据路面情况和底漆特性，一般每平方米涂抹 60 ~ 230g 底漆为好。涂抹时使用刷子、滚筒式喷洒机等,将底漆调至浓淡均匀后涂洒。底漆涂洒宽度应比标线放样宽度稍宽一些。底漆涂洒后要养护。当底漆不粘车轮胎,也不粘附灰尘、砂石时,才可以进行标线涂布作业。养护时间与大气温度、路面温度、湿度、风强度、底漆组成、涂抹量、涂抹方法、路面吸水率等因素有关。底漆涂抹时要仔细,防止遗漏,特别是路面凹凸明显的地方,可在凹陷的地方适当涂厚一点。

热熔型涂料施工实际上是一种熔结作业。因此,材料性能及施工方法和技术都直接影响涂膜性能。施工条件和路面状态是多种多样的,影响路面标线性能的因素也千变万化。因此，每次施工应尽量控制各种因素,争取好的施工质量。热熔型涂料由颜料、体质材、反光材料与具有热可塑性的树脂混合而成。热熔型涂料与常温型、加热型不同,它不含溶剂或稀释剂,呈粉末状供应。将热熔型涂料加热到 180 ~ 220℃(根据热熔型涂料采用的树脂类型和配方选择合适的温度),即可成为融熔的流动状态,用画线机涂敷于路面,并紧接着撒布玻璃珠,在常温下固化。当涂敷于沥青路面时,涂料与路面熔合;当涂敷于水泥混凝土路面时,涂料与路面是物理粘结,是机械啮合。正式画线前应在铁板上试画,以确定画线时的行驶速度,调试线宽、标线厚度、玻璃珠撒布量。调试好后,开始正式画线。将粉末状的涂料在熔解釜内熔化,达到规定温度后将熔化好的涂料装入涂敷机,到需要标线的路段将其涂敷于路面上。涂敷作业是标线施工最关键的一步,应按规定操作规程严把质量关。为防止画线车的储料罐和流出口等处涂料黏度变大,可装保温装置,按涂敷量和气候等因素妥善地控制温度。为保证夜间的标线识别性,在标线涂敷的同时要撒布玻璃珠。经验表明,玻璃珠直径有一半埋入涂膜中时,反光效果最好。但要做到这一点不太容易,涂料温度高,玻璃珠撒布快,珠子易沉入涂层中;涂料温度低,玻璃珠撒布慢,涂层已接近固化,玻璃珠不能在涂层上很好固着,容易脱落,反光效果差。因此,玻璃珠撒布受到涂料温度、涂层厚度、气候条件等的影响,施工时要严格控制撒布时间。

涂膜干燥时间因室外气温的变化而不同。对于热熔型涂料,涂膜干燥时间约为 3min,涂料不会粘结在车辆轮胎上,即可以开放交通。

d. 双组分型标线和水性标线也应采用专用设备施工。

④路面标线尽管厚度较薄,但仍要具有一定的阻水作用,尤其是在南方雨水较多的地区,处理不当容易导致交通事故,因此应按设计文件的要求留出排水孔,位于禁止超车线上的凸起路标,在施画禁止超车线时,应采取措施预留凸起路标的位置,以免影响后期凸起路标的施工。

⑤修整标线局部缺陷。对于标线被污染、变色、玻璃珠撒布有堆积、涂料的喷射形状不好、飞溅及其他缺陷,应及时进行修整。

2. 凸起路标的施工

凸起路标一般俗称路钮,正常情况下与标线配合使用,也可以单独使用。凸起路标的技术特点主要是反光亮度高,视线诱导效果显著,施工容易,耐久性好。现在凸起路标底胶主要有环氧树脂和专用沥青胶两种,其中专用沥青胶适用于沥青路面。施工时底胶应满足供应商提及的要求,并保证底胶饱满、均匀。现行《突起路标技术条件》(JT/T 390—1999)对凸起路标的技术要求、性能有明确规定,除设计文件另行规定外,应遵照执行。

①凸起路标的施工放样工作,一般应沿着标线来定位,反射体应面向行车方向。

②由于凸起路标种类较多,材料各异,施工方法有所不同。凸起路标位置确定后,最常用的方法是把凸起路标用胶直接粘在路面上。在粘结前,应用扫帚、刷子、高压喷嘴吹等办法清

理路面。用刮刀把粘合剂涂抹在路面上和凸起路标底部，凸起路标就位，在凸起路标顶部施加压力，排除空气，再一次调整就位。若采用强化玻璃凸起路标，则应在路面上钻孔，取出岩芯，清理孔穴后涂胶，凸起路标就位，在凸起路标顶部施加压力，排除空气，再一次调整就位。若采用带脚的凸起路标，则应在路面上钻小孔，把凸起路标的脚伸入到孔内（深度应足够，钻孔不能太大），清理孔穴后涂胶，凸起路标就位，在凸起路标顶部施加压力，排除空气，再一次调整就位。待胶凝固后即可开放交通。

凸起路标在粘合剂固化以前不能受力。因此在凸起路标施工过程中，一定要做好养护管理和交通诱导工作，在粘合剂固化以前一定要避免车辆冲压凸起路标。待粘合剂固化以后，才可开放交通。

3. 轮廓标施工

①轮廓标属于视线诱导设施。附着于护栏或其他构造物上的轮廓标，一般是在整个工程的最后阶段安装。如果安装太早，特别是在公路还没有全封闭，没有正式移交给管理部门以前，这种设施很容易遭到破坏。

②轮廓标安装前，应对柱式轮廓标或附着式轮廓标的埋设条件、位置、数量进行核对，并做出详细的施工组织设计，以便对施工进度、作业程序、材料供应、人员安排等进行合理组织。

③轮廓标立柱一般采用强度高、耐候性和耐腐蚀性好的材料，并且要求加工方便、价格便宜，考虑到维修、养护工作的方便，一般采用金属或合成树脂等材料制作。

④钢构件均应进行防腐处理。除设计文件另行规定外，防腐处理应符合现行《高速公路交通工程钢构件防腐技术条件》（GB/T 18226—2000）的规定。

⑤柱式轮廓标施工时，应设置混凝土基础。基础开挖达到规定的尺寸和深度后，先浇筑一层片石混凝土，厚度不应小于20cm。接着在片石混凝土上支模板，测定模板顶部的高程。当立柱与混凝土浇在一起时，则可将立柱放入模板中，固定就位后，即可浇筑混凝土。混凝土浇筑完成后应采取正常的养护措施，直到混凝土达到规定的强度；当轮廓标柱或立柱为装配式结构时，则应预留柱体插入的空穴，或采用法兰盘连接。柱式轮廓标，可在混凝土基础的预留空穴中安装。安装时轮廓标柱体垂直于地平面，三角形柱体的顶角平分线应垂直于公路中心线，柱体与混凝土基础之间用螺栓连接。

⑥附着于各类构造物上的轮廓标应按照放样确定的位置进行安装。附着于护栏槽内的轮廓标，反射器为梯形，把反射器后底板固定在护栏与立柱的连接螺栓上。附着于缆索护栏上的轮廓标，通过夹具把轮廓标固定在缆索上。附着于隧道壁、挡墙、桥墩、桥台侧墙、混凝土护栏等处的轮廓标，通过预埋件或用胶固定在侧墙上。反射器的安装角度应符合设计文件的规定。安装高度宜尽量统一，并应连接牢固。

课题四　交通标线施工质量验收

路面标线的颜色、形状和标线画法应符合《道路交通标志和标线》（GB 5768—1999）和设计文件的规定。一些强制性的规定都必须严格遵守。

无论是纵向标线、横向标线，还是立面标线，所画线条都应规范、美观，尺寸正确。只有线形流畅，与公路线形相协调，曲线圆滑，才会给公路使用者以美感，才会使驾驶员依靠标线的指引安全行车。在曲线路段，不允许标线出现折线；在竖曲线路段，标线衔接应顺畅。

反光标线是一种用于夜间增加反光效果的标线。因为部分玻璃珠撒布在涂料中，撒布均匀、附着牢固时,反光效果就会非常显著。衡量反光效果的重要指标是反光标线逆反射系数,无论白色标线,还是黄色标线,均应满足设计文件的规定。

标线涂料施工完成后,有时会出现一些意外缺陷。这些缺陷影响标线的美观,影响标线的质量,影响标线的耐久性。这些缺陷有的是因为涂料原材料质量造成的,有的是因为施工机具故障或画线操作不当造成的,有的是因为公路路面质量和气候因素造成的,因此,标线涂料施工质量问题需从多方面加以解决。涂料表面不应出现网状裂缝、断裂裂缝、起泡、变色、剥落,以及涂料纵向有长的起筋或拉槽等现象。有的缺陷应在施工完成后尽快进行修整,有的缺陷需要不断总结经验,在今后施工中加以解决。

一、基本要求

①路面标线涂料应符合《路面标线涂料》(JT/T 280—2004)的规定。

②路面标线喷涂前应仔细清洁路面,表面干燥,无起灰现象。

③路面标线的颜色、形状和设置位置应符合《道路交通标志和标线》(GB 5768—1999)的规定和设计要求。

二、标线的外观鉴定

①标线施工污染路面应及时清理。每处污染面积不超过 $10cm^2$。

②标线线性应流畅,与道路线形相协调,不允许出现折线,曲线应圆滑。

③反光表面玻璃珠应撒布均匀,附着牢靠,反光均匀。

④标线表面不应出现网状裂纹、断裂裂缝、起泡现象。

三、实测项目

道路标线工程施工质量实测项目如表 6-8 所示。

路面标线实测项目 表 6-8

项次	检验项目		确定值或允许偏差	检查仪具和频率	权值
1	标线线段长度(mm)	6000	±50	钢卷尺:抽检 10%	1
		4000	±10		
		3000	±30		
		1000~2000	±20		
2	标线宽度(mm)	400~450	+15,0	钢尺:抽检 10%	1
		150~200	+8,0		
		100	+5,-0		
3	标线厚度(mm)	常温型(0.12~0.4)	-0.03~+0.10	湿膜厚度计、干膜用水平尺、塞尺或用卡尺:抽检 10%	2
		加热型(0.20~0.4)	-0.05~+0.15		
		热熔型(1.0~4.50)	-0.10~+0.05		
4	标线纵向间距(mm)	9000	±45	钢卷尺:抽检 10%	1
		6000	±30		
		4000	±20		
		3000	±15		

续上表

项次	检 验 项 目	确定值或允许偏差	检查仪具和频率	权值
5	标线横向偏位(mm)	±30	钢卷尺	1
6	标线剥落面积	剥落面积占检查总面积0～3%	4倍放大镜：目测检查	1
7	反光标线逆反射系数 $(mcd \cdot lx^{-1} \cdot m^{-2})$	白色标线≥150 黄色标线≥100	反光标线逆反射系数测量仪：抽检10%	2

四、检验方法

1. 标线线段长度检验

①检查的标线包括纵向标线、横向标线等各种中心虚线、车道分界线，检查时应按线段长度分别进行。

②用钢卷尺(精度0.5mm)测量各种线段，每处测量(各种线段)3次，取平均值。

2. 标线宽度检验

①检查的标线包括纵向标线、横向标线、其他标线，检查时应按线段宽度分别进行。

②用量程为500mm(精度0.5mm)的钢直尺，选择标线清晰、边缘整齐的地方，取垂直方向量取宽度，每处测量3次，取平均值。

3. 标线涂膜厚度检验

(1)湿膜厚度检验

在标线施工现场，用湿膜厚度计直接测定标线湿膜厚度。

(2)干膜厚度检验

在标线施工现场，把马口铁板设置在将要画线的地方，画线车以正常行驶速度进行喷涂，待干燥后，从铁板上取下标线，用卡尺测量厚度。

4. 标线纵向间距检验

①检查的标线包括：纵向标线、横向标线等各种中心虚线，车道分界线。检查时应按线段空当长度分别进行。

②用钢卷尺(精度0.5mm)，测量各种线段空当长度，随机选定路段后，每种标线抽取三段空当长度测量，取平均值。

5. 标线横向偏位检验

①检查的标线主要是纵向标线，包括中心线、车道分界线、边缘线等。

②用钢卷尺(精度0.5mm)，测量道路横断面上各标线的位置。确定参照点(道路中心或边缘线的位置)，随机选定路段后，测量各种标线在道路横断面上的正确位置。

6. 标线剥落面积检验

①首先要对全路标线质量进行初查，认为标线质量存在一定问题的路段，可作为检验的重点路段。

②随机画定标线30m长路段，仔细检查标线剥落面积，计算占总检查面积的百分比。

7. 反光标线逆反射系数检验

①在反光标线逆反射系数测定前，应对全路标线进行夜间反光效果的初评，认为记录反光效果不佳、不均匀的路段，作为白天逆反射系数测定的重点路段。

②夜间评判反光效果不好的路段，用反光标线逆反射系数测定仪进行现场测定。在被测

路段的标线上安放测定仪,仪器与行车方向平行。安排5个测量点,每点分别读取3次数值,取平均值。

附　凸起路标施工质量验收

一、基本要求

①凸起路标的分类、品质应符合有关规定。

②凸起路标的布设及其颜色应符合道路交通标志和标线的规定或符合设计要求。

③凸起路标与地面的粘结应牢固、耐久,能经受汽车轮胎的冲击而不会脱落。粘结剂的颜色应与路面一致。

二、外观鉴定

凸起路标的外观鉴定应符合下列要求:

①凸起路标外观应美观,尺寸符合有关规定要求,表面光滑,不允许有损坏轮胎的尖角、毛刺存在,表面无明显的划伤、裂纹。不符合要求时每处减2分。

②凸起路标纵向安装应成直线,不允许出现折线。曲线段的凸起路标应与道路曲线相吻合,线形缓滑、顺畅。不符合要求时每处减2分。

③凸起路标粘结剂不能造成对路面的污染,不符合要求时每处减2分。

三、实测项目

凸起路标实测项目如表6-9所示。

凸起路标实测项目　　表6-9

项次	检验项目	规定值或允许偏差	检查仪器和频率	权值
1	安装角度(°)	±5°	角尺:抽检10%	1
2	纵向间距(mm)	±50	尺量:抽检10%	1
3	损坏及脱落个数	<0.5%	施工验收时检查损坏及脱落个数,抽检30%	2
4	横向偏位	±50	尺量:抽检10%	2
5	承受压力(kN)	应大于160kN	检查测试记录	1
6	光度性能	在规定范围内	检查测试报告	2

四、检验方法

1.安装角度检验

凸起路标的安装角度应以道路纵向标线为基准。在正常情况下,凸起路标带反光片的边线垂直于纵向标线,工程中可用万能角尺(量程0~320°,分辨率为2′)测量凸起路标的安装角度。

2.纵向间距检验

用钢卷尺(精度1mm)测量凸起路标的纵向间距,每处量3次,取平均值。

3.损坏及脱落个数检验

目测检验凸起路标损坏及脱落数量。以抽查路段范围内凸起路标总数为基数,计算在该路段内凸起路标损坏及脱落数量占基数的百分比。

4. 横向偏位检验

用钢卷尺(精度0.5mm)测量道路横断面上凸起路标的位置,确定参照点(道路中心或边缘线的位置),与设计图比较。

5. 凸起路标抗压强度检验

检查测试记录。

6. 光度性能检验

检查测试报告。

思考与练习

一、填空题

1. 交通标线的作用是________________________________。

2. 路面标线涂料按施工温度可分为________、________、________三类。

3. 凸起路标一般称为__________________,正常情况下与__________________配合使用,也可________________。

4. 路面标线的颜色________________、________________和________________应符合和设计文件规定。

5. 标线涂料施工完成后,有时会出现一些意外缺陷,但不应出现____________________现象。

6. 凸起路标各类较多,在施工中最常用______________________________。若采用强化玻璃,凸起路标则应____,若采用带脚的凸起路标,则应______________________________。

二、思考题

1. 道路交通标线的构成内容有哪些?

2. 道路交通标线按功能可分为哪几类?各举两例。

3. 道路交通标线设计原则有哪些?

4. 对路面标线材料的性能有何要求?

5. 标线施工质量验收内容有哪些?

单元七　隔 离 设 施

知识点：

1. 隔离设施设置的意义；
2. 隔离栅的结构形式及适用性；
3. 隔离栅的设置原则；
4. 隔离栅的组成；
5. 桥梁护网设置原则及构造要求。

技能点：

1. 隔离栅结构设计参数的确定；
2. 隔离栅对材料的要求；
3. 隔离栅的施工方法与施工要点；
4. 隔离栅的施工质量检测方法和检测要点；
5. 桥梁护网的施工。

隔离设施是防止人和动物随意进入或横穿汽车专用公路，防止非法占用公路用地的人工构造物。

隔离设施包括：设置于公路路基两侧用地界线边缘上的隔离栅；设置于上跨公路主线的分离式立交桥或人行天桥两侧的防护网。

隔离栅能阻止人、畜进入公路或其他禁入区域，防止非法侵占公路用地。它可有效地排除横向干扰，避免由此产生的交通延误或交通事故，从而保障高速公路、一级公路通行安全和效益的发挥。

公路上跨桥和人行天桥上有人向下抛扔物品，或桥上杂物被风吹落到公路上，或桥上行驶车辆装载的物品散落到公路上时，非常容易引发交通事故，因而在上述构造物的两侧设置桥梁护网是必要的。

课题一　隔离栅概述

一、隔离栅的结构形式及适用性

1. 隔离栅的结构形式

隔离栅按网片形式可分为金属网型隔离栅和常青绿篱两大类。常青绿篱在南方地区与刺铁丝隔离栅配合作用，具有降低噪声、美化路容和节约投资的功效。

金属网隔离栅又分为电焊网隔离栅、钢板网隔离栅、编织网隔离栅和刺钢丝隔离栅，如表7-1 所示。

隔离栅的分类 表 7-1

类型		埋设条件	支撑结构
金属网	电焊网	混凝土基础或直埋土中	钢支柱
	钢板网		
	编织网		
	刺钢丝	混凝土基础或直埋土中	钢筋混凝土支柱或钢支柱
常青绿篱		土中	

2. 隔离栅的适用性

隔离栅的形式选择应根据隔离封闭的功能要求,对其性能、造价、美观、与公路周围景观的协调、施工条件及养护维修等因素进行综合比较,并应与公路的设计标准相适应。

1)隔离栅的形式比较

(1)造价比较

按单位造价由高到低依次排列顺序为:钢板网(图 7-1)、电焊片网、电焊卷网(图 7-2)、编织片网、编织卷网(图 7-3)、刺钢丝网(图 7-4)。

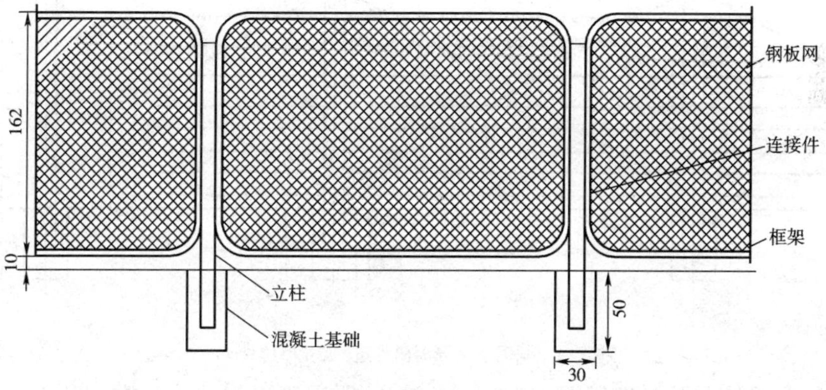

图 7-1 钢板网隔离栅构造(尺寸单位:cm)

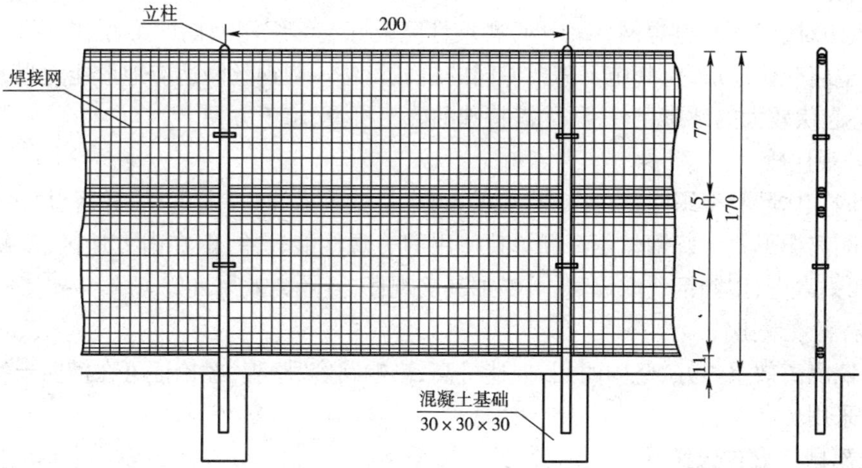

图 7-2 电焊网隔离栅构造(尺寸单位:cm)

(2)后期养护维修的比较

钢板网、电焊网、刺钢丝网在网面及局部破坏后,容易修补,维修费用低;编织网在局部破坏后，将对整张网产生影响，不易修补，维修费用高。

(3)适应地形的性能比较

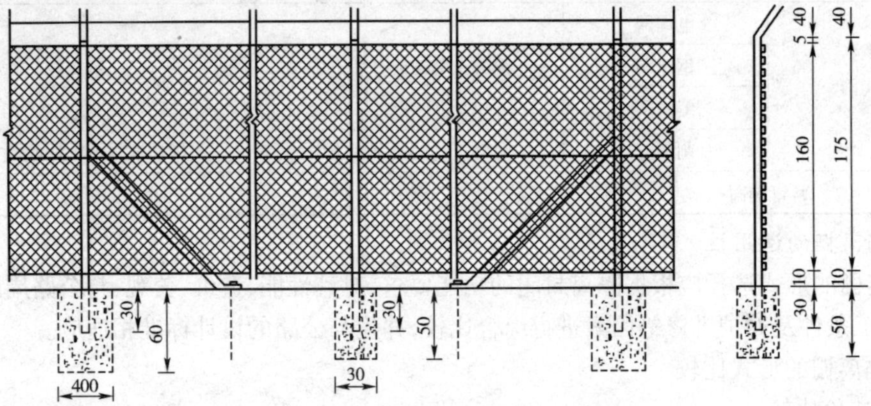

图 7-3　编织网隔离栅构造(尺寸单位:cm)

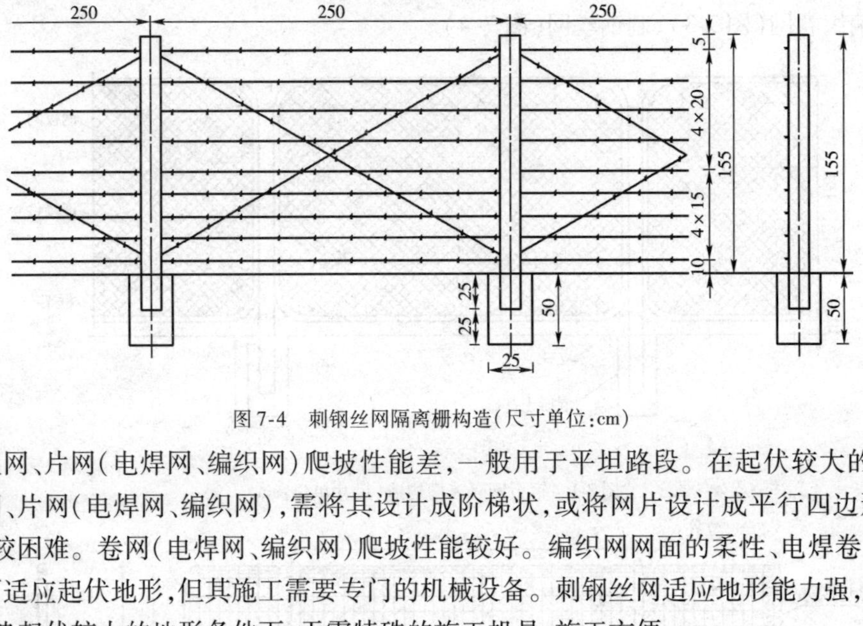

图 7-4　刺钢丝网隔离栅构造(尺寸单位:cm)

钢板网、片网(电焊网、编织网)爬坡性能差，一般用于平坦路段。在起伏较大的路段，如用钢板网、片网(电焊网、编织网)，需将其设计成阶梯状，或将网片设计成平行四边形顺坡设置，施工较困难。卷网(电焊网、编织网)爬坡性能较好。编织网网面的柔性、电焊卷网的波纹构造均可适应起伏地形，但其施工需要专门的机械设备。刺钢丝网适应地形能力强，爬坡性能优，在地势起伏较大的地形条件下，无需特殊的施工机具，施工方便。

(4)外观比较

钢板网、电焊网、编织网结构合理、美观大方，是城镇沿线、互通区、服务区、风景旅游区等处首选的隔离栅形式。刺钢丝隔离栅单独使用的美观性能较差，但在南方地区，气候温暖、湿润，树木四季常青，用刺钢丝配绿篱，可增加其美观性，且隔离效果良好。

(5)隔离效果比较

隔离墙隔离效果最好、坚固耐用，但造价高，影响路容、路貌，经论证可在横向干扰大、事故多的路段采用。

2)隔离栅的形式选择

(1)金属网型隔离栅

金属网隔离栅是一种结构合理、美观大方的结构形式，但单位造价较高，主要适用于：

①城镇及其郊区人口稠密的路段和城市快速干道的两侧；

②沿线经过的风景区、旅游区、名胜古迹等美观性要求较高的路段两侧；

③互通式立体交叉、服务区、停车区和养护管理机构的两侧；

④编织网型隔离栅比较适宜于地势起伏不平的路段，而钢板网和电焊网型隔离栅适用于地势平坦路段。

(2)刺钢丝隔离栅

刺钢丝隔离栅是一种比较经济实用的结构形式，但美观性较差，主要适用于：

①人烟稀少的路段以及山岭地区的公路；

②郊外的公路预留用地；

③郊外高架构造物的下面；

④路线跨越沟渠而需要封闭的地方。

(3)其他

在互通立交区域、服务区、停车区、收费站、管理(局)所等处设置刺钢丝隔离栅的路段，隔离栅的设置宜与绿化相配合，选择合适的小乔木或灌木，在管辖地界范围形成绿篱，以有效地增强该区域的景观。

二、隔离栅设置原则

①为保证公路高速、舒适、安全、经济，防止横向干扰，减少延误，高速公路和需要控制出入的一级公路沿线两侧必须连续设置隔离栅，其他公路可以根据需要设置。

②高速公路、一级公路凡符合下列条件之一的路段，可不设隔离栅：

a. 公路路侧紧靠河流、水渠、池塘、湖泊等天然屏障，将来不用担心有人、畜进入或非法侵占公路用地的路段；

b. 公路路侧有高度大于1.5m的挡土墙或砌石等陡坎，人、畜难以进入的路段；

c. 桥梁、隧道等构造物的两侧，除桥头或洞口需与路基上隔离栅连接以外的路段。

③隔离栅的中心线应沿公路用地范围界限以内0.2～0.5m处设置。这主要考虑立柱的基础能落在公路界限以内，避免因侵占界外用地发生纠纷。

④隔离栅遇桥梁、通道时，应在桥头锥坡或端墙处进行围封。

公路两侧的封闭，一般在桥梁、通道等处为薄弱环节，人、畜等往往会从桥头锥坡处钻入。因此，在这些地点，需采取措施进行围封。

在小桥桥头，隔离栅可以沿锥坡爬上，在桥头处围封，也可沿端墙围封。通道的进出口，由于过往人、畜比较多，要特别注意人为的破坏，应选择强度高，人、畜无法爬入的结构进行围封，如图7-5所示。

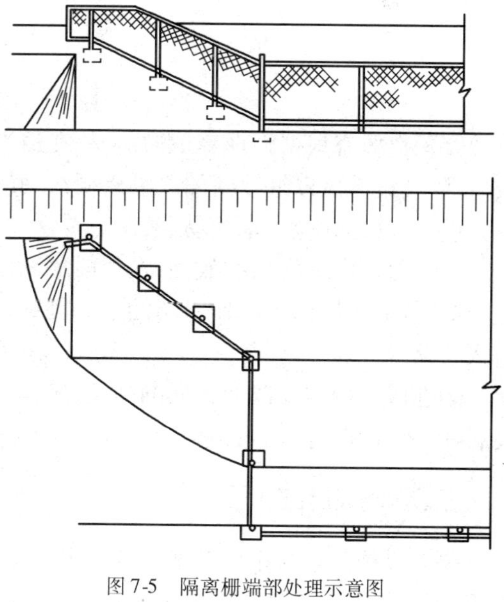

图7-5　隔离栅端部处理示意图

⑤隔离栅与涵洞相交时，可根据具体情况设置隔离栅。

如果遇到尺寸较小、流量不大的涵洞时，隔离栅可直接跨过，如图7-6所示。但在跨越处，需要作一定的围封处理，以防人、畜钻入公路内。

跨越涵洞时,立柱可适当加强、加深。

如沟渠较宽,隔离栅难以跨越时,可采取图7-5的方式处理。

⑥由于地形的原因,隔离栅前后不能连续设置时,就以该处作为隔离栅的端部,并处理好端头的围封。

⑦隔离栅应对起伏地形适应性较强,沿地形起伏设置,如图7-7所示;但在地形起伏较大,隔离栅不易施工的路段,可根据需要把隔离栅设计成阶梯的形式,如图7-8所示。

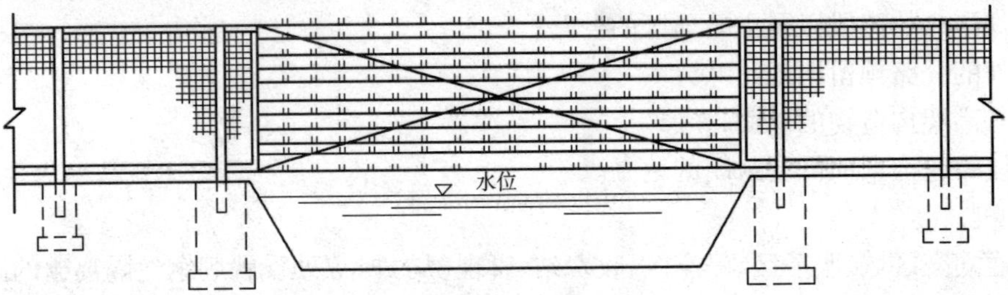

图7-6 隔离栅跨越沟渠处理示意图

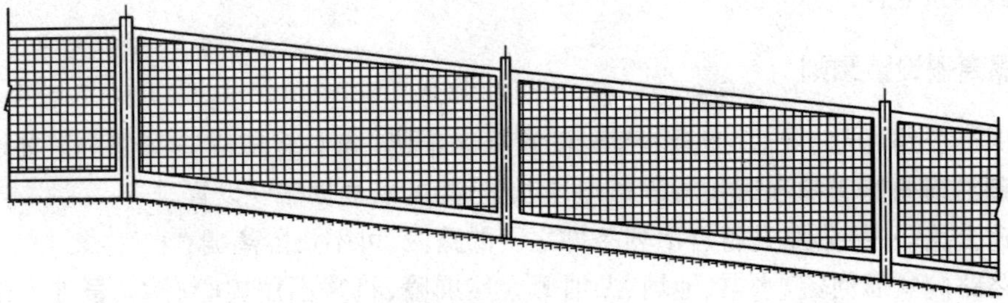

图7-7 顺坡设置的隔离栅

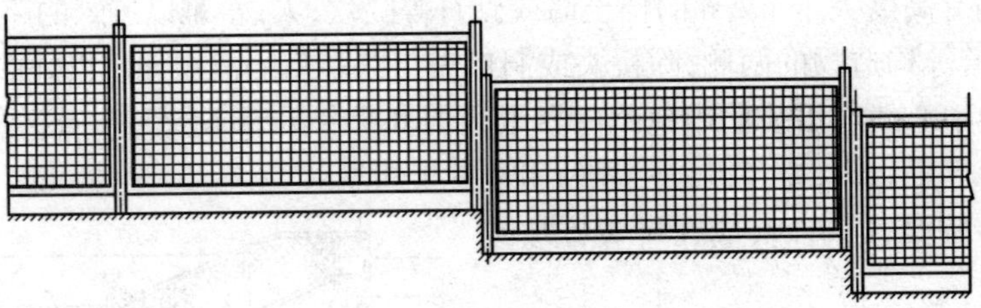

图7-8 阶梯设置的隔离栅

⑧隔离栅宜根据管理养护的需要,在适当位置设置可以开启的活动门,以利于养护工作完成后,隔离设施可以继续封闭。隔离栅活动门的规格大小,可根据进出大门的设备、人员情况进行设计,其形式应力求简易、实用。

⑨为保证隔离栅的有效性,在每段隔离设施的起点和终点以及因地形条件需要断开的地段,都应针对不同的情况作专门的端头围封设计,使公路外的行人或牲畜不能在隔离栅断开处进入公路。

⑩在隔离栅需要改变方向的地点,应作专门的拐角设计。设计时应力求结构稳定、施工方便,保持立柱和隔离栅规格的统一性。

三、隔离设施的代号

隔离设施的代号由隔离栅代号、构造形式代号和埋设代号三部分组成。各种代号规定如下:

1. 隔离栅代号

F——隔离栅。

2. 构造形式代号

Em——钢板网；

Ww——焊接网；

Wn——编织网；

Bw——刺钢丝；

Wb——砌墙。

3. 设置条件代号

E——埋设于土中；

C——埋设于混凝土中。

4. 标注方法

(1)通式

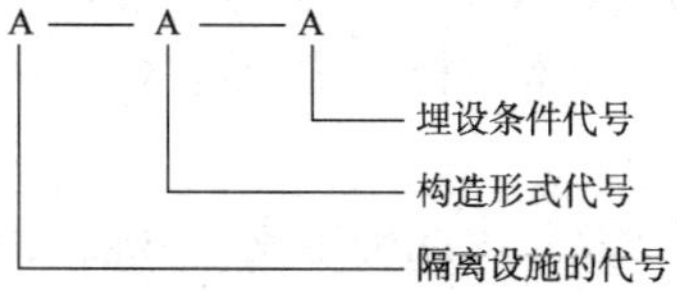

(2)示例

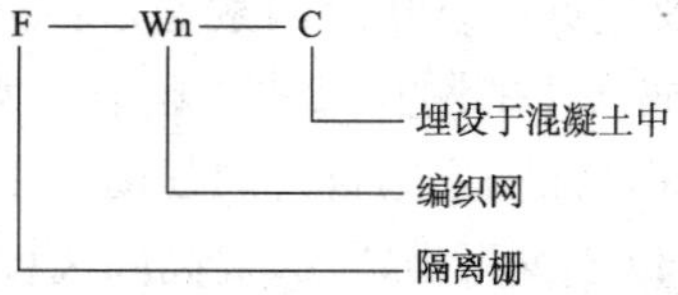

课题二　隔离栅的构造与材料

一、隔离栅结构设计参数的确定

1. 隔离栅的高度

隔离栅的高度是结构设计的重要指标，该指标的取值高低直接影响着工程的材料费用和性价比。所以，隔离设施高度的确定必须结合实际的地域地形、沿线村镇人口的稠密程度，以及人们生产、生活流动路线等诸多因素而定。综合上述诸多方面的影响因素可以看出，沿封闭公路两侧影响隔离设施高度的因素是个变量，是随地形和人口分布密度变化的。为了保证隔离栅的整体美观效果和设计施工的便利性，高度只是根据特殊的地形和其他特殊因素而产生间断式的变化。一般情况下，隔离设施的高度尽可能统一，高度变化不宜太频繁。

隔离栅的高度主要以成人高度为参考标准，一般在1.5～1.8m之间。在城市及郊区人口密度较大的路段，特别是青少年较为集中的地方，如学校、运动场、体育馆、影剧院等处，该地区的隔离设施的设计高度宜取上限，并且根据实际需要可在此基础上进一步加高到使人无法攀越的程度。而在人迹稀少的山村或郊外，由于人流较小，攀登隔离设施穿越公路的可能性远远低于城市地区，其设计高度可取下限值。其实，任何设施都不能真正阻挡人们强行攀越、钻入公路的行为。要使人们自觉地遵守交通规则，爱护公路设施，取决于社会文明程度和法制观念的提高，取决于宣传教育的力度。

2. 隔离栅的稳定性

隔离栅的稳定性直接关系到其使用效果和使用年限，其设计荷载主要考虑风力，同时也要考虑人、畜的破坏作用。

风力可按下式计算：

$$P = \rho W_o S = SW \tag{7-1}$$

$$w = \rho W_o \tag{7-2}$$

式中：P——设计风力（N）；

W——设计风压（Pa）；

W_o——基本风压，按《公路桥涵设计通用规范》（JTJ D60—2004）的规定取值（Pa）；

S——迎风面积，为每片隔离栅的外轮廓线面积（m^2）；

ρ——考虑隔离栅为网孔结构的折减系数，一般 $\rho = 0.50 \sim 0.85$，$\rho_{max} = 1.0$。

ρ 值的大小，主要考虑隔离栅网面孔率的大小，其次应考虑隔离栅设置后，一般均有野外牵藤植物依附，维护清除较困难，故在南方枝叶常青地区宜取上限，甚至取最大值，而北方地区则可取中值或下限。

根据计算的风力，进行稳定性验算，由此确定支柱截面尺寸。

3. 网片尺寸

隔离栅网孔尺寸的大小，主要根据以下几个因素选定：不利于人攀越；整个结构的配合要求；网面的强度（绷紧程度）。金属网格的网孔尺寸一般不宜大于150mm×150mm。

在保证封闭功能的要求下，在保证隔离网自身的强度和刚度的情况下，板材厚度或钢丝直径尽量取小值，网孔尽量取大值，以减少工程费用，提高隔离设施的性能价格比。

网面的长度，根据立柱间距确定。在风压大的地区，选择小间距；风压小的地区，立柱间距可大一些。

网面宽度、立柱和斜撑的长度，根据设计网高确定。在城市及郊区人口密度较大的路段，隔离栅的设计高度宜取上限，而在人迹稀少的山村或郊外，其设计高度可取下限值。

二、隔离栅的组成与材料

隔离栅由网片、立柱、斜撑、连接件、门（门柱）等组成，如图7-9所示。

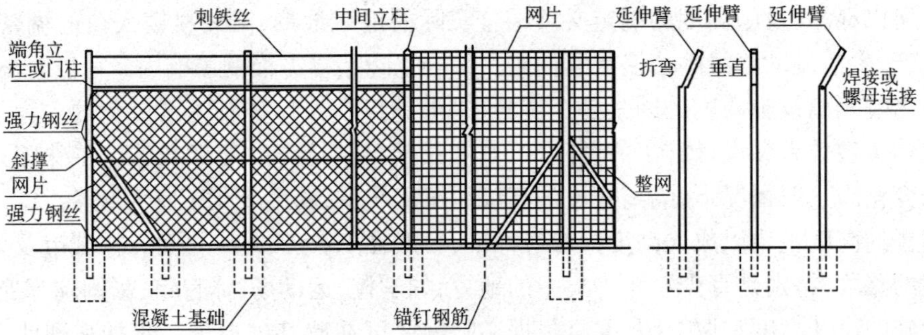

图7-9　隔离栅组成及各构件图

隔离设施所用的各种材料，为了便于采购和加工，其型号、规格、尺寸尽可能选用标准化产品。材料的技术要求应符合国家和部颁标准。考虑到工程造价和经济成本，除特殊需要，一般不选用非标准产品。

1. 隔离栅对材料的要求

1)网片

网片因其加工工艺和材质性能的不同可分为钢板网、电焊网网片、编织网网片、刺钢丝网片,如图7-10~图7-13所示。

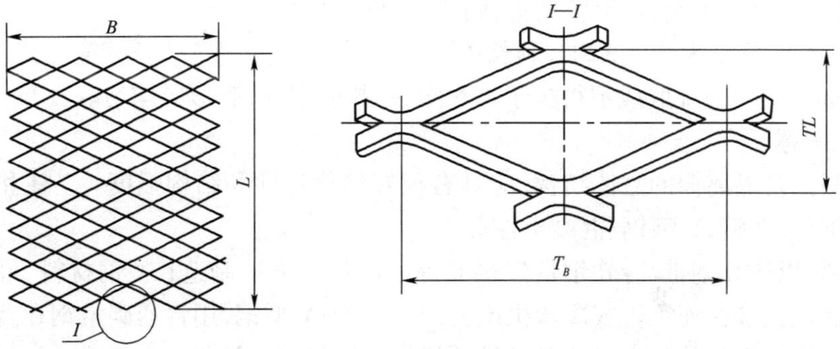

图7-10 钢板网

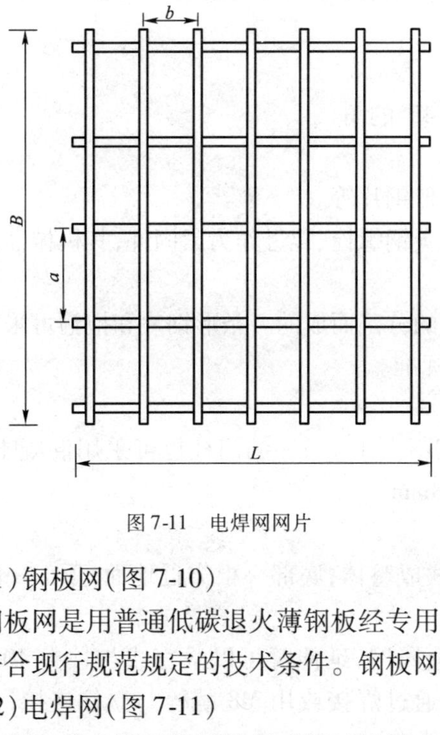

图7-11 电焊网网片

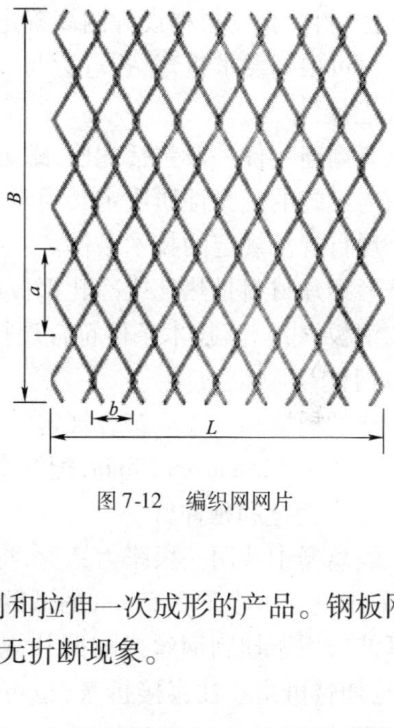

图7-12 编织网网片

(1)钢板网(图7-10)

钢板网是用普通低碳退火薄钢板经专用机床的切削和拉伸一次成形的产品。钢板网的材料应符合现行规范规定的技术条件。钢板网应弯曲90°无折断现象。

(2)电焊网(图7-11)

电焊网是由钢丝机械纺织或经过机械点焊加工而成。电焊网的钢丝宜采用低碳钢丝,其力学性能应符合现行规范规定的技术条件。

对于片网,焊点脱落数应小于焊点总数的4%,对于卷网,任一面积为15m^2的网上焊点脱落数应小于此面积上焊点总数的4%。焊点抗拉力应符合表7-2的规定。

焊点抗拉力性能 表7-2

钢丝直径(mm)	2.2	2.8	3.5	4.0
焊点抗拉力(N)	400	650	1010	1320

(3)编织网(图7-12)

编织网用金属丝,应采用低碳钢丝,采用纵向编织。其力学性能应符合现行规范规定的技术条件。

(4)刺钢丝网(图7-13)

刺钢丝网的股线及刺线应采用低碳钢丝,刺钢丝每个结有4个刺,刺形应规整,刺尖角$\alpha \leqslant 25^{\circ}$,刺夹角$\beta$为$90^{\circ} \pm 20^{\circ}$,刺长$L$为16mm±3mm,刺线缠绕股线不得少于1.5圈,捻扎应牢固,刺形应均匀。

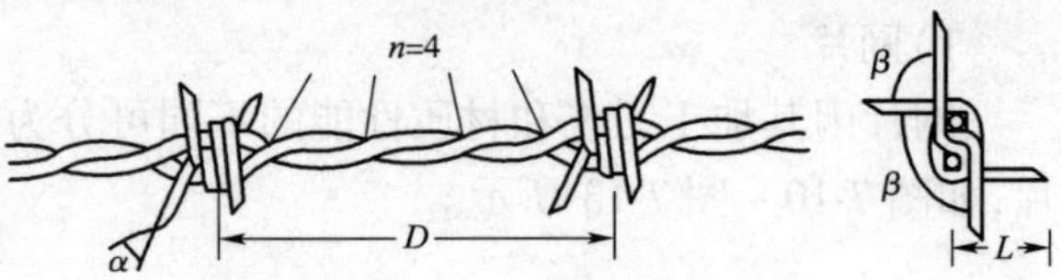

图7-13 刺钢丝

2)立柱、斜撑

立柱和斜撑是隔离栅的立体结构,应具有很好的稳定性和结构强度。立柱和斜撑一般采用直缝焊接钢管、型钢、Y型钢、混凝土柱等。

钢管材料,以热轧钢带、冷轧钢带焊接或焊后冷加工方法制造;型钢材料,可用冷加工变形的冷轧或热轧钢带在连续辊式冷弯机组上加工生产;Y型钢,用普通碳素钢在普通的轧钢机上热轧而成。以上构件的化学成分及机械性能均应满足相关的规定和标准。

混凝土立柱用的混凝土强度等级不低于C20,拌制混凝土所使用的各项材料及混凝土的配合比、拌制、浇筑、养护应满足有关标准的规定。

立柱、斜撑长度根据设计网高确定。

立柱可根据要求折弯,折弯后与立柱夹40°~45°的角。

3)连接件

隔离栅连接件一般包括螺栓、螺母、垫片和条形钢片等。

隔离设施的受力性质决定其通常采用普通低碳钢螺栓、螺母作为紧固件,其机械性能分级应符合现行规范规定的技术条件。

条形钢片材料是热轧或冷轧钢板经专用设备的分割而成的。条形钢片和抱箍可采用冷轧或热轧钢板(带),其技术条件符合现行的规定和标准。

4)门柱

门柱的规格和尺寸应符合规定的要求。门宽不大于1.2m的门柱也可采用混凝土立柱,其断面尺寸为125mm×125mm,配筋直径不小于8mm。

5)张力钢丝和延伸臂

在隔离栅中共用三根张力钢丝,将编织网串联成整体,底部一根靠近地面,顶部一根靠近网边,采用直径不小于3.5 mm的低碳钢丝。

延伸臂用于挂刺钢丝或与网片规格相同的金属网,延伸臂可以垂直或与柱夹40°~45°的角,延伸臂可由立柱直接折弯,也可另外设计,通过焊接或用M8螺栓与立柱连接,长度为250~350mm。

2. 表面防腐处理

隔离设施的所有金属构件都应进行表面防腐处理,其目的是增强材料的抗腐蚀能力,延长使用寿命,此外还可增添隔离设施的美观、艺术效果。

除设计文件另行规定外,防腐处理均应满足现行《高速公路交通工程钢构件防腐技术条件》(GB/T 18226—2000)的规定。金属件的表面防腐处理一般采用热浸镀锌、镀铝、镀锌(铝)后涂塑和涂塑四种。镀锌已是一门成熟的专业技术,因其技术简单、成本低、防腐性能好,已被广泛应用于各行业中。

1)热浸镀锌

采用热浸镀锌方法进行金属防腐处理时,热浸镀锌所采用的锌应为《锌锭》(GB/T 470—1997)规定的0号锌或1号锌。镀锌构件的锌附着量应符合现行规范要求。锌附着量采用氯化锑法测定,也可用涂层测厚仪测量锌层厚度,发生争议时,以三氯化锑法作为仲裁试验方法。

镀锌构件表面应具有均匀完整的锌层,颜色一致,表面具有实用性光滑,不允许有流挂、滴瘤或多余结块,镀件表面应无漏镀、露铁等缺陷。螺栓、螺母等有螺纹的构件在热浸镀锌后,应清理螺纹或进行离心分离。

镀锌构件的锌层均匀,试样经硫酸铜溶液浸蚀规定次数后无金属铜的红色沉积物。

镀锌构件的锌层应与基底金属结合牢固,经锤击或缠绕试验后,镀锌层不剥离、不凸起,不得开裂或起层到用裸手指能够擦掉的程度;镀锌构件经锌层耐中性盐雾试验后,基体钢材不应出现腐蚀现象,基体钢材在切割边缘出现的腐蚀则不予考虑。

2)热浸镀铝

采用热浸镀铝时所用的铝应为《重熔用铝锭》(GB/T 1196—2002)规定的特一级、特二级、一级铝锭。镀铝构件的铝附着量应符合现行规范的要求。铝层附着量测试可采用氢氧化钠法或镀层测厚仪测试。

镀铝构件的铝层表面应连续,不得有明显影响外观质量的熔渣、色泽暗淡及假浸、漏浸等缺陷;镀铝构件的铝层应均匀,不允许有针孔出现;试样经铝层有孔度试验后,无红褐色的氢氧化铁沉积物。

镀铝构件的铝层应与基底金属结合牢固,经铝层附着性试验后,铝层不剥落、不突起,不得开裂或起层到用裸手指能够擦掉的程度;镀铝构件经铝层耐中性盐雾试验后,基体钢材不应出现腐蚀现象,基体钢材在切割边缘出现的腐蚀不予考虑。

3)热浸镀锌(铝)后涂塑

涂塑构件第一层(内层)金属层镀锌(铝)后,第二层(外层)非金属涂层可为聚乙烯、聚氯乙烯或聚酯,其各层质量或厚度应符合现行规范的要求。

涂塑构件的外观质量、均匀性、附着性及耐盐雾性应符合热浸镀锌(铝)的要求;其涂塑层的均匀性、附着性、抗弯曲性、耐磨性、耐冲击性、耐化学药品性、耐候性、耐湿热性、耐低温脆化性均应符合涂塑层的要求。

4)单涂塑处理

单涂塑构件,涂塑前应作相应的处理,涂塑层厚度应符合现行规范的要求。

涂塑层应均匀光滑、连续、无肉眼可分辨的小孔、空间、孔隙、裂缝、脱皮及其他有害缺陷;涂塑层应附着良好,对于聚氯乙烯、聚乙烯涂塑层经剥离试验后,涂塑层无断裂,无剥离;对于聚酯涂塑层,经画格试验后,刻痕光滑,涂塑层无剥落。

课题三　隔离栅施工及施工质量验收

一、隔离栅的施工

施工前,隔离栅所在位置应进行场地清理,如果是软基应进行处理。隔离栅的施工要求如下。

1. 进行施工放样

放样精度是隔离栅施工质量的保证。首先应根据设计文件中规定的隔离栅横断面位置和实际地形、地物条件确定控制立柱的位置，然后进行必要的清场，定出立柱中心线，按设计文件规定的柱距定出准确的柱位，并做出标记。

2. 每个柱位均应按设计文件的要求确定高程，并允许按实际地形进行调整

隔离栅在地形起伏的路段设置时，可以将地面修成一定的纵坡，也可以顺坡设置。

测量高程的目的在于控制各立柱的基础高程，保证安装后隔离栅顶面的平顺和美观。

3. 应根据设计文件的规定开挖基坑

在放样和定位工作完成后，根据设计文件的要求开挖基坑或钻孔，挖钻深度应符合设计要求。在特殊的环境条件下，如坚硬的岩石等，在保证不改变地界的法律地位和设施布设整体美观的情况下，允许对基坑的位置作适当的调整。基坑开挖到设计要求的深度后，将基底清理干净，经检验合格后，方可进行下一道工序。

4. 立柱基础混凝土施工

立柱基础混凝土施工包括现场浇筑和预制两种。现场浇筑要求将立柱放入基坑内，正确就位，用临时支撑固定立柱，用靠尺量其垂直度，用卷尺量其高度，在确认符合设计要求后，进行混凝土浇筑。预制混凝土基础现场埋设是指通过模具预先把混凝土基础制作完毕，也可将立柱与混凝土基础制作成整体结构，现场直接安装到位。

不管采用哪种施工安装方式，在施工过程中都应该严格检查立柱就位后的垂直度和立柱高程，保证网片安装的质量和隔离栅安装完毕后的整体美观效果。

基坑底部可垫混凝土，放入立柱后，检查柱顶高程，并用临时支撑固定立柱，检查其垂直度。立柱的埋设应分段进行，可先埋设两端的立柱，然后拉线埋设中间立柱。控制立柱与中间立柱的平面投影应在一条直线上，不得出现参差不齐的现象。柱顶应平顺，不得出现忽高忽低的现象。

预制混凝土立柱和基础在运输及装卸时应避免折断或损坏边角。装车时，堆放不宜超过五层。

5. 混凝土基础强度达到设计强度的70%以上时，可按规定安装隔离栅网片

1）隔离网安装方法

隔离栅在上网安装时，有两种安装方法：整网连续安装和分片式施工安装。

（1）整网连续安装

整张隔离网在其连续安装工作完成后，需用专用张紧设备将其绷紧。网与立柱的连接一般采用直接挂在型钢立柱冲压而成的挂钩上或混凝土立柱中预埋的钢筋弯钩上，这种连接方法的主要优点是上网、下网工艺简单，加工精度要求不高，而且成本低。

整网铺设可在地势平坦的路段施工，对立柱间距要求不严，但需要承受一定的张拉力，端柱需要加斜撑加固。

（2）分片式安装

分片式安装，是指隔离网在工厂按尺寸剪裁好，并镶嵌在外框中，可分散运输、分片架设，通过螺栓、螺母、垫片、抱箍、上横框、下横框、竖框等连接件将网片与立柱连接。这种安装工艺的优点为造型美观、形式多样；隔离设施整体性结构强度高；可散装运输，灵活装配。

当然，无论是从加工、运输，还是施工安装方面，其总的工程造价相对于传统结构的工程造价都将大幅度上升。安装方式的选择应在充分考虑工程造价，结合本地区道路环境条件，依据设计要求正确选择，以求所选用隔离设施的性能价格比达到最优。此外，网片固定在外边框时，可根据不同的丝网结构，采用焊、压、挂等方法，网片与外边框必须连接牢固，网面平整、

绷紧。

2)隔离网与立柱的连接

隔离网与立柱的连接方式,按安装工艺方法分为无框架整网安装和有框架安装两种形式。

(1)无框架整网安装

无框架整网安装是指金属纺织网四周不附加任何刚性材料作为框架之用,而是直接通过立柱上的挂钩与金属纺织网连接、固定。这种安装工艺的特点是节省材料、造价低、整网连续铺设,缺点是网格难以绷紧。

安装无框架卷网时,应从端头立柱开始,先将金属网在立柱挂钩上扣牢,然后沿纵向展开,边铺设边拉紧。展网要求自如,挂钩时网片不得变形。

整网铺设可在地势平坦的路段施工,对立柱间距要求不严,但立柱要承受一定的张拉力,端柱需要加斜撑来加固。

(2)框架安装

带框架的片网一般在工厂集中制作完成,框架安装分为全框架安装和半框架安装两种方式。全框架安装,是指金属纺织网在生产过程中按设计要求规定的尺寸剪裁成片,再用刚性材料待网格绷紧后与其焊接固定,形成整体刚性网框结构,安装时一框一框地上装,最后通过螺栓螺母与立柱连接固定。此种安装工艺优点是安装后整体连接效果好、刚性好、强度高、美观大方,缺点是造价高。

半框架安装,采用只有上下两边框架的结构形式,通过利用等边内卷边槽钢立柱的特殊结构,用上下可滑动调节螺栓将网片与上下横框现场安装固定。这种安装工艺的最大优点是它不仅克服了以往单片网格安装后无法绷紧的缺点,而且克服了全框结构造价过高的缺点,在工程造价几乎不变的情况下提高了隔离设施整体连接强度。另外材料运输方便,现场安装灵活,隔离网的高度可随意调整和固定。

安装有框架的片网时,网面应平整,无明显的凹凸现象,立柱间距正确,框架应整体平顺、美观,框架与立柱应连接牢固。

3)刺钢丝的安装

刺钢丝安装时,应从端头立柱开始,刺钢丝之间要求平行、平直,绷紧后可用 12 号钢丝与混凝土立柱或钢立柱绑扎固定,横向与斜向刺钢丝相交处用 12 号钢丝绑扎牢固。

6. 夯实处理

隔离栅网片安装完毕后,应对立柱基础周围进行夯实处理。

二、隔离栅施工质量验收

隔离栅质量由供方质检部门进行检验,产品检验符合标准的要求后方可出厂。需方有权按标准的规定进行检查和验收,也可按双方协商的要求进行检查和验收。

对于任何检验,如有一项试验结果不符合标准的要求,则从同一批中再取双倍数量的试样进行复验。复验结果(包括该项试验所要求的任一指标)即使只有一个指标不合格,则整批不得交货。供方有权对复验不合格的产品重新处理或分类,然后作为新的一批再提交检验。

隔离栅施工完成后,应进行施工质量的验收。

1. 基本要求

①隔离栅应与公路线形走向一致,顺直、流畅,纵坡起伏自然、美观。

②隔离栅所用的材料规格及防腐处理应符合《隔离栅技术条件》(JT/T 374—1998)及设

计和施工规范的要求。

③用金属网制作的隔离栅,安装后要求网面平整,无明显翘曲现象,刺钢丝的中心垂度小于 15mm。

④金属立柱弯曲度超过 8mm/m,有明显变形、卷边、划痕等缺陷者,以及混凝土立柱折断者均不得使用。

⑤立柱埋深应符合设计要求;立柱与基础、立柱与网之间的连接应稳固;混凝土基础强度不小于设计要求。

⑥隔离栅起、终点应符合端头围封的设计要求,封闭应严密、牢固,不应出现缺口。

2. 检验项目

隔离栅施工质量检验项目如表 7-3 所示。

隔离栅检验项目 表 7-3

项次	检验项目	规定值或允许偏差	检查仪具和频率	权值
1	隔离栅高度(mm)	±15	钢卷尺:每 100 根测 2 根	1
2	镀(涂)层厚度(μm)	符合设计	测厚仪:抽检 5%	2
3	立柱埋深	符合设计	过程检查,尺量:抽检,10%	2
4	网面平整度(mm)	±2	直尺、塞尺:抽检 5%	2
5	立柱中距(mm)	±30	钢卷尺:每 100 根测 2 根	1
6	混凝土强度(MPa)	在合格标准范围内	检查施工记录	2
7	立柱竖直度(mm/m)	±8	垂线、直尺:每 100 根测 2 根	1

3. 隔离栅外观鉴定

①电焊网不得脱焊、虚焊。

②镀锌层表面应具有均匀完整的锌层,颜色一致,表面具有实用性光滑,不允许有流挂、滴溜或多余的结块;镀铝构件表面应连续,不得有明显影响外观质量的熔渣、色泽暗淡及假浸、漏浸等缺陷;镀层表面应无漏镀、漏铁等缺陷;涂塑层均匀光滑连续,无肉眼可分辨的小孔、孔隙、裂缝、脱皮及其他缺陷。

③混凝土立柱应密实平整,无裂缝、翘曲、蜂窝、麻面等缺陷。

④有框架的隔离网和防护网,网片应与网架焊牢,网片拉紧;整网铺设的隔离栅、端柱应与网连接牢靠,网面平整绷紧;刺钢丝间距符合设计要求,刺线平直、绷紧。

⑤隔离栅安装位置应符合设计规定;安装线形整体流畅并与地形相协调;围封严实,安装牢固。

4. 检验方法

(1)隔离栅高度检验

隔离栅高度是指从路面到隔离栅、防落网顶的总高度。用钢卷尺(精度 0.5mm)测量从路面到网顶的高度,每处量取 3 次,取平均值。

(2)镀(涂)层厚度检验

用镀层测厚仪(量程为 1200μm,精度为 1μm)分别测量金属立柱、斜撑的镀(涂)层厚度,各构件每处在不同断面测量4 次,取平均值。

用涂层测厚仪(量程为 400μm,精度为 0.1μm)测量网丝的涂层厚度,在不同断面上测量 4 次,取平均值。

（3）混凝土立柱埋深检验

立柱埋深可查施工记录，如有疑问，必要时可开挖检查，用皮尺量计，每处量取 3 次，计算平均值。

（4）网面平整度检验

用 2m 直尺紧靠在网面上，在网面上移动，检查网面凹陷处与直尺的最大间隙，用塞尺量取，取最大值。

（5）立柱中距检验

立体间距用皮尺量计，每 100 根测 2 根。目测检查立柱纵向线形，不得出现参差不齐的现象。柱顶应平顺，不得出现高低不平的情况。

（6）混凝土强度检验

混凝土立柱和基础施工的同时做试件，每工作班做一组（3 件），检查试件强度，抽检 10%。

（7）立柱竖直度

用垂线和直尺测量立柱的竖直度，每 100 根测 2 根。

课题四　桥梁护网

一、桥梁护网设置原则

①上跨高速公路、需要控制出入的一级公路的车行或人行构造物两侧均应设置桥梁护网。

②公路跨越铁路、通航河流、交通量较大的其他公路时，应根据需要设置桥梁护网。

二、桥梁护网形式选择

①桥梁护网按网片形式可分为钢板网、电焊网、编织网、实体板等。

②选择桥梁护网形式时，必须考虑其强度、美观性、与公路周围环境的协调性、施工养护的方便性等因素。

三、桥梁护网构造要求

①桥梁护网的设置高度：

桥梁护网的设置高度宜为 1.8 ~ 2.1m，在交通量大、行人密度大、临近城镇厂矿等地点可取上限，反之则取下限。桥梁护网宜与桥梁横断面比例协调，避免给人以压抑感。

桥梁两侧设置混凝土护栏时，网面可从护栏顶部设计；设置桥梁栏杆，则桥梁护网网面应从桥面开始设计。

②桥梁护网采用的金属网的形式可与隔离栅相同，其网孔规格不宜大于 50mm × 100mm。

③桥梁护网应做防雷接地处理，其接地电阻应小于 10Ω。

除基础设置方式和方法不同外，桥梁护网的结构形式与隔离栅大体相同，但由于在空旷的原野上，上跨立交桥往往是周围地物中的最高点，在桥上设置金属防护网后，其遭雷击的危险性大大增加，因而桥梁护网应做防雷接地处理。交通量大、临近城镇厂矿的桥梁更应引起设计者的注意。

④桥梁护网应以风力影响为主进行稳定性验算，并考虑人对桥梁护网的破坏因素。

⑤隔离栅所有钢构件均应进行防腐处理。

通过防腐处理,可增强材料的抗腐蚀能力,延长使用寿命,此外,还能增强桥梁护网美观和艺术的效果。

四、桥梁护网的代号

桥梁护网的代号由构造形式代号和设置条件代号组成,各种代号规定如下:

1. 桥梁护网代号

Bf——桥梁护网。

2. 构造形式代号

Em——钢板网;

Ww——焊接网;

Wn——编织网;

Bw——刺钢丝;

Mp——金属板。

3. 设置条件代号

B——埋设或附着于上跨构造物上。

4. 标注方法

(1)通式

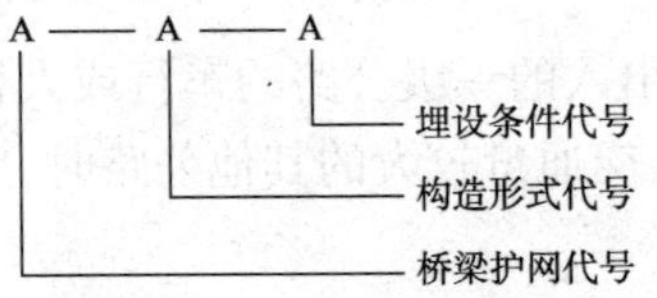

(2)示例

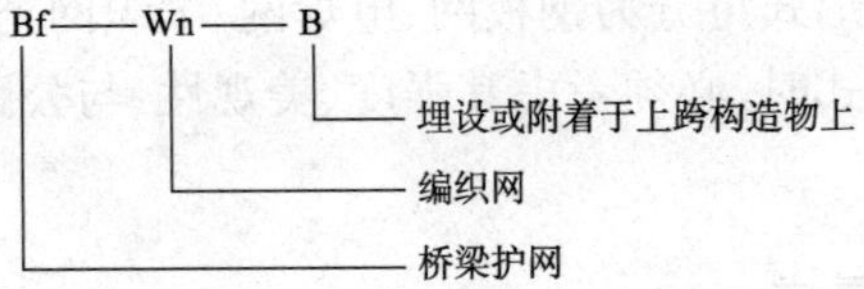

五、桥梁护网的施工

①桥梁护网应以上跨桥梁与公路、铁路等设施的交叉点为控制点,向两侧对称进行施工。桥梁护网的设置长度应符合设计文件的规定。

②应根据桥梁护网立柱预埋基础的位置安装立柱。桥梁护网的立柱一般采用预埋基础,应按设计要求制作预埋件,安装立柱时要控制立柱间距 ,控制连接部件的牢固性。立柱与基础的连接应符合设计要求,牢固、垂直、高度一致。未设置预埋件时,应采取后固定的施工工艺固定立柱。

③桥梁防护网网片应牢固地安装在立柱上。因为桥梁护网是桥梁建筑的附属安全设施,对桥梁景观有很大影响。所以,桥梁防护网网片应牢固地安装在立柱上,而且,混凝土立柱应密实平整,不得有翘曲、裂缝、蜂窝、麻面等缺陷,金属网片应平整、绷紧,舒展自然、美观。

④应根据设计文件的规定对桥梁护网做防雷接地处理。为防止雷电伤人,施工中,应在合适位置安装接地避雷线,接地避雷线要符合设计文件的要求。

思考与练习

一、填空题

1. 金属网隔离栅按网片形式可分为________、________、________、________。

2. 隔离栅网孔尺寸大小的确定主要考虑________、________、________等因素。

3. 隔离设施在起伏地段的设置形式可采用________、________两种形式。

4. 隔离栅施工质量检测项目包括________、________、________、________、________、________、________。

5. 隔离栅按立柱断面形式可分为________、________、________、________等。

6. 隔离设施一般分为________、________、________三大类。

7. 隔离栅主要由________、________、________、________、________等组成。

8. 隔离网与立柱的连接方式按安装工艺可分为________和________两种形式。

9. 为了保证隔离设施的有效性，在每段隔离设施的起点和终点应进行专门的________设计。

10. 隔离设施在上网安装时，可采用______________和______________两种方式。

二、选择题

1. 在防腐处理中，常用的防腐方法是________。

A. 热浸镀锌　　B. 热浸镀铝　　C. 喷塑

2. 在人口稠密及当地地形起伏不定的地区修建高速公路，在此路段两侧一般采用________隔离设施。

A. 钢板网　　B. 编织网　　C. 电焊网　　D. 刺铁丝

3. 从造价和强度上考虑，隔离栅的安装最好采用________方式。

A. 无框架整网安装　　B. 全框架安装　　C. 半框架安装

4. 如从景观和减少噪声角度考虑，隔离设施最好采用________形式。

A. 钢板网　　B. 编织网　　C. 常青绿篱　　D. 电焊网

5. 从造价和强度上考虑，隔离栅的安装最好采用________方式。

A. 无框架整网安装　　B. 全框架安装　　C. 半框架安装

6. 隔离设施的高度一般取值在________之间。

A. 1.6 ~ 1.8m　　B. 1.8 ~ 2m　　C. 1.5 ~ 1.8m

7. 刺钢丝隔离栅的刺钢丝网片应采用________材料。

A. 高碳钢丝　　B. 中碳钢丝　　C. 低碳钢丝　　D. 合金钢丝

8. 隔离栅一般沿公路用地界线以内________处设置。

A. 20 ~ 50cm　　B. 30 ~ 60cm　　C. 30 ~ 50cm　　D. 20 ~ 60cm

三、判断题

1. 一般情况下，隔离设施的高度应根据地形和人口分布情况频繁变化。（　）

2. 隔离栅设置斜撑的目的是增强隔离栅的稳定性。（　）

3. 金属网和刺铁丝是隔离设施常用材料，常青植物不作为隔离设施使用。（　）

4. 隔离栅网孔尺寸应尽量取小值，以增强网面的绷紧程度。（　）

5. 在通道、桥梁两端一般要进行隔离栅端头的围封处理。（　）

6. 隔离栅在起伏地段设置时，可采用阶梯形设置方式或顺坡设置方式，并要求全线应连续设置。 （ ）

四、简答题

1. 隔离设施的作用及设置的必要性是什么？

2. 试述各种隔离设施的适用性。

3. 隔离设施施工质量检测的基本要求是什么？

4. 隔离栅施工质量检验的内容有哪些？

5. 简述桥梁护网的设置原则。

单元八 防眩设施

知识点:

1. 防眩设施设置的意义及设置原则;
2. 防眩设施连续设置的规定;
3. 防眩设施的种类;
4. 防眩板的分类。

技能点:

1. 防眩设施对材料的要求;
2. 防眩板的构造要求;
3. 防眩板的结构形式;
4. 防眩板的施工要点;
5. 防眩设施施工质量验收。

课题一 防眩设施概述

一、防眩设施设置意义

防眩设施是指设置在道路中央分隔带上,用于消除汽车前照灯夜间眩光影响的道路交通安全设施。

汽车驾驶员在高速公路上行驶,经常遇到对向出现极强的光照,使驾驶员视觉机能或视力降低,产生烦恼和不舒适的感觉,这就是眩光。眩光使驾驶员视觉的信息质量显著下降,容易产生紧张和疲劳,使夜间行车环境不断恶化,这是发生交通事故的潜在因素。因此,应在高速公路上设置防眩设施,避免交通事故的发生。

二、防眩设施设置原则

①高速公路、一级公路凡符合下列条件之一者,应设置防眩设施:

a. 中央分隔带宽度小于9m的路段;

b. 夜间交通量较大、服务水平达到二级以上的路段;

c. 圆曲线半径小于一般值的路段;

d. 凹形竖曲线半径小于一般值的路段;

e. 公路路基横断面为分离式断面,上下行车道高差小于或等于2m时;

f. 与相邻公路或交叉公路有严重眩光影响的路段;

g. 连拱隧道进出口附近。

②非控制出入的一级公路平面交叉、中央分隔带开口两侧各100m(设计速度≥80km/h)

或 60m(设计速度 60km/h)范围内可逐渐降低防眩设施的高度,由正常高度降至开口处的零高度,否则不宜设置防眩设施

③公路沿线有连续照明设施的路段,可不设置防眩设施。

④防眩设施连续设置时,应符合相关规定。

三、防眩设施连续设置的规定

①防眩设施的设置应该考虑连续性,避免在两段防眩设施之间留有短距离的间隙。因为这种情况会给毫无思想准备的驾驶员造成很大的潜在眩目危险,容易诱发交通事故,而且从人的视觉感受和景观上来说效果也不好。

②防眩设施各结构段应相互独立,每一结构段的长度不宜大于 12m。防眩板应以一定长度的独立结构段为制造和安装单元,这种结构段的长度一般小于 12m,视采用的材料、工艺情况而定。

防眩板设置在道路上,免不了要遭受失控车辆的冲撞而损坏。为减轻损坏的严重程度,方便更换维修,设计时应每隔一定距离使其前后相互分离,使各段互不相连。这样做既有利于加工制作和运输安装,而且从防止温度应力破坏的角度来说也是必需的。防眩板每一独立段的长度可与护栏的设置间距相协调,选择 4m、6m、8m、12m 或稍长一些都是可以的。

③防眩设施的设置高度原则上应全线统一。防眩设施的结构形式、设置高度、设置位置发生变化时应设置渐变过渡段,过渡段长度以 50m 为宜。

不同防眩结构的连接应注意高度的平滑过渡,不要出现突然的高低变化。设置在凹形竖曲线路段的防眩设施,其设置高度应根据竖曲线半径及纵坡情况由计算确定,并在一定长度范围(渐变段)内逐步过渡,以符合人的视觉特性。该渐变段的长度与人的视觉特性、结构尺寸和变化幅度、车辆的行驶速度(公路等级)等有关,一般宜大于 50m。但在设计中,应根据具体情况确定合适的渐变段长度。另外,防眩板板条宽度的变化幅度一般都不大,故其渐变段的长度还可小一些。

四、防眩设施的分类

防眩设施按构造可分为三类:防眩板、防眩网、植树(间距型、密集型)。各种防眩设施的综合性能比较如表 8-1 所示。根据三种构造物在高速公路或一级公路上的使用效果以及综合评判,防眩板的防眩效果最好。目前大多数设置防眩设施的公路都以设置防眩板为主。

不同防眩设施的综合性能比较表 表 8-1

特　　点	植树(灌木)		防眩板	防眩网
	密集型	间距型		
美观	好		好	较差
耐驾驶员心理影响	小	大	小	较小
对风阻力	大		小	大
积雪	严重		好	严重
自然景观配合	好		好	不好
防眩效果	较好		好	较差
经济性	差	好	好	较差
施工难易	较难		易	难
养护工作量	大		小	小
横向通视	差	较好	好	好
阻止行人穿越	较好	差	较好	好
景观效果	好		好	差

防眩板之所以备受国内外公路界的欢迎，是因为它具有对风阻挡小，不易引起积雪，美观、经济和对驾驶员心理影响小等优点。尤其是适当板宽的防眩板与混凝土护栏配合使用效果更佳，从而确定防眩板是最佳的结构形式。本书仅介绍防眩板这种形式。

至于选择何种形式的防眩设施，应针对公路的平纵线形，气候条件、充分比较各种防眩设施的性能，分析行驶的安全感和景观要求，并考虑与公路周围环境的协调，结合经济性、施工条件及养护维修等因素综合确定。

例如，当中央分隔带宽度较小时，应以防眩板为主；而在中央分隔带较宽、地形变化较大、需要保护自然景观并且气候条件也较适宜植树时，可采用植树(灌木)的形式。从经济、景观、养护和克服单调性等方面而言，防眩板和植树相结合是比较理想的形式。

又如，设置缆索护栏时，因缆索护栏与防眩板结合设置，会给人以“头重脚轻”之感，景观效果不好，再加之缆索护栏是柔性结构，不能很好地对防眩板起保护作用。车辆侧撞或侧擦对缆索护栏可能没有什么损伤，而防眩板却可能遭受破坏，或产生变形，修复较困难。如果植树与缆索护栏结合设置，既能起到防眩的作用，也弥补了缆索护栏诱导效果不理想的缺点，景观效果极佳，故在设置缆索护栏的路段，最好采用植树防眩。

课题二　防眩板的构造与结构形式

一、防眩板的分类

根据防眩板的设置方式，主要有防眩板单独设置、防眩板设置在波形梁护栏的横梁上、防眩板设置在混凝土护栏上这三种情况，其结构形式如表 8-2 所示。

防眩板分类一览表　　表 8-2

安装位置	构造特征	设置方式	防眩设施代号
中央分隔带	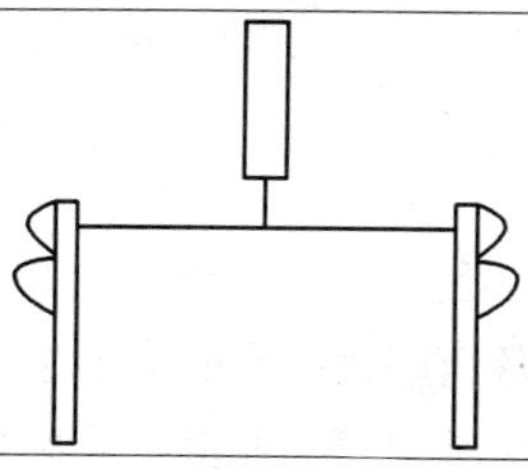	与波形梁护栏相连接	Gs-P-Gr
	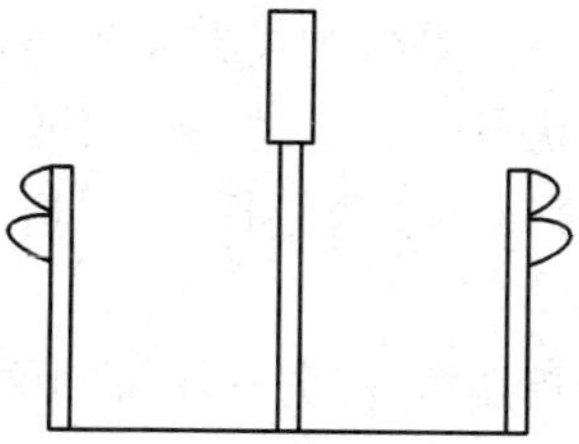	埋置在土中	Gs-P-E
		埋置在混凝土中	Cs-P-C
	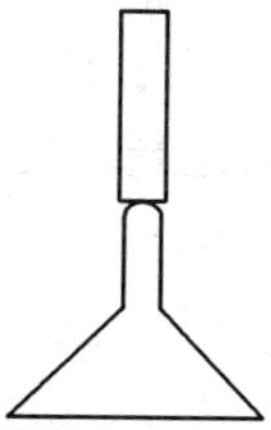	设置在混凝土护栏上	Gs-P-Gw

二、防眩设施的代号

防眩设施的代号由构造形式代号和设置条件代号组成，各种代号规定如下。

1. 防眩设施代号

Gs——防眩设施。

2. 构造形式代号

P——防眩板；

N——防眩网。

3. 设置条件代号

E——埋设于土中；

C——埋设于混凝土中；

Gw——设置在混凝土护栏上；

Cr——设置在混凝土波形梁护栏上。

4. 标注方法

(1)通式

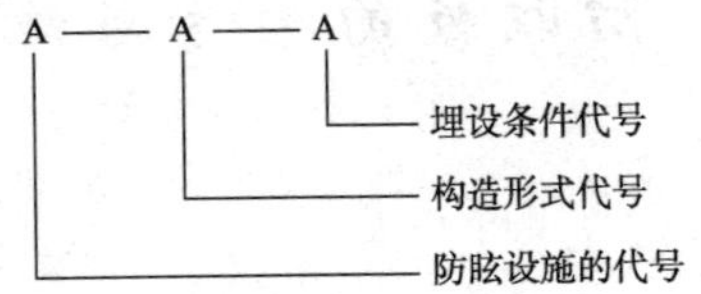

(2)示例

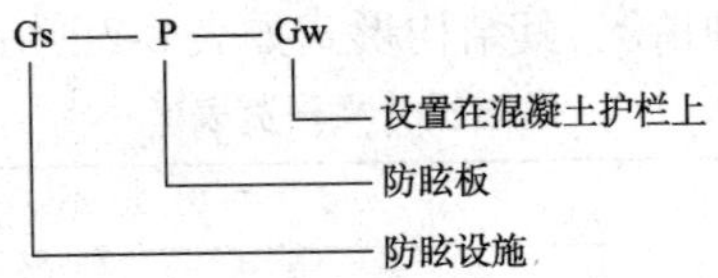

三、防眩板的构造要求

防眩板既要能有效地遮挡对向车辆前照灯的眩光，还要能满足横向通视良好，使驾驶员能看到斜前方，并满足对其心理影响小的要求。如采用完全遮光，反而缩小了驾驶员的视野，影响巡逻管理车辆对对向车道的通视，且对行车驾驶员有压迫感。同时，无论白天或黑夜，对向车道的交通情况是行车的重要参照系，其中很重要的一点是驾驶员在夜间能通过对向车前照灯的光线来判断两车的纵向距离，使其注意调整行驶状态。所以，防眩板不必把对向车灯的光线全部遮挡住，而采用部分遮光的原理，允许部分车灯光穿过防眩板，当然透光量不应使驾驶员感到不舒适。

由此可知，防眩板的结构设计要素有：遮光角、防眩高度、板宽、板的间距等，其中遮光角和防眩高度最重要。由于防眩板的宽度，部分阻挡了对向车前照灯的眩光，也就是说，在中央分隔带连续设置一定间距、一定宽度的防眩板后，当与前照灯主光轴成一定水平夹角(遮光角)的光线照射到防眩板上，它刚好被相邻两块板条所阻挡，因此遮光角是设计的重要参数。

1. 遮光角

防眩设施宜按部分遮光原理进行设计，直线路段防眩设施的遮光角不得小于8°，平、纵线形组合路段防眩设施的遮光角为8°~15°。

直线路段遮光角 β_0 如图 8-1,可按式(8-1)计算。

$$\beta_0 = \tan^{-1}(b/L) \tag{8-1}$$

式中:b——防眩板的宽度(m);

L——防眩板的纵向间距(m)。

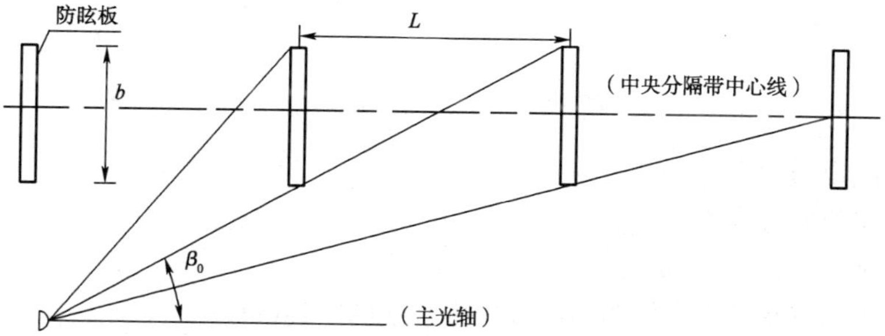

图 8-1　遮光角计算图式

平曲线段遮光角 β 可按式(8-2)计算。

$$\beta = \cos^{-1}\left(\frac{R - B_3}{R}\cos\beta_0\right) \tag{8-2}$$

式中:R——平曲线半径(m);

B_3——车辆驾驶员与防眩设施的横向距离(m)。

2. 防眩高度

防眩设施的高度与驾驶员的视线高度和前照灯的高度有直接关系。在公路线形设计中,我国采用的驾驶员视线高度标准值是 1.2m,而在实际行驶的车辆群体中,由于车辆结构和驾驶员个体等因素的差别,驾驶员的视线高度变化很大。根据调查,我国汽车驾驶员视线高度建议值为小型车 1.3m,大客车 2.2m,货车 2.0m。汽车前照灯高度建议值为小型车 0.8m,大型车为 1.0m。汽车前照灯高度和驾驶员视线高度如表 8-3 所示。

汽车前照灯高度和驾驶员视线高度　　表 8-3

车种	视线高度 h_2 (m)	前照灯高度 h_1 (m)	车种	视线高度 h_2 (m)	前照灯高度 h_1 (m)
大型车	2.0	1.0	小型车	1.3	0.8

在凸形竖曲线路段,驾驶员可在一定范围从较低的角度看到对向车前照灯的眩光。随着两车驶近,视线上移,眩光才被防眩设施遮挡。故在凸形竖曲线路段,防眩设施的下缘应接近或接触路面或在中央分隔带上种植密集的矮灌木,以消除这种眩光的影响。其设置的范围至少为凸形竖曲线顶部两侧各 120m,因平直路段感觉不到眩光的两车最小纵距即为 120m 左右,汽车远射灯光的照距一般也在 120m 左右。

在凹形竖曲线路段,驾驶员显然可从较高的角度看到对向车前照灯的眩光,因而宜根据凹形竖曲线的半径和前后纵坡度的大小,适当增加凹形竖曲线路段防眩设施的高度。一般可通过计算或计算机绘图求出凹形竖曲线内各典型路段相应的防眩设施高度值,最后取一平均值作为整个凹形竖曲线防眩极范围内的设置高度。显然,在凹形竖曲线路段种植足够高度的树木是比较理想的防眩形式,它可为驾驶员提供优美的视觉环境。

为使防眩设施的高度能与道路的横断面比例协调,不使防眩设施受冲撞后倒伏到行车道上，以及减少对行驶者的压迫感，防眩设施的高度一般不宜超过2m。

一般直线路段防眩高度为160～170cm，平、纵线形组合路段防眩高度为120～180cm。

(1)直线路段防眩设施高度

直线路段防眩设施的高度可按式(8-3)和式(8-4)进行计算：

$$H = h_1 + (h_2 - h_1)B_1/B \tag{8-3}$$

或

$$H = h_2 - (h_2 - h_1)B_2/B_1 \tag{8-4}$$

式中：H——防眩设施的高度(m)；

h_1——汽车前照灯高度(m)；

h_2——驾驶员视线高度(m)；

B_1、B_2——分别为行车道上车辆距防眩设施中心线的距离(m)；

B——相对行使车辆相距的横向距离，$B = B_1 + B_2$(m)。

平曲线路段应验算防眩设施的高度对停车视距的影响。

(2)竖曲线路段防眩设施高度

应根据前后纵坡的大小计算防眩设施高度是否满足遮光要求，必要时进行适当调整，以满足遮光要求。

3. 防眩板宽度

防眩板宽度可采用8～25cm，按式(8-5)和式(8-6)进行计算。

当防眩板与设置中线垂直时：

$$b = L \cdot \tan\beta \tag{8-5}$$

当防眩板与设置防眩板成α角时：

$$b = L \cdot \tan\beta/(\sin\alpha + \cos\alpha\tan\beta) \tag{8-6}$$

式中：b——防眩板宽度(cm)；

β——防眩遮光角(°)；

L——防眩板间距(cm)；

α——防眩板的偏转角(°)。

4. 防眩板的间距

防眩板间距以50～100cm为宜，一般定为50cm，这主要是为了与护栏设置间距相吻合，同时也有利于加工制作；另外，以此间距计算出的板宽能很好地与护栏顶部宽度尺寸相配合。

防眩板在满足构造要求的前提下，就足以抵抗风力的破坏，故一般可以不对其进行力学计算。但在经常遭受台风袭击的沿海地区和常年风力较大、有刮倒树木或破坏道路设施的地区，防眩板独立埋设基础时，在设计上应对防眩板的连接部件或基础进行抗倾覆等力学验算，其横向风力大小可参照《公路桥涵设计通用规范》(JTJ D60—2004)中有关桥梁护栏的规定确定。

防眩板的基本结构是把方形型钢作为纵向骨架，把一定厚度、宽度的板条按一定间隔固定在方形型钢上。防眩板厚度视采用材料不同而不同，也应根据防眩板是否受力而有变化。在每个独立结构段内，一般有两块板为承力结构板与护栏连接固定。

防眩板及其连接体的尺寸应结合结构和景观等因素确定。一般板条厚度为2.5～4.0mm，板宽为8～25mm；方形型钢的外形尺寸可为40mm×40mm～65mm×65mm，其壁厚可为2～3mm。

四、防眩板的结构形式

从我国防眩设施和中央分隔带护栏的设置原则可看出，两者设置条件考虑的基本因素多数是一致的。一般在需设置防眩设施的路段，基本上也需设置中央分隔带护栏，因而防眩设施宜与护栏配合设置。而且，防眩设施与护栏配合设置具有一定的优越性。首先，可大大降低防眩设施的投资，防眩设施与护栏配合设置就可利用护栏作为支撑结构，护栏本身可作为防眩的一个组成部分，从而节省投资、降低造价；其次，护栏对防眩设施可以起到保护的作用，由于防眩设施本身并不具备防撞功能，因而与护栏配合使用时，护栏就起了保护的作用，降低防眩设施受冲撞破坏的几率，从而可节省大量的维修养护费用。

实践表明：防眩设施与护栏可以互为补充，能起到增强道路景观的作用。

防眩板与中央分隔带护栏配合设置，在结构处理上可以有以下三种方法。

1.防眩板与混凝土护栏结合

防眩板与混凝土护栏结合，这主要依赖于混凝土顶上的预埋件来实现，一般采用预埋地脚螺栓连接。其结构形式如图8-2所示。

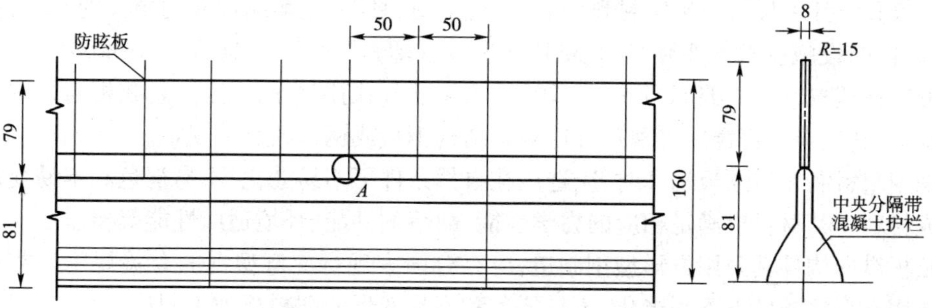

图8-2 设置于混凝土护栏上的防眩板构造(尺寸单位：cm)

2.防眩板与波形梁护栏结合

可在分设型护栏立柱上设置型钢横梁(如槽钢)，防眩板固定在槽钢上，也可在组合型护栏立柱上固定防眩板。其结构形式如图8-3所示。

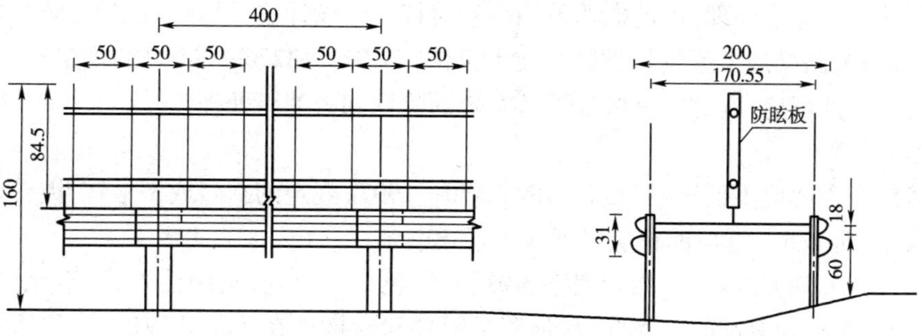

图8-3 设置于护栏上的防眩板(尺寸单位：cm)

3.将防眩板单独竖立立柱埋设在中央分隔带上

其结构形式如图8-4所示。

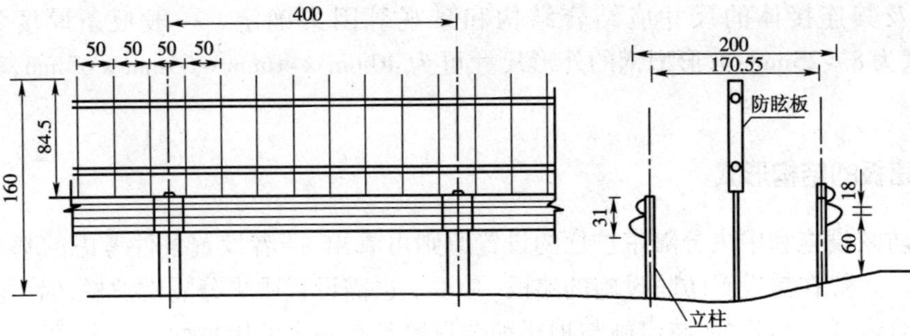

图 8-4 设置于护栏中央的防眩板(尺寸单位:cm)

课题三 防眩设施材料和施工

一、防眩设施材料

1. 防眩板对材料的要求

防眩板各部件可采用金属材料或合成材料制成。金属材料是指金属板、金属网和连接件;合成材料包括工程塑料、玻璃纤维增强塑料制品等。金属材料应符合相应的国家标准或根据设计由厂家和设计单位协商确定材料的要求,合成材料应满足耐腐性和耐候性的要求,并符合现行《公路防眩设施技术条件》(JT/T 333—1997)、《塑料防眩板》(JT/T 598—2004)、《公路用玻璃纤维增强塑料产品》(JT/T 599.4—2004)第4部分:防眩板的规定。防眩板若采用薄钢板或钢带制造,其性能应符合国家现行普通碳素结构钢板或钢带的有关规定。

若采用塑料制作防眩板构件时,应选用在自然条件下不易老化、不易褪色和不易变形的高分子合成材料。其材料应满足相应的力学性能、耐溶剂性能、环境适应性能等要求。

防眩板纵向构件其采用方形型钢制造,应符合国家现行冷弯型钢的有关规定。非承重的板条可选用在自然条件下不易老化、不易褪色和不易变形的塑料板加工制作。

独立设置的混凝土基础所用的钢筋、水泥、细集料、粗集料、拌和用水、外加剂等材料,应符合现行《公路桥涵施工技术规范》(JTJ 041—2000)的规定。

2. 防眩板的表面处理

防眩板所有钢构件均应进行表面防腐处理,其表面防腐可采用热浸镀锌、热浸镀铝、表面涂塑和涂刷油漆等方法处理,规范推荐采用热浸镀锌。除设计文件另行规定外,防腐处理均应满足现行《高速公路交通工程钢构件防腐技术条件》(GB/T 18226—2000)的规定。

在进行防腐处理前,应对所有构件进行有效的除锈和去油脂处理。

(1)热浸镀锌

热浸镀锌所用锌应不低于《锌锭》(GB/T 470—1997)规定的0号或1号锌,镀锌构件的锌附着量应大于350g/m^2,近似的锌层厚度应大于50μm。

镀锌构件的外观要求:具有均匀完整的镀层,颜色一致,具有实用性光滑,不允许有漏镀、流挂、滴瘤或多余结块等缺陷。螺栓、螺母等紧固件和连接件在防腐处理后,必须清理螺纹或进行离心分离处理。

镀锌构件的锌层应具有良好的附着性,与基底金属结合牢固。

(2)热浸镀铝

热浸镀铝用铝锭含铝量不小于 99.5%,《重熔用铝锭》(GB/T 1196—2002)中的特一级、特二级铝锭均适用。镀铝构件的铝附着量应大于 180g/m^2,近似的铝层厚度应大于 80μm。

热浸镀铝层应连续,在基体表面覆盖完好,铝层表面不允许存在明显影响外观质量的熔渣、色泽黯淡以及假渗、漏渗等缺陷。有螺纹的构件在热浸镀铝后,应清理螺纹或进行离心分离处理。

镀层和基体应具有良好的附着性。

(3)涂刷油漆

防眩设施若采用涂刷油漆做防腐处理,应在构件表面涂刷两道防锈漆后,再刷两道以上油漆。所涂底漆厚度不得小于 40μm,涂完面漆后,总厚度为 125 ~ 175μm。

漆膜要求光滑均匀,不得有金属外露或漆液流挂、褶皱。外层漆干燥后的颜色应符合设计要求。所用底漆和面漆必须符合设计要求,并有出厂质检证书,漆前应对油漆进行抽样检查。

(4)涂塑处理

防眩板经热浸镀锌(铝)处理后,为改善视觉景观,不给人以单调感,可在防眩板锌(铝)层上进行涂塑处理,或直接将钢构件进行涂塑处理。

防眩设施若采用浸塑或喷塑作防腐处理,涂塑后涂层的厚度应在 300 ~ 500μm 之间,涂塑层表面要求平整、光滑,不能有皱褶、流挂、剥落、龟裂等缺陷。

二、防眩设施的施工

桥梁段或混凝土护栏上设置防眩板时,应对预埋件的设置位置、强度和腐蚀程度进行检查,不符合要求的应整改,并在施工前加以解决。植树防眩应符合设计文件和有关规范的规定。

1. 设置于混凝土护栏上的防眩板的安装

①防眩板可通过混凝土护栏顶部的预埋件及连接件安装在混凝土护栏上,未设置预埋件时,可采取后固定的施工工艺安装。预埋件的设置位置、结构尺寸等不符合设计要求,或未按要求设置预埋件时,应与建设单位联系,不得随意处理,以免破坏混凝土护栏的使用功能。

②混凝土护栏强度低于设计强度的 70% 时,不得安装防眩板。混凝土护栏是支撑防眩板结构物,防眩板安装完成后,各个连接件就要受力,因此,混凝土护栏强度达到设计强度的 70% 以上时,才能在混凝土护栏上安装防眩设施。

③防眩板下缘与混凝土护栏顶部的间距应符合设计文件的规定。安装过程中,不得随意抬高防眩板以调整高度或垂直度,防止下缘漏光过量而影响防眩效果。

④防眩板安装后,不得削弱混凝土护栏的原有功能。

2. 设置于波形梁护栏上的防眩板的安装

①防眩板可通过连接件安装在波形梁护栏上。

②防眩板安装在波形梁护栏上时,不得削弱波形梁护栏的原有功能。

③防眩板下缘与波形梁护栏顶面的间距应符合设计文件的规定,以免漏光过量而影响防眩效果。

④施工过程中不应损伤波形梁护栏的防腐层,任何涂层损伤应在 24h 之内予以修补。

3. 独立设置立柱的防眩板的安装

①施工前,应清理场地、协调与其他设施的关系。防眩板单独设置时,立柱一般直接落地埋在中央分隔带内。因此,施工前,应注意清理中央分隔带内的杂物、坑洞,了解管线埋深及位置,处理好与其他中央分隔带内构造物的关系。立柱埋设在其他位置时,也应该进行场地清理。

②防眩板单独设置时,可根据所在位置选择将立柱埋入土中,设置混凝土基础或固定于桥梁、通道、明涵等构造物上等方式加以处理。设置混凝土基础,其强度达到设计强度的70%以上时,才能在立柱上安装防眩板。

③立柱施工时,不得破坏地下管线和排水设施。混凝土基础开挖达到规定深度后,应夯实基底,调整好垂直度和高程,夯实回填土。施工中不得损坏中央分隔带地下排水系统。

总之,防眩板安装完成后,成为公路的附属结构物,成为保障安全的一种设施,同时也是一种公路的景观设施。因此,防眩设施应与公路线形协调一致,不得有明显的扭曲或凹凸不平。

课题四　防眩设施施工质量验收

防眩设施产品的质量由供方质检部门进行自检,经检验合格后方可出厂。对于产品质量的抽样检验,应以200件作为一个单位,从各类构件中分别取出一件进行检验,如果检验的这一组构件不符合要求,则另外选取两组进行检验,如果这两组中也有一组不符合要求,则以该样品为代表的整批货应被拒收。

防眩设施产品一般不做化学分析试验,但供货方应提供本批构件原材料生产厂出具的质量证明书。需方认为有必要时,有权对产品取样,对其材料进行化学分析试验,试验结果应符合相关标准的规定。

防眩设施施工完成后,应进行施工质量的验收,主要包括:

1. 基本要求

①防眩板整体应与公路线形协调一致,美观大方,结构合理,不得有明显的扭曲或凹凸不平。

防眩设施安装完成后,成为公路的附属物,成为保障安全的一种设施,同时也是一种公路的景观设施。因此,防眩板整体应与公路线形协调一致。

②防眩板安装完成后,其几何尺寸、设置路段、防眩高度、遮光角应满足设计要求。

防眩高度、遮光角是防眩设施的重要指标,防眩设施安装完成后,其防眩高度、遮光角应满足设计要求。防眩设施安装完成后,往往会在桥梁与路基连接处、中央分隔带开口处有不连续的地方,在两段防眩设施中间留有短距离的间隙,会产生漏光现象,因此,应加以避免。

从纵断面来看,防眩漏光发生在线型起伏变化较大的地段。在这些路段从防眩板漏光是很难避免的,需要做到的一点首先是要满足设计要求,尽量使这种情况减少或避免。

③防眩板的材质、镀锌量应符合《公路防眩设施技术条件》(JT/T 333—1997)及设计和施工规范的要求。

④防眩板平面弯曲度不得超过板长的0.3%。

⑤防眩板应牢固安装,以免影响正常使用。

2. 防眩设施的检验项目

防眩设施施工后质量的检验项目如表8-4所示。

防眩设施实测项目 表8-4

项次	检查项目	规定值或允许偏差	检查方法和频率	权值
1	安装相对高度(mm)	±10	尺量:抽检5%	2
2	镀(涂)层厚度	符合设计	涂层测厚仪:抽检5%	1
3	防眩板宽度(mm)	±5	尺量:抽检5%	1
4	板条设置间距(mm)	±10	尺量:抽检10%	1
5	竖直度(mm/m)	±5	垂线、尺量:抽检10%	1
6	顺直度(mm/m)	±8	拉线、尺量:抽检10%	2

3. 外观鉴定

①防眩板是一种产品,其外观质量应符合设计规定。防眩板外观不应有划痕、颜色不均等缺陷。防腐层不得有气泡、裂纹、疤痕、端面分层、毛刺等缺陷。

②防眩设施色泽均匀。

③防眩板的防锈涂层上的任何损伤应在发现后的24h内予以修补,损伤面(包括气泡、裂纹、疤痕、端面分层、毛刺等)不超过该防眩板表面积的1%。

4. 检测方法

(1)安装相对高度的检验

防眩设施安装相对高度是指从路面到防眩板顶的总高度。首先确定地面高度作为基点,从基点用钢卷尺(量程3000mm,精度0.5mm)量取总高度。每处量3次,取平均值。

(2)镀(涂)层厚度检验

防眩设施镀(涂)层厚度应满足设计要求,用涂层测厚仪(量程1200μm,精度为1μm)测量防眩金属构件各部分的镀(涂)层厚度,各构件每处在不同断面测3次,取平均值。

(3)防眩板宽度检验

用直尺(量程500mm,精度为0.5mm)在防眩板上、中、下部位,量取板宽,取平均值。

(4)防眩板设置间距检验

用钢卷尺(量程5000mm,精度0.5mm)测量防眩板中到中间距,每处量3次,取平均值。

(5)防眩板竖直度检验

用垂线和直尺(精度0.5mm)测量防眩板的竖直度。用垂线对照防眩板侧边,从防眩板顶面固定垂线,量取防眩板偏离垂线的距离。

(6)防眩板安装顺直度检验

在道路直线段,先确定道路中线的位置和防眩板中心线的位置,用10m拉线分别固定在防眩板两端中心线位置,用直尺(精度0.5mm)垂直量取防眩板偏离中心线的距离;在道路曲线段,防眩板应与道路线形协调一致,防眩板线形应圆滑顺畅。

思考与练习

一、填空题

1. 防眩板施工质量检测项目包括________、________、________、________、________、________六项。

2. 防眩设施按构造物可分为________、________、________三类,其中以________为主。

3. 根据防眩板的设置方式,主要有________、________、________三种形式。

4. 防眩板的结构设计要素有________、________、________、________，其中________和________要素最重要。

二、选择题

1. 防眩板在设计时应按照________设计。

A. 完全遮光原理　　B. 部分遮光原理　　C. 全反射原理

2. 在防眩设施中，防眩效果最好的是________。

A. 防眩板　　B. 防眩网

C. 间距型植树　　D. 密集型植树

3. 防眩板若采用涂塑做防腐处理，涂塑后涂层的厚度一般在________之间。

A. 200 ~ 300μm　　B. 300 ~ 500μm　　C. 500 ~ 700μm

4. 防眩板若采用刷漆做防腐处理，则应在构件表面涂刷两道防锈漆后再刷两道以上油漆，涂完漆后总厚度一般在________之间。

A. 75 ~ 125μm　　B. 125 ~ 175μm　　C. 175 ~ 225μm

5. 防眩板在设计时应按照________设计。

A. 完全遮光原理　　B. 部分遮光原理

C. 全反射原理　　D. 漫反射原理

6. 目前在公路上广泛使用的防眩设施结构形式主要为________。

A. 植物　　B. 防眩板　　C. 防眩网　　D. 防眩栅

三、判断题

1. 防眩设施设计宜按完全遮光原理进行。 （　）

2. 在防眩设施中，防眩板的防眩效果最好。 （　）

3. 防眩板的间距、宽度及遮光角没有直接关系，一般根据施工经验来确定各自尺寸。 （　）

四、简答题

1. 防眩板在构造上有哪些要求？

2. 防眩设施施工质量检测的基本要求是什么？

3. 简述防眩设施设置的意义及连续设置的规定。

4. 防眩板的结构形式有哪些？

5. 简述防眩板的表面处理方法及要求。

参考文献

[1] 赵华中. 安全生产管理简明教程. 江苏:江苏省建筑安全与设备管理协会,2004
[2] 中国公路建设行业协会. 公路工程施工项目管理实务. 北京:人民交通出版社,2005
[3] 杨思明. 林红霞. 路桥工程施工项目管理实用手册. 北京:人民交通出版社,2005
[4] 中国交通建设监理协会. 交通建设工程安全监理. 北京:人民交通出版社,2007
[5] 中华人民共和国交通部. 交通建设安全生产培训教材. 北京:人民交通出版社,2006
[6] JT/T 333—1997 公路防眩设施技术条件. 北京:人民交通出版社,1997
[7] JT/T 374—1998 隔离栅技术条件. 北京:人民交通出版社,1998
[8] JTG D81—2006 公路交通安全设施设计规范. 北京:人民交通出版社,2006
[9] JTG/T D81—2006 公路交通安全设施设计规范细则. 北京:人民交通出版社,2006
[10] JTG F71—2006 公路交通安全设施施工技术规范. 北京:人民交通出版社,2006
[11] JTG F80/1—2004 公路工程质量检验评定标准. 北京:人民交通出版社,2004
[12] GB 5768—1999 道路交通标志和标线. 北京:中国标准出版社,1999

参考文献

[1] [illegible]
[2] [illegible]
[3] [illegible]
[4] [illegible]
[5] [illegible]
[6] [illegible]
[7] [illegible]
[8] [illegible]
[9] [illegible]
[10] [illegible]
[11] [illegible]
[12] [illegible]